Keine Angst vor dem beA

Das **besondere elektronische Anwaltspostfach**

und der elektronische Rechtsverkehr

Rechtlicher Hintergrund, Haftungsfragen,

Arbeitsabläufe und technischer Einsatz

Hans-Georg Warken

Tobias Warken

Januar 2017

ISBN 978-3-00-054919-9
www.keine-angst-vor-dem-bea.de

Hinweis:

Die Angaben in diesem Buch wurden mit Sorgfalt und nach bestem Wissen und Gewissen zusammengetragen. Mit diesem Buch wollen wir Ihnen den Einstieg in den elektronischen Rechtsverkehr mit dem beA erleichtern, wobei wir nicht den Anspruch auf Vollständigkeit erheben. Bitte beachten Sie, dass wir mit diesem Buch Ihre Eigenverantwortung für die Umsetzung der gegebenen Informationen nicht übernehmen. Herausgeberin, Verlag und Autoren übernehmen keine Haftung für die Richtigkeit und Vollständigkeit der Darlegungen in diesem Buch.

Im Laufe der Entwicklung des Einführungsprozesses des beA wird es Veränderungen geben. Wir empfehlen daher, dass Sie aufgrund unserer Anregungen und Arbeitshilfen selbstverantwortlich bei jedem Arbeitsschritt im Zusammenhang mit dem Einsatz des beA seine Richtigkeit, Notwendigkeit und Vollständigkeit in Ihrer täglichen Praxis überprüfen.

Die in diesem Buch verwendeten Handels- und Gebrauchsnamen, Screenshots und Abbildungen, sowie Warenbezeichnungen sind rechtlich, insbesondere urheberrechtlich geschützt. Dies gilt auch dann, wenn Sie nicht besonders gekennzeichnet sind. Die Nennung derartiger Bezeichnungen und Wiedergaben erfolgt ausschließlich zu Informationszwecken und nicht zum Zwecke der Werbung oder des Wettbewerbs.

Die Screenshots des beA und seinen Bestandteilen, die in diesem Buch gezeigt werden, stammen aus dem beA-System, für das die Bundesrechtsanwaltskammer (www.brak.de) die Urheberrechte hat. Sie werden mit freundlicher Genehmigung der BRAK unter Nutzung der Creative-Commons-Lizenz (https://creativecommons.org/licenses/by/3.0/de/) abgedruckt. Da für die Screenshots die Schulungs-Umgebung verwendet wurde, können die Abbildungen in der Live-Version des beA davon abweichen. Die Rechte an den Abbildungen zur ProNext-Komponente (BNotK), Java (Oracle Corporation) und ReinerSct (REINER Kartengeräte GmbH und Co. KG), liegen bei den genannten Stellen.

Über die Autoren

Hans-Georg Warken ist seit 1983 Rechtsanwalt. Mit seiner Kanzlei nimmt er an einem Pilotprojekt zur Einführung des elektronischen Rechtsverkehrs in der Verwaltungsgerichtsbarkeit teil. Er war mehr als 20 Jahre Ausbildungsbeauftragter der Rechtsanwaltskammer.

Tobias Warken ist Diplom Kaufmann und Mitinhaber einer Softwareentwicklungsfirma. Er ist Mitglied im EDV Gerichtstag e.V. und berät seit Jahren deutschlandweit Anwaltskanzleien bei Ihrer IT-Strategie.

Vorwort

„Ich fürchte, das beA wird für viele Kollegen zur Zwangspensionierung führen", sagte mir unlängst ein Anwalt aus unserem Kammervorstand. Er selbst werde sich „damit nicht mehr belasten".

Viele Rechtsanwälte schieben „das Problem mit dem besonderen elektronischen Anwaltspostfach" schlicht vor sich her oder verdrängen es. Die Unsicherheit rührt häufig von der mangelnden Kenntnis der Abläufe und der Furcht vor möglichen Haftungsfallen.

Die Vorbehalte und Ängste in der Anwaltschaft sind nachvollziehbar, aber unbegründet, denn das beA ist einfach und barrierefrei konzipiert. Man braucht keine Anwaltssoftware, die Installation ist nicht allzu kompliziert und die Handhabung relativ einfach, was wir mit diesem Buch zeigen wollen. Das beA kann helfen, Zeit und Kosten zu sparen.

Klar, noch nicht alles ist zu Ende gedacht. Es gibt noch das eine oder andere Problem, rechtlich wie technisch, das in der Zukunft gelöst werden muss.

Im Grunde genommen ist das beA ein E-Mailsystem, das durch eine Ende-zu-Ende-Verschlüsselung endlich die sichere elektronische Kommunikation unter Anwälten oder mit der Justiz bzw. den Rechtsanwaltskammern und Behörden gewährleistet. Jeder Anwalt wird, indem er seine Berechtigung als Postfachinhaber nachweist und eine PIN eingibt, als Absender einer Nachricht erkannt. Durch den Einsatz der elektronischen Signatur und der Übermittlung über das beA kann jeder Anwalt sicher, verschwiegen, identifizierbar, authentifizierbar und fälschungssicher kommunizieren.

Unser Buch „Keine Angst vor dem beA" will zeigen, was man nach jetzigem Stand aus Sicht der Anwälte beachten sollte, insbesondere, wo Haftungsfragen bedacht werden müssen. Das beA wird Arbeitsabläufe, unter Umständen auch den persönlichen Arbeitsrhythmus des einzelnen Anwaltes, verändern. Dass jeder dies individuell für seine tägliche Praxis entscheiden muss, ist klar. Unser Ziel ist es, hierzu Vorschläge zu machen und den Einstieg und die tägliche Nutzung des beA zu erleichtern.

Unser Buch ist bewusst als Handbuch geschrieben, das sich an Sie als Rechtsanwälte richtet, das aber auch für Ihre Mitarbeiter ein hilfreicher Leitfaden sein soll.

Der erste Teil befasst sich mit den rechtlichen Grundlagen zur Umsetzung des beA und möglichen Haftungsfallen. Der zweite Teil beinhaltet Informationen zu der Struktur, der Einrichtung und Nutzung des beA, zu Zertifikaten und Signaturen und zu notwendiger oder sinnvoller Hard- und Software, sowie Hilfestellungen bei Problemen. Im dritten Teil geben wir Anregungen und Tipps mit Checklisten für Arbeitsabläufe in Ihrer täglichen Praxis.

Da wir davon ausgehen, dass manch ein Leser nur den ihn interessierenden Teil lesen wird, kommt es zu inhaltlichen Überschneidungen, weil der gleiche Sachverhalt aus juristischer und technischer Sicht dargestellt wird. Manche Informationen sind bewusst mehrfach aufgeführt, da wir besonderen Wert darauf legen, alle Leser für mögliche Haftungsfallen zu sensibilisieren.

Dieses Buch haben wir nach bestem Wissen und mit Sorgfalt geschrieben. Es beinhaltet den Stand unserer Recherchen bis zum Januar 2017.

Wir freuen uns auf Ihre Anregungen, Korrekturen per E-Mail unter buch@rubis-hill.de oder per beA-Nachricht. Jetzt wünschen viel Erfolg bei der Einführung des elektronischen Rechtsverkehrs und der Nutzung des beA.

Hans-Georg Warken   Tobias Warken
Rechtsanwalt   Dipl. Kaufmann

Inhaltsverzeichnis

A.   Das beA ist da

Das besondere elektronische Anwaltspostfach

1. Der ERV kommt langsam in Fahrt

Während in anderen Ländern Europas der elektronische Rechtsverkehr (ERV) seit Jahren praktiziert wird — so beispielsweise in
Frankreich, Österreich, Portugal und Italien —, hinkt die Einführung des elektronischen Rechtsverkehrs in der Bundesrepublik
Deutschland noch immer hinterher.

Dabei liegen die Vorteile auf der Hand: Wo auch immer Sie sich
aufhalten, Sie werden nach Einführung des beA ohne Probleme
— unter der Voraussetzung, dass Sie über die technischen Hilfs-
mittel verfügen — in Ihrem elektronischen Postfach eingegangene Nachrichten und Dokumente einsehen können. Sie können
Dokumente qualifiziert elektronisch signieren und selbst versenden oder zur Verarbeitung an die Kanzlei weitersenden, wenn
zum Beispiel noch Anlagen hinzugefügt werden sollen.

Die sichere Übertragung umfangreicher Dokumente von bis zu 30
MB erleichtert die Handhabung ungemein.

Während bisher Schriftstücke zwar in der Regel auf dem Computer geschrieben werden, erfolgt die „Abwicklung" in Papierform
und mit vielen Arbeitsschritten, bis ein Dokument bei Gericht
eingeht. Mit dem beA und dem elektronischen Rechtsverkehr
fallen Arbeitsschritte weg:

Abbildung 1 - Der elektronische Rechtsverkehr

Heute schon können Sie bei Gerichten, die in der Verfahrensart, die Sie betreiben wollen, den elektronischen Rechtsverkehr eröffnet haben, elektronische Dokumente über das beA selbst einreichen. Sie werden Ausfertigungen von Entscheidungen einfach, sicher und schnell von den Gerichten erhalten. Ein gut durchdachter Einsatz des beA erspart Ihnen Zeit, Papierverbrauch und Geld. Dabei müssen Sie aber auch Haftungsrisiken bedenken, die durch den neuen Übermittlungsweg entstehen.

Die Funktionen des beA ermöglichen es Ihnen zu kontrollieren, ob die Nachrichten auch tatsächlich gesendet und empfangen werden.

Dabei wird durch den elektronischen Rechtsverkehr das materielle Recht nicht verändert. Wo Sie zum Beispiel bisher eine Originalvollmacht vorlegen mussten, wird dies auch weiter so sein.

2. Rechtliche Rahmenbedingungen für das beA

2.1 Das Gesetz zur Förderung des elektronischen Rechtsverkehrs mit den Gerichten (10.10.2013)

Von vielen Anwälten[1] kaum wahrgenommen hat der Gesetzgeber bereits im Jahre 2013 das „Gesetz zur Förderung des elektronischen Rechtsverkehrs mit den Gerichten"[2] beschlossen.[3] Das Gesetz will erreichen, dass auch der Standort Bundesrepublik Deutschland im Rechtsverkehr Anschluss findet an die Vorzüge der elektronischen Kommunikation.

Mit dem Gesetz vom 10.10.2013 wurden die Instrumente für die Anwaltschaft und die Justiz geschaffen, den Rechtsverkehr spätestens ab dem 01.01.2022 bundesweit elektronisch führen zu können.

Das **FördElRV ändert bzw. ergänzt im Wesentlichen eine Vielzahl von Verfahrensordnungen**: in Art. 1 die Zivilprozessordnung, in Art. 2 das Gesetz über das Verfahren in Familiensachen und den Angelegenheiten der freiwilligen Gerichtsbarkeit, in Art. 3 das Arbeitsgerichtsgesetz, in Art. 4 das Sozialgerichtsgesetz, in Art. 5 die Verwaltungsgerichtsordnung, in Art. 6 die Finanzgerichtsordnung, sowie in Art. 7 die Bundesrechtsanwaltsordnung. Das Gesetz normiert in Art. 7 Nr. 4 i.V.m. Art. 26 Nr. 6 die Verpflichtung zur elektronischen Einreichung von Schutzschriften ab dem 01.01.2017 in ein zentrales Schutzschriftenregister. Kleinere Änderungen befassen sich mit dem Rechtsanwaltsdienstleistungsgesetz, dem Patentgesetz, dem Markengesetz und dem Geschmacksmustergesetz. Wesentlich sind in Art. 24 Verordnungsermächtigungen

---

[1] Im Folgenden wird aus Gründen der besseren Lesbarkeit ausschließlich die männliche Form benutzt. Es können dabei aber sowohl männliche als auch weibliche Personen gemeint sein.
[2] BGBl I S. 3786.
[3] Im Folgenden benutzen wir für dieses Gesetz die nicht amtliche Abkürzung FördElRV.

für die Länder, die den einzelnen Bundesländern bis zum Jahr 2022 Spielraum zur Einführung des elektronischen Rechtsverkehrs ermöglichen.

Nicht nur hier verbirgt sich für Sie ein großes Haftungsrisiko! Nicht in jedem Bundesland kann ohne Weiteres davon ausgegangen werden, dass der elektronische Rechtsverkehr zu allen Gerichten eröffnet ist. Dies müssen Sie überprüfen, damit Sie jederzeit sicherstellen können, dass der Schriftsatz, den Sie einreichen wollen, auch ordnungsgemäß bei Gericht auf dem richtigen Wege eingeht.[4]

In der Gesetzesbegründung[5] hebt die Bundesregierung darauf ab, dass im Gegensatz zum außerprozessualen Geschäftsverkehr, der in vielen Bereichen inzwischen im Wesentlichen auf elektronischem Wege erfolge, die Kommunikation mit der Justiz noch fast ausschließlich auf Papier basiere. Als einer der Gründe wird das fehlende Nutzervertrauen in die tatsächlichen und rechtlichen Rahmenbedingungen der elektronischen Kommunikation mit Gerichten genannt. Obwohl bereits seit einigen Jahren mit dem EGVP ein für alle Rechtsanwälte allgemein zugänglicher sicherer Kommunikationsweg zur Justiz bestehe, sei die Einreichung elektronischer Dokumente noch längst nicht bei jedem deutschen Gericht möglich. Ziel des Gesetzes sei es daher, den elektronischen Zugang zur Justiz durch entsprechende bundeseinheitliche Regelungen in den Verfahrensordnungen zu erweitern. Innerhalb eines Zeitraums von vier Jahren könne jedes Land durch Rechtsverordnung selbst bestimmen, wann der elektronische Zugang zu den Gerichten erweitert werde. **Spätestens** jedoch zum 01.01.2022 sollen die Regelungen bundesweit verpflichtend in Kraft getreten sein. Das heißt, **ab dem 01.01.2022 soll der elektronische Rechtsverkehr in der Bundesrepublik Deutschland bei allen Gerichten verpflichtend** eingeführt sein. Bis dahin gilt es, zahlreiche technische Schwierigkeiten auszuloten, Erfahrungen zu gewinnen und Probleme abzustellen. Auf die Justiz der Bundesländer kommen

---

[4] Einzelheiten finden Sie hierzu später unter Haftungsfragen.
[5] BT-Drs. 17/12634, S. 1.

erhebliche Umstellungen zu. Auch die Anwaltschaft muss die Zeit nutzen, ob technikaffin oder nicht, die Arbeitsvorgänge in den Kanzleien umzustellen und anzupassen.

Ist das Misstrauen in die Technik gewichen, wird sich zeigen, dass der elektronische Rechtsverkehr auch zu gewissen Beschleunigungen im Arbeitsrhythmus und den Abläufen führt. Dies sollte Anlass geben zu einer verstärkten Rücksichtnahme, der Anwälte untereinander und der Richter gegenüber den Anwälten, insbesondere bei Fristsetzungen.

2.2 § 31a BRAO n. F. (2013) – Das beA kommt

In FördElRV ist in Art. 7 ein neuer § 31a BRAO mit Geltung ab dem 01.01.2016 eingefügt:

Dieser lautet:

§ 31a Besonderes elektronisches Anwaltspostfach

(Stand 10.10.2013)

(1) Die Bundesrechtsanwaltskammer richtet nach Überprüfung der Zulassung und Durchführung eines Identifizierungsverfahrens in dem Gesamtverzeichnis nach § 31 für jeden eingetragenen Rechtsanwalt ein besonderes elektronisches Anwaltspostfach ein. Das besondere elektronische Anwaltspostfach soll barrierefrei ausgestaltet sein.

(2) Die Bundesrechtsanwaltskammer hat sicherzustellen, dass der Zugang zu dem besonderen elektronischen Anwaltspostfach nur durch ein sicheres Verfahren mit zwei voneinander unabhängigen Sicherungsmitteln möglich ist. Sie kann unterschiedlich ausgestaltete Zugangsbe-

rechtigungen für Rechtsanwälte und andere Personen vorsehen.

(3) Sobald die Zulassung erloschen ist, hebt die Bundesrechtsanwaltskammer die Zugangsberechtigung zu dem besonderen elektronischen Anwaltspostfach auf und löscht dieses.

Nach Art. 26 Abs. 5 FördElRV trat diese Regelung bereits ab dem 01.01.2016 in Kraft.

Allerdings hat die Bundesrechtsanwaltskammer (BRAK) den Start des beA zum 01.01.2016 verschoben, weil „die nicht ausreichende Qualität des beA nicht den Erwartungen der BRAK in Bezug auf die Nutzerfreundlichkeit entsprach."[6]

2.3 § 31a BRAO n. F. (2015) — Das beA nimmt Form an

Mit dem **„Gesetz zur Neuordnung des Rechts der Syndikusanwälte und zur Änderung der Finanzgerichtsordnung" vom 21.12.2015**[7] **wurde der § 31a BRAO n. F. wiederum neu gefasst.** Er lautet nunmehr:

§ 31a Besonderes elektronisches Anwaltspostfach

(Stand 21.12.2015)

(1) Die Bundesrechtsanwaltskammer richtet für jedes im Gesamtverzeichnis eingetragene Mitglied einer Rechtsanwaltskammer ein besonderes elektronisches Anwaltspostfach ein. Nach Einrichtung eines besonderen elektronischen Anwaltspostfachs übermittelt die Bundesrechtsanwaltskammer dessen Bezeichnung an die zustän-

---

[6] BRAK, „Presseerklärung Nr. 20, ‚beA kommt später'".
[7] BGBl. I S. 2517.

dige Rechtsanwaltskammer zur Speicherung in deren Verzeichnis.

(2) Zum Zweck der Einrichtung des besonderen elektronischen Anwaltspostfachs übermittelt die Rechtsanwaltskammer den Familiennamen und die Vornamen sowie eine zustellfähige Anschrift der Personen, die einen Antrag auf Aufnahme in die Rechtsanwaltskammer gestellt haben, an die Bundesrechtsanwaltskammer. Bei Syndikusrechtsanwälten ist zusätzlich mitzuteilen, ob die Tätigkeit im Rahmen mehrerer Arbeitsverhältnisse erfolgt. Die übermittelten Angaben sind zu löschen, wenn der Antrag zurückgenommen oder die Aufnahme in die Rechtsanwaltskammer unanfechtbar versagt wurde.

(3) Die Bundesrechtsanwaltskammer hat sicherzustellen, dass der Zugang zu dem besonderen elektronischen Anwaltspostfach nur durch ein sicheres Verfahren mit zwei voneinander unabhängigen Sicherungsmitteln möglich ist. Sie hat auch Vertretern, Abwicklern und Zustellungsbevollmächtigten die Nutzung des besonderen elektronischen Anwaltspostfachs zu ermöglichen; Abs. 2 gilt sinngemäß. Die Bundesrechtsanwaltskammer kann unterschiedlich ausgestaltete Zugangsberechtigungen für Kammermitglieder und andere Personen vorsehen. Sie ist berechtigt, die in dem besonderen elektronischen Anwaltspostfach gespeicherten Nachrichten nach angemessener Zeit zu löschen. Das besondere elektronische Anwaltspostfach soll barrierefrei ausgestaltet sein.

(4) Sobald die Mitgliedschaft in einer Rechtsanwaltskammer aus anderen Gründen als dem Wechsel der Rechtsanwaltskammer erlischt, hebt die Bundesrechtsanwaltskammer die Zugangsberechtigung zu dem besonderen elektronischen Anwaltspostfach auf. Sie löscht dieses, sobald es nicht mehr benötigt wird.

Das „Gesetz zur Neuordnung des Rechts der Syndikusanwälte und zur Änderung der Finanzgerichtsordnung" beinhaltet auch Regelungen über die Verzeichnisse der Rechtsanwaltskammern und das Gesamtverzeichnis der Bundesrechtsanwaltskammer, die zur Information der Behörden und Gerichte, der Rechtssuchenden sowie anderer am Rechtsverkehr Beteiligter dienen sollen.

Das Gesetz enthält in einem neugefassten **§ 31c BRAO n. F.** eine **Verordnungsermächtigung**, wonach der Bundesminister für Justiz und Verbraucherschutz eine **Rechtsverordnung erlassen** kann, in der **die Einzelheiten des besonderen elektronischen Anwaltspostfaches**, seiner **Einrichtung** und der hierzu erforderlichen Datenübermittlung, der **technischen Ausgestaltung**, einschließlich der Barrierefreiheit, der Führung, der Zugangsberechtigung, der Nutzung und des Löschens von Nachrichten geregelt werden sollen.

2.4 Die RAVPV (2016) – Das beA wird konkret

Das Bundesministerium der Justiz und für Verbraucherschutz (BMJV) hat am 23.09.2016 mit der **„Verordnung über die Rechtsanwaltsverzeichnisse und die besonderen elektronischen Anwaltspostfächer"** (Rechtsanwaltsverzeichnis- und Postfachverordnung, RAVPV) von dieser Ermächtigung nicht ohne Not Gebrauch gemacht. Der Anwaltsgerichtshof (AGH) Berlin hatte der BRAK in Eilverfahren untersagt, das besondere elektronische Anwaltspostfach, wegen der bis dahin allgemein diskutierten Haftungsfragen für den Fall des Nicht-Abrufens von Nachrichten aus dem beA, für die Antragsteller, vor dem 01.01.2018 freizuschalten.[8]

In der Rechtsanwaltsverzeichnis- und Postfachverordnung vom 23.09.2016 werden die verschiedenen Anforderungen an das beA geregelt, die zuvor aufgrund der geschilderten Gesetzeslage zu § 31a BRAO sowohl im „Gesetz zur Förderung des elektronischen Rechtsverkehrs mit den Gerichten" aus dem Jahr 2013 als auch dem „Gesetz zur Neuordnung des Rechts der Syndikusanwälte und zur Änderung der Finanzgerichtsordnung" aus dem Jahr 2015

---

[8]   AGH Berlin II, AGH 16/15 und AGH 15/15.

für die Einführung des beA grob beschrieben waren und von der Bundesrechtsanwaltskammer im Wesentlichen bereits konkretisiert und umgesetzt wurden.

2.5 Rechtsanwaltsverzeichnisse

Jeder Anwalt, der in ein Verzeichnis bei seiner Rechtsanwaltskammer eingetragen ist, erhält ein besonderes elektronisches Anwaltspostfach.

Die Eintragung erfolgt unverzüglich nach der Aufnahme in die Rechtsanwaltskammer. Scheidet nach § 5 RAVPV eine in das Verzeichnis eingetragene Person aus der das Verzeichnis führenden Rechtsanwaltskammer aus, sperrt diese gem. § 5 Abs. 1 RAVPV unverzüglich sämtliche zur Person eingetragenen Angaben. Eine Sperre wird nicht beim Kammerwechsel durchgeführt, weil der Rechtsanwalt weiter tätig ist und sein Postfach behält.

Die **Rechtsanwaltskammern führen das elektronische Verzeichnis der in ihrem Bezirk zugelassenen Rechtsanwälte.** In diesen Verzeichnissen sind auch von ihr aufgenommene niedergelassene europäische Rechtsanwälte, einschließlich der niedergelassenen europäischen Syndikusrechtsanwälte, von ihr aufgenommene Rechtsanwälte aus anderen Staaten, Syndikusrechtsanwälte, sowie von ihr aufgenommene Inhaber einer Erlaubnis zur geschäftsmäßigen Rechtsbesorgung aufgelistet. In diesen Verzeichnissen werden nicht nur **die akademischen Grade**, der **Name der Kanzlei** und die **Telekommunikationsdaten** mitgeteilt, sondern auch der **Zeitpunkt der Zulassung, Berufsausübungs- und Vertretungsverbote** und deren Umfang eingetragen.

Die Einsichtnahme in das Verzeichnis ist ohne vorherige Registrierung frei über das Internet möglich.

Eine Suchfunktion soll sicherstellen, dass ein Anwalt nach Familienname, Vorname, Anschrift der Kanzlei, Kanzleiname, Berufsbezeichnung und Fachanwaltsbezeichnung gefunden werden kann.

Mitgeteilte Sprachkenntnisse oder Tätigkeitsschwerpunkte werden in einem Gesamtverzeichnis, das die Bundesrechtsanwaltskammer führt, als bundesweites amtliches Anwaltsverzeichnis erfasst (§§ 9 ff. RAVPV). Nach § 16 RAVPV stellt die Bundesrechtsanwaltskammer die Angaben des Gesamtverzeichnisses für die Einsichtnahme über das auf den Internetseiten der Europäischen Kommission betriebene elektronische Suchsystem, das im Deutschen die Bezeichnung „Europäisches Rechtsanwaltsverzeichnis" trägt, abrufbereit zur Verfügung. Das Verzeichnis finden Sie unter www.rechtsanwaltsregister.org.

Teilen Sie jedenfalls Ihre Tätigkeitsschwerpunkte und Sprachkenntnisse mit.

2.6 Einzelne Regelungen zum beA in der RAVPV

a) Sichere Übermittlung

Teil 4 der RAVPV befasst sich mit dem besonderen elektronischen Anwaltspostfach (§§ 19 ff. RAVPV). Das **beA ist sicherer Übermittlungsweg und zuverlässiges Kommunikationsmittel**. Gemäß der RAVPV dient das beA der elektronischen Kommunikation der Rechtsanwälte untereinander, der Rechtsanwälte mit den Gerichten sowie der Rechtsanwaltskammern mit der Bundesrechtsanwaltskammer und mit den Rechtsanwälten und Gerichten.

In § 31a Abs. 2 BRAO, der zum 01.01.2016 in Kraft trat, war bereits geregelt, dass die Sicherheit durch ein sicheres Verfahren mit **zwei unabhängig voneinander betriebenen Sicherungsmitteln** erreicht wird, nämlich dem Einsatz einer **beA-Karte** bzw. eines **Zertifikats**, getrennt von der Eingabe einer **PIN**. Sicheres Verfahren bedeutet darüber hinaus eine **Ende–zu–Ende–Verschlüsselung** und der **geschlossene Kreis der Nutzer** aus Anwälten, Patentanwälten, Syndikusanwälten, Kammern, Gerichten und Behörden.

b) Kein offenes System für alle

Aus **Sicherheitsgründen dient das beA nicht der Kommunikation mit Mandanten.** Das beA beinhaltet einen in sich geschlossenen Adressatenkreis der Anwaltschaft und der Kammern, die auch mit Gerichten und der über das beA erreichbaren Behörden, über diesen sicheren Kommunikationsweg – Ende–zu–Ende verschlüsselt – Dokumente austauschen können.

Eine Kommunikation mit anderen Stellen oder Personen soll nur dann ermöglicht werden können, wenn die eindeutige Identifizierung des Kommunikationspartners und die Sicherheit des zu ihm bestehenden Kommunikationsweges gewährleistet sind.

c) Kein Postfach für „die Kanzlei"

Das beA ist so gestaltet, dass **jeder einzelne Anwalt und nicht seine Kanzlei ein eigenes Postfach** erhält. In der Praxis erfordert dies tatsächliche und rechtliche Vorkehrungen für den einzelnen Anwalt, die er vor dem endgültigen Start bedacht haben muss.

So sollte am besten in der Kanzlei jedes Postfach eines Anwalts, der als Sozius, freier Mitarbeiter oder Angestellter der Kanzlei arbeitet, von einem oder mehreren dafür verantwortlichen Mitarbeitern oder Kollegen eingesehen werden können, um sicherzustellen, dass der Eingang und die Verarbeitung mandatsbezogener Nachrichten und Dokumente regelmäßig kontrolliert werden können. Gerichte werden Dokumente nämlich nur an das Anwaltspostfach eines der Anwälte der Sozietät übersenden, selbst wenn das Mandat der Sozietät übertragen ist. Rechtlich muss für den Fall des Urlaubs, einer Erkrankung, der Vertretung oder des Ausscheidens eines Anwaltes sichergestellt sein, dass das Mandat, das der Sozietät erteilt wurde, weiterbearbeitet werden kann, indem alle mandatsbezogenen Dokumente zugeordnet gesichert sind und zukünftig Dokumente auch dort eingehen, wo das Mandat bearbeitet wird. Das erfordert, den Stellen – Kollegen, Behörden und Gerichten – Nachricht zu geben, in welches Postfach Nachrichten ab diesem Zeitpunkt übersandt werden sollen.

Scheidet ein Anwalt aus der Anwaltschaft aus, wird tagesgenau der **Zugang zu dem Postfach gesperrt – auch für die Mitarbeiter,** die bislang eine Berechtigung hatten! Dies muss im Vorhinein bedacht und – etwa auch in vertraglichen Regelungen mit dem ausscheidenden Anwalt – berücksichtigt werden.

Der ausscheidende Anwalt, der seine Kanzlei verlegt, wird die Berechtigung seiner früheren Mitarbeiter und Kollegen sperren, auf sein Postfach zuzugreifen, die Kanzlei wird ihrerseits die Zugriffsmöglichkeiten des ausscheidenden Anwalts auf andere Postfächer der Kanzlei sperren. Aus Gründen der Verschwiegenheit muss im Fall, dass der Anwalt ausscheidet, dieser sicherstellen, dass in der neuen Kanzlei die dann berechtigten Mitarbeiter und Kollegen den Inhalt des Postfachs bezüglich der Mandate der alten Kanzlei nicht einsehen können.

Zugelassene Rechtsanwaltsgesellschaften werden trotz ihrer Postulationsfähigkeit im Anwaltsverzeichnis nach § 31a BRAO nicht aufgeführt.[9] Nach der Mitgliederstatistik zum 01.01.2016 existierten in der Bundesrepublik Deutschland 764 Rechtsanwaltsgesellschaften und 23 Aktiengesellschaften.

Die Bundesrechtsanwaltskammer hat zu dem Referentenentwurf des BMJV zum „Gesetz zur Umsetzung der Berufsanerkennungsrichtlinie und zur Änderung weiterer Vorschriften im Bereich der rechtsberatenden Berufe", das zum 01.01.2018 in Kraft treten soll, ausgeführt:

„Unabhängig von den vorstehenden Bedenken gegenüber der Einrichtung weiterer Anwaltspostfächer im Zusammenhang mit weiteren Kanzleien regt die Bundesrechtsanwaltskammer drin-

---

[9]   Gaier/Bormann, Anwaltliches Berufsrecht, 2. Auflage 2014, §§ 31a, 31b, Rn. 14 m.w.N.

gend an, vorzusehen, die nach § 59c Abs. 1 BRAO i. V. m. § 59l Abs. 1 BRAO postulationsfähigen Rechtsanwaltskapitalgesellschaften ins Rechtsanwaltsverzeichnis aufzunehmen und für sie ein beA einzurichten. Rechtsanwaltsgesellschaften sind bereits Mitglieder der Rechtsanwaltskammern, sodass es ein Leichtes wäre, über das bestehende System für sie Postfächer einzurichten. Wegen der Postulationsfähigkeit der Rechtsanwaltsgesellschaft muss sie auch am elektronischen Rechtsverkehr teilnehmen können. Hier muss deshalb automatisch ein beA eingerichtet werden."[10]

d) Verzeichnis der über das beA erreichbaren Personen und Stellen

Das beA kann auch der elektronischen Kommunikation mit anderen Personen oder Stellen dienen. **Die Bundesrechtsanwaltskammer hat eine Suchfunktion eingerichtet,** die die Suche nach **allen Personen und Stellen** ermöglicht, die **über das beA erreichbar** sind.

Achtung: In diesem Verzeichnis sind alle Gerichte in der Bundesrepublik Deutschland aufgeführt, auch wenn sie derzeit noch nicht den Zugang über ein elektronisches Postfach eröffnet haben. Sie dürfen sich also nicht auf das Verzeichnis verlassen, sondern müssen immer prüfen, ob der Zugang tatsächlich rechtlich sicher eröffnet ist. **Das Verzeichnis ist also im Augenblick lediglich Adressdatei!**

Die Bundesrechtsanwaltskammer hat Daten, die die Suche ermöglichen, auch den Gerichten zugänglich zu machen. Das heißt, die Gerichte verfügen damit immer – allerdings nicht nach Sozietäten / Rechtsanwaltsgesellschaften, sondern nach Einzelanwälten / Syndikusanwälten geordnet — über das Verzeichnis der Anwaltspostfachinhaber. Vertreter, Abwickler und Zustellungs-

---

[10] BRAK, „beA Grundlegende Fragen: Gibt es eine gesetzliche Verpflichtung zur Nutzung des beA?", zugegriffen 03. Januar 2017 www.bea-brak.de/fragen-und-antworten/a-grundlegende-fragen/.

bevollmächtigte stehen den Mitgliedern der Rechtsanwaltskammern gleich, sind also dem Verzeichnis ebenfalls zu entnehmen.

e) Barrierefreier Zugang

Wesentlich ist, dass der Zugang zum besonderen elektronischen Anwaltspostfach barrierefrei im Sinne der „Verordnung über die Schaffung barrierefreier Informationstechnik nach dem Behindertengleichstellungsgesetz" (§ 2 BITV) eingerichtet ist. Dies bedeutet unter anderem, dass **kein spezielles Anwaltsprogramm benötigt wird, um das beA zu betreiben**.

f) Authentifizierung des Absenders

§ 22 Abs. 3 RAVPV regelt, dass zu gewährleisten ist, dass bei einem Versand nicht qualifizierter elektronischer signierter Dokumente durch einen Rechtsanwalt auf einem sicheren Übermittlungsweg für den Empfänger feststellbar ist, dass die Nachricht von dem Rechtsanwalt selbst versandt wurde.

Die Bundesrechtsanwaltskammer erteilt jedem Rechtsanwalt eine SAFE-ID. Diese identifiziert den eingetragenen Rechtsanwalt und sein Postfach im beA. Jeder Rechtsanwalt erhält von der BRAK ein Schreiben mit seiner SAFE-ID. Im Bestellsystem der Bundesnotarkammer kann der Rechtsanwalt unter Eingabe seiner SAFE-ID seine beA-Karte zur Erstanmeldung in das beA bestellen. Die beA-Karte ist eine Hardware-Komponente, die mehrere Zertifikate enthalten kann. Eines dieser Zertifikate ist die Zugangsberechtigung ins Anwaltspostfach.[11] Mit dem erteilten Zertifikat werden Sie nach Eingabe der dazugehörigen PIN authentifiziert.

g) Einrichtung des beA

§ 20 RAVPV regelt die Einrichtung des Postfaches durch die Bundesrechtsanwaltskammer. Sobald eine Person in das Gesamtverzeichnis eingetragen ist, muss sichergestellt sein, dass das besondere elektronische Postfach empfangsbereit zur Verfügung

---

[11] Lassen Sie sich von den Begriffen Hard- und Softwarezertifikat nicht verwirren. Sie werden im entsprechenden Kapitel noch näher erklärt.

steht. Bereits die „bevorstehende" Eintragung hat die jeweilige Rechtsanwaltskammer der BRAK mitzuteilen.

Für einen neu zugelassenen Rechtsanwalt bedeutet dies, dass er mit Zulassung „erreichbar" ist, aber möglicherweise noch keine beA-Karte hat, um sein Postfach einzusehen. Die Rechtsanwaltskammern werden hier darauf achten müssen, dass keine Brüche entstehen.

Wechselt ein Rechtsanwalt von einer Rechtsanwaltskammer in eine andere, so wird das Gesamtverzeichnis nur bezüglich der Zugehörigkeit zu einer Rechtsanwaltskammer korrigiert.

§ 22 RAVPV regelt die Erstanmeldung im Postfach, die Sie im Technikteil dieses Buches im Einzelnen nachvollziehen können. Das Verfahren zur Ausgabe des zur Erstanmeldung erforderlichen Zertifikats und die Zuteilung der dazugehörigen Zertifikats-PIN haben besondere Sicherheitsstandards zu erfüllen. Das Zertifikat ist auf einer Hardwarekomponente (beA-Karte) gespeichert und enthält die eindeutige Identifizierung des Postfachs. Zertifikat und PIN sind die vom Gesetzgeber in § 31a Abs. 3 S. 1 BRAO verlangten „voneinander unabhängigen" Sicherungsmittel.

Der Postfachinhaber darf das Zertifikat und die Zertifikats-PIN nur getrennt voneinander erlangen und muss jeweils eine Zugangsbestätigung abgeben. Es muss sichergestellt sein, dass keine unbefugte Inbesitznahme des Zertifikats durch Dritte sowie keine unbefugte Kenntnisnahme Dritter von der Zertifikats-PIN erfolgt. Die Bundesrechtsanwaltskammer hat das zur Erstanmeldung erteilte Zertifikat unverzüglich zu sperren, wenn Anhaltspunkte dafür bestehen, dass die Voraussetzungen des sicheren Betriebs durch den Postfachinhaber nicht erfüllt worden sind, beispielsweise unbefugte Nutzung durch einen Dritten.

 **Sofern Sie die Erstanmeldung durch einen Mitarbeiter oder IT-Fachmann durchführen lassen, dem Sie Ihre PIN mitteilen, ändern Sie bitte die PIN nach diesem Vorgang! Unabdingbar für die Sicherheit des Systems und die Zuordnung des einzelnen Nutzers ist, dass die PIN alleine dem Postfachinhaber bekannt ist.**

h) Zweiter Zugang für den Anwalt

Nach § 23 Abs. 1 RAVPV darf der Anwalt als Postfachinhaber mit seinem Zertifikat **weitere ihm selbst zugeordnete Zertifikate berechtigen**, damit diese ihm Zugang zu seinem besonderen elektronischen Anwaltspostfach verschaffen. Derartige Zertifikate können bei einem von der Bundesrechtsanwaltskammer anerkannten Zertifizierungsdienstleister gekauft werden. Ihm zugeordnete Zertifikate enthalten das Prädikat „Anwalt". Ein solches Zertifikat muss nicht notwendigerweise ein Hardwarezertifikat sein, sondern kann auch ein Softwarezertifikat sein, das auf dem Computer oder auf einem USB-Stick gespeichert werden kann.

Beachten müssen Sie in diesem Fall, dass Sie mit einem Softwarezertifikat keine weiteren Zugangsberechtigungen erteilen können. Dies geht nur mit einem Zertifikat, das auf einer beA-Karte gespeichert ist.

Generell halten wir es für sinnvoll, dass der Anwalt für sich eine zweite beA-Karte erwirbt, die im Falle der Zerstörung oder des Verlustes seiner ersten beA-Karte sofort gewährleistet, dass der ständige Zugang zum Postfach mit allen Funktionen erhalten bleibt. Diese Karte sollte an einer sicheren Stelle, zum Beispiel in einem Bankschließfach, deponiert werden, **nachdem sie freigeschaltet worden ist**. Bitte beachten Sie, dass die Zweitkarte ohne Freischaltung nicht nutzbar ist!

i) Zugang für Mitarbeiter

Nach § 23 Abs. 2 RAVPV kann der Postfachinhaber auch **anderen Personen Zugang** zu seinem besonderen elektronischen Anwaltspostfach gewähren. Dabei meint der Verordnungsgeber ganz offensichtlich **Mitarbeiter** in der Anwaltskanzlei. Verfügen diese anderen Personen nicht über ein eigenes besonderes elektronisches Anwaltspostfach, hat der Postfachinhaber für sie ein Zugangskonto anzulegen. Der Zugang der Mitarbeiter über das Zugangskonto erfolgt unter Verwendung eines zugeordneten Zertifikats mit der zugeordneten Zertifikats-PIN. Dieses Zertifikat muss bei einer vertrauenswürdigen Stelle, zum Beispiel der Bundesnotarkammer, bestellt werden, sei es als Hardwarekomponente (beA-Karte Mitarbeiter) oder als Softwarezertifikat.

§ 23 Abs. 3 RAVPV stellt klar, dass der Postfachinhaber Mitarbeitern **unterschiedlich weitreichende Zugangsberechtigungen** zu seinem besonderen elektronischen Anwaltspostfach erteilen kann. Er kann anderen Personen, deren Zertifikat auf einer Hardwarekomponente (zum Beispiel beA-Karte Mitarbeiter) gespeichert ist, sogar die Befugnis einräumen, weitere Zugangsberechtigungen zu erteilen. Die Begründung der Verordnung stellt heraus, dass die Erteilung weiterer Zertifikate auch durch einen vom Postfachinhaber umfassend berechtigten Bürovorsteher erfolgen kann. Natürlich kann der Bürovorsteher anderen Personen nicht mehr Rechte einräumen, als er selbst hat.

Die Erteilung weiterer Zertifikate, für die immer eine eigene PIN erteilt wird, soll der Aufgabenverteilung in der Kanzlei gerecht werden. Da der Anwalt auch im normalen Geschäftsbetrieb bisher nicht notwendigerweise jeden Morgen selbst zum Briefkasten geht und seine Post öffnet, soll es auch nach der Digitalisierung möglich sein, dass Mitarbeiter dies mit der elektronischen Kanzleipost tun. Der Anwalt kann seinen Mitarbeitern unterschiedlich weitreichende Berechtigungen erteilen, sodass zum Beispiel die Auszubildenden keine Post versenden dürfen oder keine Löschungen vornehmen dürfen.

Das heißt also, dass der Postfachinhaber anderen Personen nicht nur die Befugnis einräumen kann, sich an seinem beA anzumelden, um Nachrichten zu lesen, sondern auch um zum Beispiel vom Anwalt qualifiziert elektronisch signierte Nachrichten zu versenden oder Nachrichten zu löschen.

Das Recht, nicht qualifiziert elektronisch signierte Dokumente auf einem sicheren Übermittlungsweg im Sinne des § 130a ZPO n. F. zu versenden, kann der Postfachinhaber jedoch nicht auf andere Personen übertragen (§ 23 Abs. 3 S. 5 RAVPV)! Dies geht nur durch den Postfachinhaber selbst.

 **In diesem Vorgang liegt unserer Auffassung ein sehr großes Haftungsrisiko: Wenn ein Angestellter die Karte des Anwaltes nutzt, um einen nicht qualifiziert elektronisch signierten bestimmenden Schriftsatz zu versenden, sind die Voraussetzungen für eine wirksame Übermittlung im Sinne des § 130a Abs. 3 ZPO n. F. nicht erfüllt! Das Dokument ist nicht wirksam fristwahrend eingereicht.**

Nach § 130a Abs. 3, Abs. 4 Nr. 2 ZPO n. F. (ab dem 01.01.2018) bedeutet die Nutzung des beA durch den Anwalt in der Übersendung an das Gericht, dass die „vom sicheren Übermittlungsweg" (dem beA) als Absender ausgewiesene Person, das heißt der Anwaltspostfachinhaber, mit der Person identisch ist, die das Dokument verantwortet. Dabei erfolgt die Übernahme der Verantwortung für das übermittelte Dokument aus der einfachen Signatur.[12]

j) Widerruf von Berechtigungen

Selbstverständlich können der Postfachinhaber und die von ihm dazu ermächtigten anderen Personen erteilte Zugangsberechtigungen jederzeit ändern und widerrufen und zwar auf dem gleichen Weg wie sie erteilt wurden (§ 23 Abs. 4 RAVPV). Wenn

---

[12] BT-Drs. 17/12634, S. 2 f.

beispielsweise ein Mitarbeiter ausscheidet, muss ein Widerruf erfolgen und die Karte eingezogen werden. Da die beA-Karte Mitarbeiter nicht personalisiert werden muss und einem oder mehreren Anwälten der Kanzlei zugeordnet ist, bleibt sie auf jeden Fall in der Kanzlei.

k) Automatisches Abschalten des beA nach 30 Minuten

Der Postfachinhaber muss, wenn er Zugang zu seinem Anwaltspostfach nimmt, sich mit dem ihm zugeordneten Zertifikat und der zugehörigen Zertifikats-PIN sicher anmelden. Sobald er die Nutzung beendet, hat er sich abzumelden (§ 24 Abs. 1 S. 2 RAVPV).

Wird das Postfach eine bestimmte Zeit nicht genutzt, so schaltet sich der aktivierte Zugang aus Sicherheitsgründen automatisch ab. Aktuell erfolgt dies bei einer Nichtnutzung des Postfaches nach 30 Minuten. Die Verordnung regelt hierzu, dass bei der Bemessung der Zeitdauer die Belange des Datenschutzes gegen den Aufwand für eine erneute Anmeldung abzuwägen seien. Auch andere Personen, nicht nur der Postfachinhaber, müssen sich mit dem ihnen zugeordneten Zertifikat und der zugehörigen Zertifikats-PIN an- und abmelden.

Die Begründung der RAVPV gibt vor, dass die automatische Abmeldung nicht nach zu kurzer Zeit erfolgen soll, damit der kurzzeitige Wechsel zu einem anderen Software-Programm möglich ist.

Nach der automatischen Abmeldung ist wieder eine Anmeldung mit Zertifikat und PIN erforderlich, um mit dem beA weiter arbeiten zu können, was Zeit kostet. Die Praxis wird zeigen, ob dies beibehalten wird.

Die Deaktivierung des Zugangs wird im Hauptfenster drei Minuten vorher angekündigt. Eine Verlängerung ist jederzeit möglich.

Das derzeit (zu) kurze Zeitfenster wird vermutlich dazu führen, dass das Versenden durch den Anwalt über das beA nicht der Regelfall sein wird. Wenn der Anwalt an seinem Arbeitsplatz sitzt und seine Post abarbeitet, benötigt er andere Zeitfenster und wird – statt sich immer wieder zum Versenden anzumelden – lieber nur die qualifizierte elektronische Signatur außerhalb des beA mit einem Signaturprogramm anbringen und die Kanzlei diese Dokumente versenden lassen.

l) Vertreter, Abwickler, Zustellungsbevollmächtigte

§ 25 RAVPV regelt den Zugang zum beA für Vertreter, Abwickler und Zustellungsbevollmächtigte. Deren Bestellung oder Benennung wird von der zuständigen Rechtsanwaltskammer an die Bundesrechtsanwaltskammer übermittelt, unter Darlegung von Angaben zur Identität der eingetragenen Person wie Familiennamen, Vornamen und einer zustellfähigen Anschrift, für die das Postfach einzurichten ist. Die Bundesrechtsanwaltskammer räumt für die Dauer der Bestellung einen besonderen auf die Übersicht der eingegangenen Nachrichten beschränkten Zugang zum besonderen elektronischen Anwaltspostfach der Personen ein, für die er bestellt oder benannt wurde.

Der Zugriff dieses Personenkreises (auch gegen den Willen des Postfachinhabers) ist auf die Nennung des Absenders und der Versandzeitpunkte der Nachrichten begrenzt. Der Betreff, der Text und die Anhänge der Nachricht dürfen in dem Fall, dass Abwickler, Vertreter oder Zustellungsbevollmächtigte Zugang erhalten, nicht einsehbar sein. Im Übrigen erhalten Vertreter und Zustellungsbevollmächtigte Berechtigungen am besonderen Anwaltspostfach der Person, für die sie bestellt oder für die sie benannt wurden, nur, soweit sie hierzu nach § 23 Abs. 2 bis 4 RAVPV berechtigt wurden. Diese Vorschrift regelt, dass der Postfachinhaber auch anderen Personen Zugang zu seinem besonderen Anwaltspostfach gewähren kann, wie oben dargelegt. Sobald der Abwickler/Vertreter, der keine Zugangsberechtigung vom Postfachinhaber erhalten hat, Kenntnis vom Absender und dem Absendezeitpunkt erhalten hat, kann er sich unter Vorlage seiner

Legitimation mit dem Absender in Verbindung setzen, damit dieser, unter Berücksichtigung der Verschwiegenheit, entscheiden kann, ob er dem Abwickler, Vertreter oder Zustellbevollmächtigtem Kenntnis vom Inhalt der Nachricht verschafft.

m) Inhaber eines Zertifikats darf dieses nicht Dritten überlassen

Nach § 26 RAVPV dürfen die Inhaber eines Zertifikates dieses keiner weiteren Person überlassen. Die dem Zertifikatsinhaber überlassene PIN hat dieser geheim zu halten. Die BNotK vergibt die Mitarbeiterkarten personalisiert oder nicht personalisiert, das heißt übertragbar, zum Beispiel für alle Mitarbeiter der Kanzlei.

Wir empfehlen die Anschaffung einer beA-Karte bzw. eines Softwarezertifikates pro Mitarbeiter. So wird die genaue Kontrolle und Nachvollziehbarkeit, wer in der Kanzlei welchen Vorgang zu verantworten hat (wer zum Beispiel ein Dokument versandt hat) ermöglicht. Dies ist aus Gründen der Sicherheit notwendig und gewährleistet, falls beispielsweise eine Wiedereinsetzung erforderlich wird, die Zuordnung zu dem betreffenden Mitarbeiter.

n) Löschung aus Sicherheitsgründen

Sofern Anhaltspunkte dafür bestehen, dass unbefugt auf das Anwaltspostfach zugegriffen wird, muss der Postfachinhaber gemäß § 26 Abs. 2 RAVPV „unverzüglich alle erforderlichen Maßnahmen ergreifen, um einen unbefugten Zugriff auf das Postfach zu verhindern". Dabei nennt die Verordnung die Fälle, dass das Zertifikat in den Besitz einer unbefugten Person gelangt ist, dass die zugehörige Zertifikats-PIN einer unbefugten Person bekannt wurde, dass das Zertifikat unbefugt kopiert wurde oder dass von einer Person mittels eines Zertifikats auf das besondere elektronische Anwaltspostfach unbefugt zugegriffen werden könnte.

> Geht beispielsweise eine beA-Karte verloren, könnten Sie dem problematischen Zertifikat die Zugangsberechtigung entziehen, indem Sie diese im beA sperren oder unter Zuhilfenahme Ihres Sperrkennwortes, das Sie bei der Ersteinrichtung Ihrer Karte vergeben, durch die Stelle sperren lassen, die diese Karte ausgestellt hat (derzeit die Bundesnotarkammer).

Wenn Ihre PIN Unbefugten zur Kenntnis gelangt, müssen Sie diese, wie später beschrieben, ändern.

o) Löschung von Nachrichten

Wichtig für Sie ist § 27 RAVPV, der vorgibt, dass **Nachrichten frühestens 90 Tage nach ihrem Eingang automatisch in den Papierkorb** des besonderen elektronischen Anwaltspostfaches verschoben werden. Im Papierkorb befindliche Nachrichten dürfen **frühestens nach 30 Tagen automatisch gelöscht werden**. Hier ist vorher jeweils eine Benachrichtigung des Postfachinhabers vorgesehen. Sobald Sie Ihre Empfangsbereitschaft erklärt haben oder die Nutzung des beA ab dem 01.01.2018 Berufspflicht ist, Sie jedoch das beA nicht oder nicht regelmäßig kontrollieren, droht hier Gefahr, dass wichtige Nachrichten verlorengehen.

Mithin ist es ratsam, **auch wenn Sie das beA nicht** oder selten **nutzen**, Ihr **Postfach regelmäßig zu überprüfen**, um Nachrichten zu speichern und wichtige Benachrichtigungen nicht zu übersehen. Auch bei der regelmäßigen Nutzung des beA ist es sinnvoll, eingegangene Nachrichten sofort auf die eigene Festplatte zu speichern. **Das beA ist kein Archiv.**

p) Sperrung eines Postfachinhabers/Aufhebung der Zugangsberechtigung

Ganz wesentlich sind auch § 28 und § 29 RAVPV, die die Aufhebung der Zugangsberechtigung und Sperrung, sowie die Löschung des Postfachs betreffen. Wird ein Postfachinhaber im Gesamtverzeichnis gesperrt, sperrt die Bundesrechtsanwaltskammer zeitgleich auch das besondere elektronische Anwaltspostfach. Der Zugang zu dem Postfach ist nicht mehr möglich. Nachrichten können nicht mehr eingesehen werden. Eine Adressierung an das Postfach ist ebenfalls nicht mehr möglich. Die Sperrung gilt für den Postfachinhaber und alle anderen Personen, denen eine Zugangsberechtigung zu dem Postfach erteilt wurde.

Eine Sperrung erfolgt auch, wenn für den Inhaber des Postfaches ein Abwickler bestellt worden ist. Wird die Sperre im Gesamtverzeichnis aufgehoben, ist auch die Sperrung des besonderen elektronischen Anwaltspostfachs unverzüglich rückgängig zu machen. Gesperrte besondere elektronische Anwaltspostfächer werden einschließlich der darin gespeicherten Nachrichten sechs Monate nach der Sperrung gelöscht! Für den Fall, dass ein Abwickler bestellt wird, erfolgt die Löschung nicht vor Beendigung der Abwicklung. Die Sperrung vor endgültiger Löschung vermeidet irrtümliche Löschungen.

Erfolgt eine Sperrung im Verzeichnis einer Rechtsanwaltskammer wegen des Wechsels des Postfachinhabers in eine andere Rechtsanwaltskammer, wirkt sich dies nicht auf den Zugriff zum

Postfach aus, das heißt das Postfach bleibt uneingeschränkt nutzbar.

 **Es muss aber beachtet werden, dass der Postfachinhaber, der nunmehr seine berufliche Tätigkeit zum Beispiel in einer anderen Kanzlei in einem anderen Kammerbezirk ausübt, die früheren Zugangsberechtigungen seiner bisherigen Mitarbeiter seiner alten Kanzlei selbst löscht. Er behält schließlich seine beA-Karte (= Zertifikat) und muss frühere Berechtigungen, die zum Beispiel früheren Kollegen oder Mitarbeitern eingeräumt wurden, unverzüglich löschen, um sich nicht dem Vorwurf der Verschwiegenheitspflichtverletzung ausgesetzt zu sehen.**

q) Übergangsregelung „Erklärung der Bereitschaft, Nachrichten in Empfang zu nehmen"

Folge der Entscheidungen des AGH Berlin ist § 31 RAVPV, der als „Übergangsregelung" bezeichnet wird. Danach muss **bis zum 31.12.2017** der Postfachinhaber Zustellungen und den Zugang von Mitteilungen über das beA **nur dann** zur Kenntnis nehmen und **gegen sich gelten lassen**, wenn er zuvor seine **Bereitschaft zu deren Empfang über das beA erklärt** hat.

Klargestellt wird in der Übergangsregelung, dass die Anmeldung im Postfach und Versand **nicht berufsbezogener** Mitteilungen **nicht als Erklärung der Empfangsbereitschaft gelten**.

Die in der Rechtsverordnung aufgeführte „Übergangsregelung" in der Zeit ab Freischaltung des beA durch die Bundesrechtsanwaltskammer bis zum 01.01.2018 muss von jedem Rechtsanwalt sehr ernst genommen und sorgfältig auf die Umsetzung in der eigenen Kanzlei geprüft werden. Die erste Neuregelung des § 31a

BRAO sah ursprünglich vor, das beA ab dem 01.01.2016 einzuführen. Dies wurde technisch bedingt durch die Bundesrechtsanwaltskammer auf Ende September 2016 verschoben und durch
die Entscheidungen des Berliner Anwaltsgerichtshofs noch weiter verzögert. Das beA steht nun seit dem 28.11.2016 voll nutzbar
zur Verfügung.[13]

3. Nutzung des beA vor dem 01.01.2018

Das **beA** wird **ohne Mitwirkung eines Anwalts für diesen errich-
tet**. Es **steht zum Empfang bereit, ohne dass der Anwalt sich
beim beA registriert** hat.

Ab wann muss der Anwalt Nachrichten für und gegen sich gelten lassen?

Vor Erlass der RAVPV wurde die Frage heftig diskutiert, ob ein
Rechtsanwalt vor dem 01.01.2018 verpflichtet sein soll, zur Vermeidung von Haftungsansprüchen dafür Sorge zu tragen, dass
Nachrichten, die er über das beA erhält, auch tatsächlich gelesen
werden.

Die Diskussion verweist zum Beispiel auf eine Entscheidung des
LG Bonn.[14] Dieses hatte einen Rechtsanwalt verurteilt, Schaden-
ersatz dafür zu leisten, dass er eine E-Mail der Gegenseite mit
einem Vergleichsvorschlag, die er über seine E-Mail-Adresse
(allerdings in einem Spam-Ordner) erhalten hatte, nicht rechtzeitig an seine Mandantin weitergeleitet hat. Der Leitsatz lautet,
dass der „**Rechtsanwalt seine Pflichten aus dem Mandatsvertrag**
dann **verletzt, wenn er seinen Spam-Filter nicht täglich kontrolliert**, wenn er seine E-Mail-Adresse für den geschäftlichen

---

[13] BRAK, „Presseerklärung Nr. 17: ‚Besonderes elektronisches Anwaltspostfach: Endlich geht's los!'".
[14] LG Bonn, 10.01.2014, 15 O 189/13.

Verkehr eröffnet hat".[15] Darüber hinaus sei der Rechtsanwalt verpflichtet, wesentliche Korrespondenz der Gegenseite, die er per E-Mail erhält, unverzüglich an seine Mandanten weiterzuleiten.[16] Tiedemann[17] vergleicht den Kommunikationsweg per E-Mail mit dem eines Briefkastens am Haus, der regelmäßig zu überprüfen sei. Benutze der Rechtsanwalt einen Spam-Filter, müsse er die internen Verfahrensabläufe entsprechend anpassen, um sicherzustellen, dass Nachrichten, die er erhalte, auch tatsächlich zur Kenntnis genommen werden können.

Sandkühler/Brosch[18] vertraten die Auffassung, dass bei dem beA den Rechtsanwalt eine Obliegenheit treffe, das Postfach regelmäßig auf Eingänge zu überprüfen, um Haftungsfallen zu entgehen. Begründet wird dies lapidar damit, dass „die Einrichtung eines Postfaches begrifflich dessen Empfangsbereitschaft voraussetze". Dem treten Werner/Oberste-Dommes[19] entgegen, weil das Vorgehen der BRAK, das beA so einzurichten, dass das Postfach elektronische Nachrichten empfangen kann, ohne dass der Rechtsanwalt eine Erstregistrierung durchgeführt hat, rechtswidrig sei. Das beA sei kein „genereller Mail Account" unter Anwälten oder gar der Kammern zu ihren Mitgliedern. Die BRAK bekräftigte in der Diskussion mehrfach ihre Auffassung, das beA stehe aufgrund gesetzgeberischem Auftrag zur Verfügung und sei anderen Kommunikationsmitteln wie Telefax vergleichbar.

Hatte die BRAK auf ihrer Internetseite zum beA noch im Jahre 2015 empfohlen, die Erstregistrierung möglichst rechtzeitig durchzuführen, damit die Gefahr haftungsrechtlicher Konsequenzen durch das Verpassen relevanter Post vermieden wird[20], weist sie nunmehr auf die Übergangzeit des § 31 RAVPV bis zum 31.12.2017

[15] Ebd., Rn. 59.
[16] Ebd., Rn. 54.
[17] Tiedemann, MMR, 2014, 709.
[18] Sandkühler/Brosch, NJW, 2015, 2760 f.
[19] Werner/Oberste-Dommes, AnwBl. 2016, 21.
[20] Werner/Oberste-Dommes, a.a.O., Fn. 12.

etwas unglücklich hin: **Zustellungen solle der Postfachinhaber nur mit seinem Einverständnis gegen sich gelten lassen.**[21]

Derzeit ist schon problematisch, dass beispielsweise den Syndikusanwälten das beA noch nicht zur Verfügung gestellt werden kann, sodass von einer „generellen Nutzungspflicht" wohl schwerlich ausgegangen werden dürfe. Technisch ist dies, wie die BRAK mitteilt, zum jetzigen Zeitpunkt nicht möglich, weil erheblicher Programmieraufwand betrieben werden muss. Es müssen neue Postfachtypen mit den erforderlichen Anpassungen an vielen Stellen des Gesamtsystems entwickelt werden, angefangen von der Datenübertragung von den Kammern.[22] Bemerkenswert ist auch, wie das Bundesjustizministerium in der Begründung zur RAVPV ausführt, dass zunächst feststehen müsse, ob denn das System „bereits weitestgehend störungsfrei funktioniert".[23] Selbst wenn die Bundesnotarkammer mit dem System für Notare bereits Erfahrungen sammeln konnte, weisen erfahrene Software-Spezialisten darauf hin, dass jede neue Software und jedes darauf basierende System nicht unbedingt immer sofort fehlerfrei genutzt werden kann.

Es besteht – dies hat der Erlass der RAVPV klargestellt – **derzeit keine Berufspflicht zur aktiven und passiven Nutzung des beA im Jahr 2017.** In der Begründung zur RAVPV führt die Bundesregierung aus, dass „passive Nutzung" meint, dass der Postfachinhaber sich die technischen Einrichtungen verschafft, die für die Nutzung des beA erforderlich sind, sich anmeldet und in der Folgezeit die Eingänge in seinem Postfach kontrolliert, während die „aktive Nutzung" nach Auffassung der Bundesregierung in dem Versenden von Mitteilungen besteht.

Die **Verpflichtung zur passiven Nutzung** besteht aufgrund der beabsichtigten gesetzlichen Änderungen der berufsrechtlichen

---

[21] BRAK, „Grundlegende Fragen: Gibt es eine gesetzliche Verpflichtung zur Nutzung des beA?"– zugegriffen 13.November 2016.
[22] BRAK, „Grundlegende Fragen — Was gilt für Syndikusanwälte?", zugegriffen 18.11.16, www.bea-brak.de/fragen-und-antworten/a-grundlegende-fragen/.
[23] BMJV, „Referentenentwurf zur Verordnung über die Rechtsanwaltsverzeichnisse und die besonderen elektronischen Anwaltspostfächer", S. 41.

Vorschriften erst **ab dem 01.01.2018.** Bereits vor Statuierung der berufsrechtlichen Pflicht ist ein rechtswirksamer Zugang von Nachrichten über das beA allerdings möglich, sofern der Postfachinhaber „seine Bereitschaft zur Entgegennahme von Nachrichten auf diesem Weg erklärt hat."[24]

Diese Bereitschaft könne, so die Begründung der RAVPV der Postfachinhaber auf verschiedenen Wegen zum Ausdruck bringen. Beispielsweise kann dies auf der Internetseite des Postfachinhabers herausgestellt werden, ebenso wie durch einen Hinweis auf dem Briefkopf. Der Umkehrschluss aus dem lapidaren Satz des § 31 RAVPV, Empfangsbereitschaft sei nicht die Versendung nicht berufsbezogener Dokumente, führt zur Feststellung, dass **berufsbezogene Schreiben** bzw. die **Versendung mandatsbezogener Erklärungen über das beA** konkludent die **Empfangsbereitschaft erklären.**

In dem **Versenden berufsspezifischer Dokumente über das besondere elektronische Anwaltspostfach** ist damit die **schlüssige Erklärung** zu sehen, **auf demselben Weg auch erreichbar** zu sein.

Hierzu gehört beispielsweise **auch die Nutzung des Schutzschriftenregisters** ab dem 01.01.2017 über das beA. (Etwas anderes dürfte gelten, wenn hierfür ein anderer sicherer elektronischer Übermittlungsweg z. B. EGVP gewählt wird, was bis zum 31.12.2017 möglich ist.)

Meiner Auffassung nach sollte der einzelne Anwalt schnellstmöglich die ohnehin notwendige Anmeldung zum beA durchführen (spätestens ab dem 01.01.2018 führt kein Weg mehr daran vorbei) und sein Postfach auf Eingänge regelmäßig überprüfen und seine Kanzleiabläufe auf den Einsatz des beA abstimmen, selbst wenn er es im Jahr 2017 noch nicht nutzen will.

---

[24]   BMJV, „Referentenentwurf zur Verordnung über die Rechtsanwaltsverzeichnisse und die besonderen elektronischen Anwaltspostfächer", S. 42.

Neben der gesetzlich normierten berufsrechtlichen Pflicht ab dem 01.01.2018 ist von daher die „allgemeine, das heißt **tatsächliche Eröffnung" des Zugangswegs über das beA im Jahre 2017 durch die konkludente oder ausdrückliche Erklärung des Rechtsanwaltes** zu sehen. Wenn der Rechtsanwalt seine E-Mail-Adresse oder Faxnummer auf seinem Briefkopf angegeben hat, lädt er den Rechtsverkehr ein, mit ihm auf diesem Weg zu kommunizieren. Das Gleiche gilt für den Hinweis, man nutze das beA. Macht er – bis zum 01.01.2018 – von der Nutzungsmöglichkeit keinen Gebrauch und erklärt er weder ausdrücklich noch konkludent seine „Empfangsbereitschaft", ist der Zugangsweg nicht eröffnet.

Fraglich bleibt natürlich, wie der Rechtsverkehr feststellen können soll, ob der Rechtsanwalt etwa in Korrespondenz mit einem anderen Anwalt für sich bereits die Empfangsbereitschaft erklärt hat bzw. ob in der Nutzung des beA gegenüber der Justiz oder Behörden insofern die allgemeine Empfangsbereitschaft erklärt worden ist.

 Da allgemein gilt, dass eine Einschränkung in der Erklärung der Empfangsbereitschaft nicht gemacht werden kann, führt die erste ausdrückliche oder konkludente Nutzung – unwiderruflich – zur Empfangsbereitschaft vor dem 01.01.2018 und eröffnet damit jedenfalls die Kommunikation. Sie werden also bedenken müssen, ob Sie Nachrichten, die Sie über das beA erhalten, auch über das beA beantworten, was fraglos die Empfangsbereitschaft erklärt.

Nach meiner Auffassung **erklärt auch seine Empfangsbereitschaft**, wer eine **Nachricht** über das beA **von einem Kollegen erhält** und **hierauf mit bisherigen Kommunikationsmitteln reagiert**. Dies ergibt sich beispielsweise aus der Rechtsprechung des BGH, wonach der Rechtsanwalt eine Zustellung auch ohne abgegebenes Empfangsbekenntnis gegen sich gelten lassen müsse, wenn sich aus den Gesamtumständen der Empfangswille (hier die Nutzbarmachung des Urteils) ergebe.[25]

4. Das beA — Eingriff in die freie Advokatur?

Die Entscheidungen AGH Berlin II AGH 16/15 und 15/15

Mit der RAVPV ist damit die Frage geklärt, ob das im Jahr 2016 eingeführte besondere elektronische Anwaltspostfach ab Freigabe im Jahre 2016 unter Anwälten ohne Erklärung der Empfangsbereitschaft – bereits vor Änderung der berufsrechtlichen Vorschriften zum 01.01.2018 rechtswirksam genutzt werden muss oder ob jedenfalls nur die Erklärung der Empfangsbereitschaft die passive Nutzungspflicht des beA eröffnet.

Der AGH Berlin, der die Freischaltung durch die Bundesrechtsanwaltskammer zum 29.09.2016 für die Antragsteller verschiedener einstweiliger Anordnungsverfahren verhinderte, hatte verfassungsrechtliche Bedenken deutlich gemacht, von einer allgemeinen Nutzungspflicht für alle Anwälte auszugehen, obwohl diese im Gesetz auch vor dem 01.01.2018 nicht ausdrücklich vorgeschrieben ist[26] und obwohl der Anwalt vor dem 01.01.2018 keine Erstanmeldung durchgeführt hat.

Der Anwaltsgerichtshof sieht einen rechtswidrigen Eingriff in die von Art. 12 Abs. 1 GG geschützte anwaltliche Berufsfreiheit im Falle einer Freischaltung des besonderen elektronischen Anwaltspostfachs zum Empfang gem. § 31a Abs. 1 BRAO, ohne dass der Anwalt zuvor eine Erstregistrierung durchführt darin, dass die Bundesrechtsanwaltskammer Dritten (zumindest Gerichten und

---

25 BGH, 13.01.2015, VIII ZB 55/14.
26 AGH Berlin, 06.06.2016, II AGH 16/15.

anderen Rechtsanwälten) ohne gesetzliche Grundlage die Möglichkeit eröffnet, dem betreffenden Anwalt über das beA elektronische Dokumente zu übersenden. Dem Anwalt stehe daher diesbezüglich ein Anspruch auf Unterlassung zu. (Leitsatz)

An dieser Stelle soll nicht vertieft werden, dass sich die Bundesrechtsanwaltskammer eingelassen hat, technisch gesehen erlaube das System beA nicht die Empfangsbereitschaft der Postfächer einzeln zu steuern. Dem muss nämlich mit Erlass der RAVPV mit Zweifeln deshalb begegnet werden, weil nach § 28 RAVPV die BRAK verpflichtet ist, bei Sperrung einzelner Anwälte deren Postfach ebenfalls zu sperren.

Dem Anwaltsgerichtshof[27] ist beizupflichten, dass die durch den Grundsatz der freien Advokatur gekennzeichnete anwaltliche Berufsausübung unter der Herrschaft des Grundgesetzes der freien und unreglementierten Selbstbestimmung des einzelnen Rechtsanwaltes unterliegt. Bei mittelbar wirkender Beeinträchtigung entfaltet die Berufsfreiheit nur dann Schutzwirkung, wenn sich diese unmittelbar auf die Berufstätigkeit bezieht oder eine objektive berufsregelnde Tendenz hat. Dies ist der Fall, wenn die staatliche Maßnahme zur Änderung der Rahmenbedingung einer beruflichen Tätigkeit führt und ein enger Zusammenhang zur Ausübung des jeweiligen Berufs besteht.

Der AGH hat deutlich gemacht, dass im Hinblick darauf, dass die BRAK das beA freischalte, der Antragsteller nicht nur entsprechende Hard- und Software vorhalten, sondern geeignetes Personal schulen und das beA auch regelmäßig auf eingehende Nachrichten überprüfen müsse. Bei Nichtbeachten könne sich der das beA nicht nutzende Anwalt dem Vorwurf der Verletzung berufsrechtlicher Pflichten ausgesetzt sehen, z. B. der Pflicht zur gewissenhaften Berufsausübung (§ 43 S. 1 BRAO) oder Mitwirkungspflicht bei Zustellungen (§ 14 BORA). Um dies zu vermeiden, wäre der Antragsteller, so der AGH weiter, gezwungen, seine Kanzlei mit den erforderlichen technischen Vorkehrungen aus-

---

[27] Ebd., Rn. 25.

zustatten und über entsprechende Kenntnisse und Fähigkeiten im Umgang mit elektronischen Kommunikationsmitteln zu verfügen.[28]

Auch Delhey[29] sieht eine Nutzungspflicht ohne gesetzliche Grundlage verfassungsrechtlich nicht gedeckt und meint sogar, dass nach der aktuellen Rechtslage das beA ab dem 01.01.2018 als verpflichtendes Kommunikationsmittel gegenüber Gerichten jedoch kein genereller Kommunikationsweg unter Anwälten sein könne. Letzterem kann nicht gefolgt werden, nicht nur weil ab dem 01.01.2018 gesetzlich normiert die Nutzung des beA Berufspflicht wird, sondern weil die Schaffung des wohl einzig sicheren Kommunikationsweges über das beA unter Anwälten gerade die Berufspflicht zur Verschwiegenheit besonders berücksichtigt.

Das BMJV führt in der Begründung zur Übergangsregelung der RAVPV ausdrücklich aus, dass aus verfassungsrechtlichen Gründen vor der Anordnung einer verpflichtenden Nutzung des beA durch die Rechtsanwälte zunächst feststehen muss, dass dieses (zumindest weitestgehend) störungsfrei funktioniert.

Auch praktische Gründe sprächen für eine Phase, in der Rechtsanwälte Gelegenheit bekommen sollen, die Funktionen des besonderen elektronischen Anwaltspostfachs zu testen, ohne Haftungsrisiken oder sogar berufsrechtliche Maßnahmen fürchten zu müssen. Solche Tests sollten dabei auch unter Einsatz entsprechender Softwareprodukte möglich sein, deren Anbieter aber bisher die Entwicklung ihrer Produkte noch nicht hätten abschließen können. Zudem müsse berücksichtigt werden, dass Anwälte, die in verschiedenen Kanzleien tätig seien, noch nicht die Möglichkeit hätten, mehrere besondere elektronische Anwaltspostfächer zu erhalten, weil die Programmierungsmaßnahmen dieses erst zum 01.07.2017 ermöglichten. Auch hebt das Bundesjustizministerium in der Referentenbegründung hervor, dass nur vereinzelt Länder (und dies auch nur in Teilbereichen)

---

[28]   AGH Berlin, 06.06.2016, II AGH 16/15.
[29]   Delhey, NJW 2016, 1274.

beabsichtigten, Dokumente elektronisch zu übermitteln, sodass kein Anlass für eine besondere Eilbedürftigkeit bei der Einführung einer Nutzungsverpflichtung für Rechtsanwälte bestünde.[30]

In einer Antwort auf eine kleine Anfrage von Abgeordneten der Fraktion Bündnis 90/DIE GRÜNEN[31] stellt die Bundesregierung nach Verkündung der RAVPV deutlich heraus, dass der Anwaltspostfachinhaber, der sein Postfach vor dem 01.01.2018 nicht nutzen will, Zustellungen und den Zugang von Mitteilungen auch nicht gegen sich gelten lassen muss. Die Regelung des § 31 Abs. 1 S. 1 RAVPV „illustriere nur die ohnehin bestehende Rechtslage", nach der Zustellungen und der Zugang von Nachrichten über eine Empfangseinrichtung – wie z. B. ein elektronisches Postfach – nur möglich seien, wenn der Postfachinhaber einen entsprechenden Annahmewillen habe bzw. die Empfangseinrichtung zum Empfang von Willenserklärungen bestimmt habe.

Der AGH Berlin hat in zwei gleichlautenden Entscheidungen vom 25.11.2016, II AGH 16/15 und II AGH 15/15, unter Hinweis auf § 31 RAVPV und die dort vorgesehene „vorgeschaltete Übergangsphase", die erlassenen einstweiligen Anordnungen aufgehoben.[32] Nach den erfolgten Klarstellungen könnten weder Gerichte noch Rechtsanwälte ernsthafte Zweifel haben, dass ohne die erklärte Empfangsbereitschaft ein wirksamer Zugang in dem Sinne, dass der Antragsteller Dokumente oder Erklärungen, die in sein beA gelangen, nicht gegen sich gelten lassen müsse. Die Einrichtung des beA ersetze das subjektive Element der Empfangsbereitschaft nicht.[33]

Der Anwalt ist jedoch gut beraten, sein Anwaltspostfach einzurichten und regelmäßig auf eingegangene Nachrichten hin zu

30 BMJV, „Referentenentwurf zur Verordnung über die Rechtsanwaltsverzeichnisse und die besonderen elektronischen Anwaltspostfächer", S. 40.
31 Antwort der Bundesregierung auf die Kleine Anfrage (...) der Fraktion BÜNDNIS 90/DIE GRÜNEN: Einrichtung und Inbetriebnahme der besonderen elektronischen Anwaltspostfächer, 2016, BT-Drs. 18/9994, S. 2 zu Frage 1.
32 Aufhebung der einstweiligen Anordnungen gegen besonderes elektronisches Anwaltspostfach, BRAK-Mitteilungen, 2016, 287.
33 Ebd., S. 288.

überprüfen. Er wird zu entscheiden haben, ob er auf im beA ein-gegangene Nachrichten über das beA antwortet und damit sei-ne Bereitschaft zur Nutzung bekundet. Jedenfalls sollte er ver-meiden, dass darüber gestritten werden muss, ob Nachrichten, die ihm über das beA übermittelt worden sind, auch tatsächlich Rechtswirkungen haben entfalten können.

Der Rechtsanwalt, der einem Kollegen Nachrichten über das beA übermittelt, sollte sicherstellen, dass die Nachricht neben dem Übermittlungsweg durch das beA in der Übergangszeit bis zum 01.01.2018 über einen anderen Übermittlungsweg, sei es über Te-lefax oder Brief, in geeigneter Weise zugeht. Damit muss vermie-den werden, dass durch die Unklarheiten, die derzeit zu beste-hen scheinen, Rechtsnachteile entstehen.

Es gilt: Derjenige, der das beA nutzen will, soll es nut-zen können, demjenigen, der sich erst mit Technik und der Organisation in seiner Kanzlei vertraut machen will, wird eine Übergangsphase eingeräumt. Sobald er sein beA berufsspezifisch zum Versenden nutzt, ist er – un-umkehrbar – Nutzer mit uneingeschränkter Empfangsbe-reitschaft.

5. Passive Nutzungspflicht ab 01.01.2018

Eine berufsrechtliche Pflicht zur passiven Nutzung soll nach dem Referentenentwurf des Bundesjustizministeriums zum Gesetz zur „Umsetzung der Berufsanerkennungsrichtlinie und zur Änderung weiterer Vorschriften im Bereich der rechtsberatenden Berufe" mit Wirkung zum 01.01.2018 ausdrücklich im Gesetz verankert werden.[34]

---

[34] BT-Drs. 18/9521, S. 83.

§ 31a BRAO soll zu diesem Zeitpunkt um den folgenden Abs. 5 ergänzt werden:

„Der Inhaber des besonderen elektronischen Anwalts-
postfaches ist verpflichtet, die für dessen Nutzung erfor-
derlichen technischen Einrichtungen vorzuhalten sowie
Zustellungen und den Zugang von Mitteilungen über das
besondere elektronische Anwaltspostfach zu ermögli-
chen."

Da zum 01.01.2018 auch die Neufassung des § 174 Abs. 3 S. 4 ZPO in Kraft tritt, der Rechtsanwälte dazu verpflichtet, einen sicheren Übermittlungsweg für die Zustellung elektronischer Dokumente zu eröffnen, ist nach Auffassung der Bundesregierung unter Berücksichtigung der Neuregelung des § 130a Abs. 4 Nr. 2 ZPO n. F. ein sicherer Übermittlungsweg durch das beA damit verpflichtend geschaffen.[35]

Im neuen Baumbach/Lauterbach/Albers/Hartmann[36] wird in einem Nachtrag Teil 4 der RAVPV abgedruckt und am Ende kommentiert.

Unzutreffend und in Verkennung der Vorschrift wird dort behauptet, dass bis zum 31.12.2021 kein Erstanmeldungszwang bestünde. Die Nutzungspflicht bestehe danach nach § 130d ZPO, der erst ab dem 01.01.2022 gelte, erst ab diesem Zeitpunkt.

Hartmann unterliegt hier einem Missverständnis:

In der Tat gilt § 130d ZPO, der etwas irreführend im Gesetz zur Förderung des elektronischen Rechtsverkehrs vom 10.10.2013 mit „Nutzungspflicht für Rechtsanwälte in Behörden" überschrieben wurde, erst ab dem 01.01.2022, sofern die Bundesländer nach Art. 24 Abs. 2 FördElRV diese Vorschrift nicht bereits zum 01.01.2020

---

[35] Referentenentwurf des BMJV zur RAVPV, S. 41.
[36] Baumbach/Lauterbach/Albers/Hartmann, ZPO, 75. Auflage 2017, Nachtrag Teil 4 RAVPV.

oder 01.01.2021 in Kraft setzen.[37] Dass vorbereitende Schriftsätze, ihre Anlagen bzw. Anträge und Erklärungen nach § 130a ZPO n. F. ab dem 01.01.2018 eingereicht werden können und ab dem 01.01.2022 nach § 130d ZPO n. F. eingereicht werden müssen, ist nicht zu verwechseln mit der Erstanmeldung zum beA, der Verpflichtung zur Empfangsbereitschaft und der (beabsichtigten) Berufspflicht ab dem 01.01.2018, jedenfalls aber der Verpflichtung nach § 174 Abs. III S. 4 ZPO n. F., ab diesem Zeitpunkt empfangsbereit zu sein!

Damit gilt zwingend eine Nutzungspflicht, das heißt die Erstanmeldungspflicht zum beA für jeden Rechtsanwalt zum 01.01.2018. Es ist weder ein Antrag erforderlich, noch ist es einem Rechtsanwalt möglich, sein Postfach abzumelden oder es zu löschen. Das beA ist damit eine vom Normgeber eröffnete Zugangseinrichtung, über die der Anwalt zwingend – spätestens ab dem 01.01.2018 – Nachrichten und Erklärungen, die ihm zugegangen sind, gegen sich gelten lassen muss. Daraus folgt, dass der Anwalt selbst dann, wenn er sich nicht in seinem beA angemeldet hat, sich die ihm über das beA zugestellten Nachrichten/Erklärungen/Dokumente als zugegangen zurechnen lassen muss.

Da das beA nicht nur von Anwälten, sondern auch von Gerichten und Behörden genutzt werden kann und genutzt werden wird, muss jeder Rechtsanwalt damit rechnen, dass er ab spätestens 01.01.2018 eine Vielzahl von Dokumenten und Erklärungen über das beA zugestellt erhält, die er gegen sich gelten lassen muss.

Es bleibt also bei obiger Feststellung:

 **Um Haftungsrisiken auszuschließen, sollte der Rechtsanwalt schon 2017 die Erstanmeldung mit seiner beA-Karte Basis, die er bei der Bundesnotarkammer anfordern**

---

[37] Hierzu mehr im Kapitel 11 „Weitergeltung alter Verfahrensordnungen nach dem 01.01.2018".

kann, durchführen und seine Signaturkarte zum Einsatz bereit halten. Brosch und Sandkühler[38] formulieren, es schade „definitiv nicht, das beA unmittelbar (schon derzeit) nach dessen Einrichtung regelmäßig auf Eingänge hin zu prüfen."

Achtung: Wir rechnen **im 2. Halbjahr 2017 mit Engpässen bei der Produktion und Auslieferung von beA-Karten,** weil viele Anwälte meinen, sich erst dann um die Bestellung und Einrichtung von beA kümmern zu müssen. Nutzen Sie die Übergangszeit. Lassen Sie sich auch wegen der notwendigen Umstellungen, die bedacht und umgesetzt werden müssen, nicht kalt erwischen!

6. Übermittlung von Dokumenten wird erleichtert

Ab 01.01.2018: Neuer § 130a ZPO

Zum 01.01.2018 erfahren die Verfahrensordnungen wesentliche Erleichterungen für die wirksame Übermittlung von Dokumenten an die Zivil- und Fachgerichte. Dies wird am Beispiel des § 130a n. F. erläutert und gilt natürlich auch in den insofern gleichlautenden Verfahrensordnungen SGG, FGO, VwGO, ArbGG, FamFG.

Ab dem 01.01.2018 lautet § 130a ZPO n. F.:

Elektronisches Dokument

(1) Vorbereitende Schriftsätze und deren Anlagen, schriftlich einzureichende Anträge und Erklärung der Parteien sowie schriftlich einzu-

---

38 Brosch/Sandkühler, Sonderbeilage zu NJW Heft 38/2016, 14–16.

reichende Auskünfte, Aussagen, Gutachten, Übersetzungen und Erklärungen Dritter können nach Maßgabe der folgenden Absätze als
elektronisches Dokument bei Gericht eingereicht werden.

(2) Das elektronische Dokument muss für die Bearbeitung durch das Gericht geeignet sein. Die Bundesregierung bestimmt durch Rechtsverordnung mit Zustimmung des Bundesrates die für die Übermittlung
und Bearbeitung geeigneten technischen Rahmenbedingungen.

(3) Das elektronische Dokument muss mit einer qualifizierten elektronischen Signatur der verantwortenden Personen versehen sein oder von
der verantwortenden Person signiert und auf einem sicheren Übermittlungsweg eingereicht werden.

(4) Sichere Übermittlungswege sind:
1. der Postfach- und Versanddienst eines De-Mailkontos, wenn der
Absender bei Versand der Nachricht sicher im Sinne des § 4 Abs. 1 S.
2 des De-Mailgesetzes angemeldet ist und er sich die sichere Anmeldung gem. § 5 Abs. 5 des De-Mailgesetzes bestätigen lässt,
2. der Übermittlungsweg zwischen dem besonderen elektronischen
Anwaltspostfach nach § 31a der Bundesrechtsanwaltsordnung oder
einem entsprechenden, auf gesetzlicher Grundlage errichteten elektronischen Postfach und elektronischer Poststelle des Gerichts,
3. sonstige bundeseinheitliche Übermittlungswege, die durch Rechtsverordnung der Bundesregierung mit Zustimmung des Bundesrates
festgelegt werden, bei denen die Authentizität und Integrität der Daten sowie die Barrierefreiheit gewährleistet sind.

(5) Ein elektronisches Dokument ist eingegangen, sobald es auf der für
den Empfang bestimmten Einrichtung des Gerichtes gespeichert ist.
Dem Absender ist eine automatisierte Bestätigung über den Zeitpunkt
des Eingangs zu erteilen.

(6) Ist ein elektronisches Dokument für das Gericht zur Bearbeitung nicht
geeignet, ist dies dem Absender unter Hinweis auf die Unwirksamkeit
des Eingangs und auch die geltenden technischen Rahmenbedingungen unverzüglich mitzuteilen. Das Dokument gilt als zum Zeitpunkt
der früheren Einreichung eingegangen, sofern der Absender es unverzüglich in einer für das Gericht zur Bearbeitung geeigneten Form
nachreicht und glaubhaft macht, dass es mit dem zuerst eingereichten
Dokument inhaltlich übereinstimmt.

> War bisher immer eine qualifizierte elektronische Signatur erforderlich, reicht nunmehr eine sog. *„einfache Signatur"*, die den Postfachinhaber als die das Dokument verantwortende Person authentifiziert, und **die Übermittlung über *sein beA*** aus.

Bei einer qualifizierten elektronischen Signatur läuft ein Signiervorgang mit einer Signaturkarte ab. An eine qualifizierte elektronische Signatur werden bestimmte Voraussetzungen geknüpft, die wir unten im Kapitel „Signaturen" im Einzelnen darlegen.

Einfache Signaturen nach dem Signaturgesetz (§2 Nr. 1) sind

„Daten in elektronischer Form, die anderen elektronischen Daten beigefügt oder logisch verknüpft sind und die zur Authentifizierung dienen."

Obwohl das theoretisch für einen Namen unter einer E-Mail gilt[39], geht die Gesetzesbegründung zum FördElRV[40] davon aus, dass die **verantwortende Person**, wenn sie den sicheren Übermittlungsweg wählt, das **elektronische Dokument zum Abschluss „signiert** und damit zu erkennen gibt, **die inhaltliche Verantwortung** für das Dokument **übernehmen** zu wollen". **Zu signieren sei das Dokument**, das die prozessrelevanten Erklärungen enthalte (und nicht die Übermittlungsdatei), durch eine einfache Signatur nach dem Signaturgesetz. Diese könne durch das Einfügen einer Wiedergabe der Unterschrift dieser Person in das Dokument angebracht werden. Dies entspreche den Anforderungen für eine Telekopie gem. § 130 Nr. 6 ZPO. Zudem sei eine Signatur erforderlich, um zu dokumentieren, dass die vom sicheren Übermittlungsweg als Absender ausgewiesene Person mit der das elektronische Dokument verantwortenden Person identisch ist. Ist diese Identität nicht feststellbar, sei das elektronische Dokument nicht wirksam eingereicht.

---

[39] Roßnagel, Recht der Telemediendienste, SigG, § 2 Rn. 11.
[40] BT-Drs. 17/12634, S. 25.

Übersenden Sie lediglich einen unsignierten Schriftsatz über Ihr Anwaltspostfach, reicht dies nach diesen Formulierungen nicht aus. Zunächst muss das Dokument, also der Schriftsatz, den Sie übermitteln wollen, den Verfasser des Schriftsatzes erkennen lassen. Dies muss nicht unbedingt durch eine eingescannte Unterschrift erfolgen. Bei einer einfachen Signatur reicht – wie Sie unten im Kapitel Signaturen nachlesen können – nach dem Signaturgesetz der Name, allerdings muss derjenige, der das Dokument verantwortet, seinen Namen selbst darunter setzen. Zwar erstellt das beA bei der Übermittlung jedweden Dokuments, z. B. an ein Gericht, auch ein zusätzliches Dokument, was den Übermittler des Dokumentes klar und eindeutig authentifiziert. Nach der Formulierung der verfahrensrechtlichen Vorschriften des § 130a Abs. 3 ZPO n. F. wäre eine wirksame Einreichung eines Dokumentes nur mit dem Zusatzdokument, das der Anwalt übermittelt hat, allerdings nicht ausreichend. Hinzutreten muss neben dem Hinzusetzen des Namens des Verfassers des Dokumentes, der die Verantwortung übernimmt, gleichzeitig die Übermittlung über sein beA mit seiner beA-Karte.

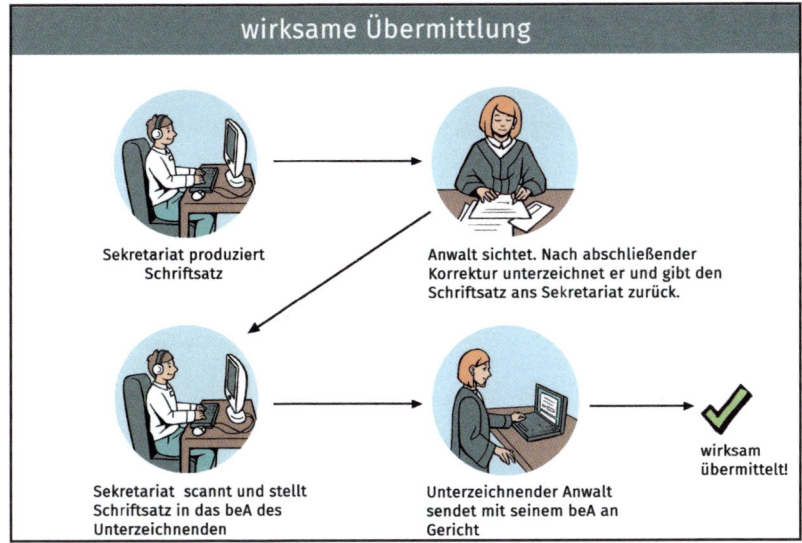

Abbildung 2 - Wirksame Einreichung nach § 130 a Abs. 3 ZPO n. F. (sofern möglich und zugelassen)

 **Hier lauern Haftungsrisiken: Sie können Mitarbeiter berechtigen, Dokumente über das beA zu übermitteln. Aus dem Protokoll wird der Empfänger herauslesen, wer das Dokument übermittelt hat, Sie oder Ihr Mitarbeiter. Hat Ihr Mitarbeiter das Dokument übermittelt, das Ihren Namen trägt, ist eine wirksame Einreichung nach den prozessualen Vorschriften nicht durchgeführt worden. Trägt das Dokument, das Sie erstellt haben und verantworten möchten, Ihre Unterschrift, ist auch die Übermittlung dieses Dokumentes über das Anwaltspostfach eines in Ihrer Kanzlei tätigen anderen Anwaltes nicht möglich, weil das Postfach den Übermittler authentifiziert (nämlich Ihren Kollegen). Gleichzeitig wird deutlich, dass der Übermittler des Dokumentes und diejenige Person, die die Verantwortung für das Dokument übernehmen soll,**

auseinander fallen. Eine wirksame Übermittlung hat nicht stattgefunden.

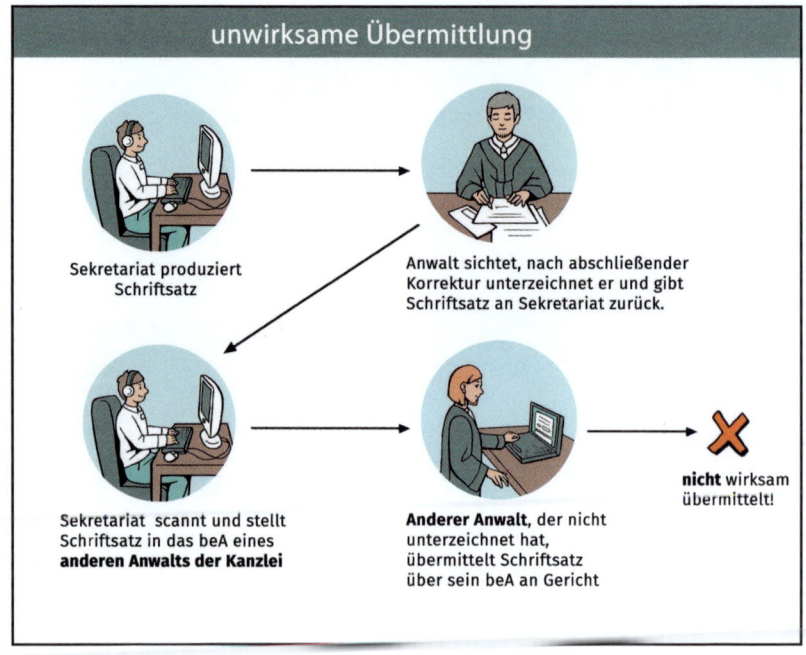

Abbildung 3 - Nicht wirksame Einreichung nach § 130 a Abs. 3 ZPO n. F.

Achten Sie also immer darauf, dass in Ihrer Kanzlei der Anwalt, der ein Dokument mit seiner Unterschrift abschließt, dieses auch über sein beA an das zuständige Gericht selbst zustellt. Die einfache Übermittlung von Dokumenten, die Ihren Namen tragen, über das beA ist nur durch Sie persönlich mit Ihrer beA-Karte möglich!

Um Haftungsrisiken zu vermeiden, empfehlen wir den regelmäßigen Einsatz der qualifizierten elektronischen Signatur.

Bisher galt und gilt bis zum 01.01.2018, dass für bestimmende Schriftsätze zwingend der Einsatz einer qualifizierten elektronischen Signatur erforderlich ist.[41]

Bitte beachten Sie das Kapitel „Verschiebung der Geltung der Verfahrensordnungen". Die Bundesländer können die Geltung der Vorschriften des § 130a ZPO n. F. bzw. die entsprechenden Regelungen für die Fachgerichte bis 2019 bzw. 2020 hinausschieben!

De-Mail als weiterer sicherer Übertragungsweg?

Ein weiterer in § 130a Abs. 4 Nr. 1 ZPO n. F. genannter „sicherer Übermittlungsweg" wäre De-Mail. Die Rahmenbedingungen für dieses, auf der Technik von E-Mails beruhenden Systems, ist im De-Mail-Gesetz geregelt. Unter anderem wird bei manchen Übermittlungsarten der De-Mails die Authentizität und Identität des Absenders garantiert, indem man sich bei einem De-Mail-Diensteanbieter mit seinem Personalausweis registriert. Anders als im beA ist die Versendung von einzelnen Nachrichten über dieses System jedoch mit Kosten verbunden. Entscheidender Unterschied ist aber die Tatsache, dass De-Mail-Nachrichten zwar auf dem Übermittlungsweg verschlüsselt übertragen werden, jedoch zumindest in vielen Fällen auf den Servern des Betreibers unverschlüsselt gelagert werden. Ein Mitarbeiter des Dienstes hätte also zumindest theoretisch Zugriff auf den Inhalt der Nachrichten. Aus unserer Sicht ist De-Mail für den elektronischen Rechtsverkehr deshalb nicht geeignet.

Hinweispflichten des Gerichtes

nach § 130a Abs. 6 ZPO n. F.

§ 130a Abs. 6 ZPO n. F. normiert eine Hinweispflicht des Gerichtes. Sofern das elektronische Dokument für das Gericht zur Bearbeitung „nicht geeignet" ist, muss dies dem Absender unter Hinweis auf die Unwirksamkeit des Eingangs und auf die geltenden technischen Rahmenbedingungen „unverzüglich" mitgeteilt werden. Das Dokument gilt als zum Zeitpunkt der früheren Einreichung eingegangen, sofern der Absender es unverzüglich in ei-

---

[41] BGH, 14.01.2010, VII ZB 112/02.

ner für das Gericht zur Bearbeitung geeigneten Form nachreicht und glaubhaft macht, dass es mit dem zuerst eingereichten Dokument inhaltlich übereinstimmt. Aus § 130a Abs. 3 ZPO ergibt sich jedoch, dass die **Hinweispflicht nur für das elektronische Dokument, auf das sich die Vorschrift bezieht, gilt**. Wurde das elektronische Dokument mit einer qualifizierten elektronischen Signatur der verantwortenden Person versehen oder von der verantwortenden Person signiert und auf einem sicheren Übermittlungsweg eingereicht, gilt die Hinweispflicht. Fehlt die Signatur, ob einfach oder qualifiziert, nutzt die Übermittlung auf einem sicheren Übermittlungsweg nichts, es liegt kein geeignetes wirksames elektronisches Dokument vor. Das Gericht muss und wird aber nicht darauf hinweisen.

In der Regel erfolgt die Übersendung von Dateien im PDF-Format. Wird nun ein Dateiformat übersandt, das nicht zulässig ist, so hat das Gericht nach § 130a Abs. 6 ZPO n. F. den Rechtsanwalt darauf hinzuweisen, dass das Dokument für die Bearbeitung nicht geeignet ist. Vorgesehen ist, dass in einer bundeseinheitlichen Rechtsverordnung die technischen Rahmenbedingungen festgelegt werden, die für die Übermittlung und Bearbeitung von Dokumenten gelten sollen. Solange diese Rechtsverordnung auf Bundesebene nicht gilt, gibt es entsprechende Rechtsverordnungen des jeweiligen Bundeslandes. Die zitierte Mitteilungspflicht des Gerichtes gegenüber dem Rechtsanwalt, der eine nicht geeignete Datei verwendet, soll nach der Gesetzesbegründung des Justizkommunikationsgesetzes die rechtzeitige Einreichung ermöglichen und im Falle ihres Ausbleibens einen Wiedereinsetzungsgrund darstellen (§ 130a Abs. 6 ZPO n. F.).

Beachten Sie jedoch, dass das Gericht nicht die Vollständigkeit des Schriftsatzes/Dokumentes prüft, dass ein nicht empfangsbereites Gericht diesbezüglich keine Hinweispflicht hat und dass das Gericht nicht inhaltlich prüft, ob die Signatur das Doku-

ment deckt, was Wirksamkeitsvoraussetzung für die
Signatur ist. Die Signatur erlöscht, wenn beispielsweise Änderungen nach der Signierung vorgenommen
worden sind. Das Gericht prüft auch nicht, ob ein Alias
bzw. eine Verknüpfung (statt des Schriftsatzes) über-
reicht worden ist.[42]

Kurz und gut: Ich halte es für gefährlich, sich darauf zu verlassen,
weil es Hinweispflichten nach § 130a Abs. 6 ZPO n. F. gebe, „könne
nichts schief gehen".

7. Modifizierte Zustellungsregelungen ab dem 01.01.2018

Nach § 174 Abs. 1 ZPO a. F. „Zustellung gegen Empfangsbekennt-
nis" wurden Schriftstücke an einen Anwalt, einen Notar, einen
Gerichtsvollzieher oder einen Steuerberater bzw. eine sonsti-
ge Person, bei der aufgrund ihres Berufes von einer erhöhten
Zuverlässigkeit ausgegangen werden kann, bisher schon gegen
Empfangsbekenntnis zugestellt.

§ 174 Abs. 3 ZPO a. F. sieht – bis zum 01.01.2018 – vor, dass an die
Genannten auch ein elektronisches Dokument zugestellt werden
kann, wenn diese der Zustellung ausdrücklich zugestimmt haben. Für die Übermittlung ist das Dokument mit einer qualifizierten elektronischen Signatur zu versehen und gegen unbefugte
Kenntnisnahme Dritter zu schützen.

Nach dem „Gesetz zur Förderung des elektronischen Rechtsverkehrs mit den Gerichten" vom 10. Oktober 2013 werden in § 174
Abs. 3 ZPO die Sätze 3 und 4 neu gefasst. Danach ist das Dokument auf einem sicheren Übermittlungsweg im Sinne des §
130a Abs. 4 ZPO n. F. zu übermitteln und gegen unbefugte Kenntnisnahme Dritter zu schützen. Rechtsanwälte, Notare, Gerichts-

---

[42] Beachten Sie dazu auch das Kapitel „Haftungsfragen".

vollzieher und Steuerberater sowie sonstige Personen, bei denen aufgrund ihres Berufes von einer erhöhten Zuverlässigkeit ausgegangen werden kann, haben einen sicheren Übermittlungsweg für die Zustellung elektronischer Dokumente zu eröffnen. Ein solcher „sicherer Übermittlungsweg" ist das beA.

8. Keine Zustellung ohne Empfangsbekenntnis?

8.1 Zustellung durch die Justiz

Mit Erfolg hat sich die Anwaltschaft gegen Bestrebungen der Justiz gewehrt, dass Dokumente sofort oder nach drei Tagen nach Eingang in dem besonderen elektronischen Anwaltspostfach als zugestellt gelten. Wäre ein Automatismus entstanden, hätten mit der Zustellung unter Umständen Fristen zu laufen begonnen, einfach mit dem Zugang im beA. Dies hätte zwar für die Justiz eine enorme Arbeitserleichterung mit sich gebracht, hätte jedoch mit der Beschleunigung, die in der elektronischen Übermittlung von Schriftstücken liegt, nur die Anwaltschaft belastet.

Durchgesetzt wurde letztendlich, dass der Anwalt **erst mit Kenntnisnahme des Schriftstückes ein Empfangsbekenntnis** abgeben muss. Ein Automatismus ist ausgeschaltet.

Nach § 174 Abs. 4 S. 3 ZPO n. F. wird die Zustellung durch ein elektronisches Empfangsbekenntnis nachgewiesen. Dieses Empfangsbekenntnis ist in strukturierter, maschinenlesbarer Form zu übermitteln. Die Gesetzesvorschrift sieht vor, dass hierfür das Gericht mit der Zustellung einen strukturierten Datensatz zur Verfügung stellt, der als Empfangsbekenntnis zu nutzen ist.

Das **Empfangsbekenntnis knüpft** mithin an den **Willen des Empfängers des Dokumentes an**, das **Dokument auch zur Kenntnis
zu nehmen**.

Wie bisher geregelt, kann jedoch der Empfänger eines Dokumentes die Zustellung nicht beliebig „hinausschieben", sondern ist
gehalten, unverzüglich das Empfangsbekenntnis abzugeben (§
182 Abs. 3 ZPO). Dem trägt auch § 182 Abs. 3 ZPO n. F. Rechnung,
der vorschreibt, dass die Zustellurkunde der Geschäftsstelle in
Urschrift oder als elektronisches Dokument unverzüglich zurück-
zuleiten ist.

Dies ist auch als Berufspflicht bei der Entgegennahme von Zustellungen von Gerichten und Behörden herausgestellt und in
§ 14 BORA und in § 59b Abs. 2 Nr. 6 BRAO geregelt.

**Die Erteilung eines Empfangsbekenntnisses gegenüber Gerich-
ten ist Berufspflicht.**

Unerheblich für die Wirkung des abgegebenen Empfangsbekenntnisses ist im Übrigen, ob der Anwalt ein Schriftstück besitzt
oder gar gelesen hat.[43]

Das Empfangsbekenntnis erbringt vollen Beweis nach § 418 ZPO
hinsichtlich der Vorlage des Schriftstückes, wenn dieses überge-
ben/übermittelt bzw. von wem es empfangen wurde, aber auch
wann dies geschehen ist.

8.2 Zustellung unter Anwälten

Nachdem das beA ab spätestens dem 01.01.2018 einen schnellen
und sicheren Zugangsweg zu allen Anwälten eröffnet, ist davon
auszugehen, dass die Zustellung von Anwalt zu Anwalt nach § 195
ZPO, aber auch die Übermittlung rechtserheblicher Erklärungen
an den Gegenanwalt zukünftig vermehrt über das beA erfolgen.

---

[43] BGH, VersR 2007, 1147.

Bekanntlich sieht § 195 Abs. 1 ZPO vor, dass Dokumente von Anwalt zu Anwalt zugestellt werden können, wenn die Parteien durch Anwälte vertreten sind. Dies gilt auch für Schriftsätze, die nach den Vorschriften der Zivilprozessordnung von Amts wegen zugestellt werden, wenn nicht gleichzeitig dem Gegner eine gerichtliche Anordnung mitzuteilen ist.

§ 14 BORA gilt nicht für Zustellungen unter Anwälten, weil der Gesetzgeber in § 59b Abs. 2 Nr. 6b BRAO die Entgegennahme von Zustellungen von Anwälten nicht als Berufspflicht normiert hat. Eine Ermächtigungsgrundlage für § 14 BORA, auch die Zustellung unter Anwälten als Berufspflicht auszulegen, sei in § 59b Abs. 2 Nr. 5a BRAO nicht gegeben.[44]

§ 195 Abs. 1 S. 5 ZPO verweist auf die Vorschrift des § 174 Abs. 3 S. 1 und 3 ZPO n. F. Demnach kann die Übermittlung über das beA, das heißt die Zustellung von Anwalt zu Anwalt, aber auch die Übermittlung rechtserheblicher Erklärungen, entsprechend der gesetzlichen Voraussetzungen erfolgen. Der zustellende Anwalt erhält – ob er von Anwalt zu Anwalt zustellt oder eine rechtserhebliche Erklärung abgibt – ein elektronisches Dokument als Nachweis, dass er sein Dokument dem Anwaltskollegen über das beA übermittelt hat.

Nach der oben dargelegten Entscheidung des Bundesgerichtshofes, wonach eine berufsrechtliche Pflicht zur Entgegennahme von Zustellungen unter Anwälten nicht besteht, ergeben sich auch unter Berücksichtigung beabsichtigter Änderungen von BORA und BRAO nicht unbeträchtliche Haftungsrisiken. Rüppell/Fuchs[45] weisen im Hinblick auf das Urteil des BGH vom 26.10.2015[46] darauf hin, dass sich der Anwalt die Frage stellen muss, ob er überhaupt nach derzeitiger Rechtslage bei einer Zustellung mitwirken darf, was gerade bei der Vollziehung von einstweiligen Verfügungen und Arrestanordnungen fraglich sein kann, weil seine Pflicht die umfassende Interessenwahrnehmung seines Mandanten ist.

---

[44] AGH Hamm, 07.11.2014, 2 AGH 9/14, bestätigt durch BGH, 26.10.2015, AnwBl. 2016, 70.
[45] Rüppell/Fuchs, AnwBl. 2016, 893, 894.
[46] BGH, NJW, 2015, 3672 = AnwBl. 2016, 70.

In dem vom BGH entschiedenen Fall lag der Nachteil für den Mandanten auf der Hand. Hätte der Anwalt die einstweilige Verfügung im Wege der Zustellung von Anwalt zu Anwalt kurz vor Ablauf der Vollziehungsfrist angenommen und das Empfangsbekenntnis vollzogen, wäre die Bedingung der Vollziehung der Anordnung innerhalb der Monatsfrist des § 929 Abs. 2 ZPO eingetreten. Durch die Weigerung, ein Empfangsbekenntnis abzugeben, wurde die Vollziehung endgültig abgewendet.

Als Reaktion auf die Entscheidung des Bundesgerichtshofs hat die Bundesregierung im Rahmen des Gesetzentwurfes zur Berufsanerkennungsrichtlinie und zur Änderung weiterer Vorschriften im Bereich der rechtsberatenden Berufe[47] eine Änderung des § 59b Abs. 2 Nr. 8 vorgesehen, wonach der satzungsgebenden Versammlung der BRAK die Möglichkeit eingeräumt wird, die Zustellung von Anwalt zu Anwalt als Berufspflicht vorzuschreiben.[48]

Eine Parallelregelung für Patentanwälte ist in § 52b Abs. 2 Nr. 7 PAO vorgesehen. Hierzu hat der Bundesrat unter dem 12.09.2016 Stellung genommen[49] und angeregt, nicht nur eine gesetzliche Pflicht zur Mitwirkung bei der Zustellung von Anwalt zu Anwalt vorzusehen, weil die bisherige Rechtslage die effektive Rechtsdurchsetzung zugunsten eines berechtigten Anspruchsinhabers erschwere. Der an der Zustellung nicht mitwirkende Anwalt begehe zwar künftig eine nach § 113 Abs. 1 BRAO ahndbare Pflichtverletzung. Dies führe allerdings nicht dazu, dass die Zustellung als solche bei fehlender Mitwirkung des Anwalts wirksam wäre. Deshalb benötige man in § 195 ZPO eine ausdrücklich normierte Zustellungsfiktion für den Fall der Annahmeverweigerung.[50] In ihrer Gegenäußerung[51] hat die Bundesregierung deutlich gemacht, dass die Wirksamkeit der Zustellung jeweils (und nach wie vor) von der Empfangsbereitschaft des Adressaten abhängig sei. Eine Zustellungsfiktion wäre aufgrund der dem Rechtsanwalt und der

---

[47] BT-Drs. 18/9521.
[48] Ebd., S. 84.
[49] BR-Drs. 431/1/16, S. 5 f.
[50] BR-Drs. 431/1/16, S 6.
[51] BT-Drs. 18/9948, S.4.

vertretenden Partei drohenden Folgen zu weitgehend und käme (nach wie vor) nicht in Betracht. Die Wirksamkeit der Zustellung sei jeweils von der Empfangsbereitschaft des Adressaten abhängig. Bei der Zustellung gem. § 174 ZPO sei der Rechtsanwalt berufsrechtlich verpflichtet, an der Zustellung gegen Empfangsbekenntnis mitzuwirken; eine zivilprozessuale Mitwirkungspflicht bestehe dagegen nicht. Das „voluntative" Element bei der Zustellung an Rechtsanwälte sei eingehend anlässlich des „Gesetzes zur Förderung des elektronischen Rechtsverkehrs mit den Gerichten" diskutiert worden, wobei der zuständige Rechtsausschuss die zivilprozessuale Freiwilligkeit bei der Zustellung gegen Empfangsbekenntnis als bewährt angesehen habe, was auch aufgrund der andernfalls drohenden Folgen für Anwälte beibehalten werden solle.

In ihrer Presseerklärung Nr. 16 vom 22.11.2016[52] weist die Bundesrechtsanwaltskammer darauf hin, dass die 6. Satzungsversammlung der BRAK am 21.11.2016 beschlossen habe, Zustellungen von Anwalt zu Anwalt ausdrücklich in § 14 BORA als Berufspflicht aufzunehmen. Der Beschluss erging unter der Voraussetzung, dass der Gesetzgeber eine entsprechende Satzungsermächtigung für eine berufsrechtliche Regelung, wie in dem zitierten Gesetzentwurf der Bundesregierung vorgesehen, schafft.

Unbeschadet dessen, dass eine Übermittlung einer Zustellung von Anwalt zu Anwalt sich über das beA nachweisen lässt, ebenso wie die qualifizierte elektronisch signierte Erklärung, kommt es **für die Wirksamkeit der Zustellung von Anwalt zu Anwalt auch zukünftig auf das Empfangsbekenntnis an**, zu dem nach Verabschiedung des Gesetzes über die Berufsanerkennungsrichtlinie und Änderung von § 14 BORA der Anwalt verpflichtet sein wird. Gibt er das Empfangsbekenntnis, das mit der Zustellung mitgereicht werden sollte und der bisherigen Form, die Sie in Ihrer Kanzlei verwenden, entsprechen kann (das maschinenlesbare strukturierte Formular soll nur im Falle der gerichtlichen Zustel-

---

[52] BRAK, „Presseerklärung Nr. 16: Mehr Rechtssicherheit: § 14 BORA soll auch bei Zustellungen von Anwalt zu Anwalt gelten".

lung vom Gericht mit übersandt werden), nicht zurück, gilt die Zustellung von Anwalt zu Anwalt als nicht bewirkt, es sei denn, aus den Gesamtumständen lässt sich der Empfangswille herauslesen.[53] Die Verletzung der Berufspflicht kann zwar geahndet werden, führt aber nicht zur wirksamen Zustellung.

Sich hierauf einlassen zu wollen, erscheint jedenfalls beim Vollzug von einstweiligen Verfügungen oder Arresten, bzw. generell bei fristgebundenen Zustellungen nach wie vor zu risikoreich, zumal eine kollegiale Pflicht, die Verweigerung dem zustellenden Anwalt unverzüglich anzuzeigen, fraglich erscheint. Da der Anwalt im Rahmen der Schadensverhütungspflicht den sichersten und gefahrlosesten Weg für seinen Mandanten wählen muss[54], kommt dann, wenn damit zu rechnen ist, dass der Kollege das Empfangsbekenntnis nicht vollzieht, wie bisher bei fristgebundenen Sachen nur die Zustellung durch Gerichtsvollzieher in Betracht.

Die Autoren von „beA – so geht's" des Fachinstituts für Kanzleimanagement des Deutschen Anwaltsinstituts vertreten auf S. 38 des Buches die Auffassung, dass der Nachweis problematisch sei, weil der Anwalt dem Gericht die Quittung für die Übermittlung, die der Absender elektronisch erhält, im gerichtlichen Verfahren mit einer qualifizierten elektronischen Signatur zur Verfügung stellen müsste. „Wo Erklärungen nicht in der Form des § 130a ZPO dem Gericht übermittelt werden können, dürfte ein Ausdruck auch nach erfolgter Signaturprüfung nicht ausreichend sein, wenn der Gegner die Echtheit bestreitet."

Bei der dort diskutierten Frage handelt es sich zunächst nicht um die Zustellung von Anwalt zu Anwalt, die mit einem Empfangsbekenntnis nachgewiesen werden kann. Die Diskussion meint, der Zugang einer Nachricht könne nicht geeignet nachgewiesen werden.

---

[53] Vgl. BGH, AnwBl. 2015, 160.
[54] Pars pro toto: Fischer, NJW, 1999, 2993, 2994 m.w.N.

Dem ist nicht zu folgen, weil die für die Übermittlung des elektronischen Dokuments an den Anwaltskollegen erstellte „Quittung"
(elektronische Eingangsbestätigung) nachvollziehbar macht,
dass entsprechend dem Gesetzeswortlaut das bestimmte Dokument auch tatsächlich übermittelt wurde. Die Frage der dortigen
Autoren, dass der Anwalt dem Gericht den Ausdruck als Augen-
scheinsobjekt im Sinne von § 371a Abs. 1 S. 1 ZPO zur Verfügung
stellen müsste und der Richter dann gehalten wäre, eine Signaturprüfung nach § 371a Abs. 1 S. 2 ZPO durchzuführen, was bei Gerichten, die mit dem elektronischen Rechtsverkehr nicht befasst
seien, zur Zeit fraglich sei, stellt sich nicht, kann doch – gegebenenfalls über einen Sachverständigenbeweis – die Authentizität
der Übermittlung des in Rede stehenden Dokumentes elektronisch nachgewiesen werden.

> Streitet der Gegenanwalt ab, eine Nachricht erhalten zu
> haben, wird der Nachweis über die Einträge im Postfach-
> journal geführt. Das beA kennt die Funktion „Exportie-
> ren". Dabei werden nicht nur die Einträge des Journals
> übertragen, sondern auch eine Signatur Ihres Anwalts-
> postfachs, die zweifelsfrei die Inhalte des Journals au-
> thentifiziert. Der Export erfolgt im Zweifelsfall an den
> vom Gericht beauftragten Sachverständigen, der dies ve-
> rifizieren kann. Durch die Möglichkeit, nur einzelne Vor-
> gänge aus dem beA zu exportieren, wird die Verschwie-
> genheit gewahrt.

Streitet der Gegenanwalt ab, dass die Nachricht die von ihm an-
gegebenen Inhalte enthält, führen Sie den Nachweis durch die
am Ende der Woche durchgeführte Sicherung Ihrer Nachrichten
(Export auf Sicherungsmedium). Sie sollten jede Nachricht zur Sicherung exportieren mit den entsprechenden Signaturen.

**Streitet der Gegenanwalt die Wirksamkeit der Signatur ab, wird
der Nachweis mit der exportierten Datei mit dem Signaturan-
hang geführt.**

Bitte beachten Sie, dass bei einem Ausdruck die Überprüfung der Signatur nicht möglich ist! Der Nachweis muss elektronisch geführt werden!

Zwar führt § 189 ZPO zur Heilung von Zustellungsmängeln. Danach gelten Dokumente in dem Zeitpunkt als zugestellt, in denen sie der Person, an die die Zustellung dem Gesetz gemäß gerichtet war oder gerichtet werden konnte, tatsächlich zugegangen sind. Da der Zugang, wie zuvor schon ausgeführt, im Anwaltspostfach „quittiert" wird, gilt über § 189 ZPO die Fiktion der Zustellung!

Dennoch lässt sich die erforderliche Annahmebereitschaft bei einer Zustellung von Anwalt zu Anwalt nicht nach § 189 ZPO heilen[55] und ersetzt insbesondere nicht das erforderliche Empfangsbekenntnis. Nur dann, wenn eine Sache zugegangen ist und gleichzeitig Empfangsbereitschaft erkennbar wird, gilt die Fiktion des § 189 ZPO dennoch.[56] Wenn beispielsweise der Anwalt, der ein Urteil erhält, das Empfangsbekenntnis nicht zurückreicht, das Urteil aber dem Mandanten weiterleitet und sich den Auftrag zur Berufung erteilen lässt, führt die Würdigung der Gesamtumstände dazu, dass der Anwalt die Zustellung gegen sich gelten lassen muss und seine Empfangsbereitschaft nicht in Frage stellen kann.[57]

8.3 Zustellungsnachweis bei der Vollstreckung

Eine Vollstreckung erfordert den Nachweis der Zustellung als Vollstreckungsvoraussetzung. Es wird die Auffassung vertreten, dass die Zustellung über das elektronische Anwaltspostfach nicht nachgewiesen werden könne. Dies ist aufgrund des oben Ausgeführten unzutreffend.

Auch die Zustellung eines auf Zahlung gerichteten Titels beispielsweise kann von Anwalt zu Anwalt erfolgen und auch entsprechend nachgewiesen werden mit dem beigefügten Emp-

---

55 Baumbach/Lauterbach/Albers/Hartmann, ZPO, 75. Auflage 2017, § 189 Rn. 6.
56 BGH, 13.01.2015, VIII ZB 55/14.
57 BGH, 13.01.2015, VIII ZB 55/14, Rn. 18.

fangsbekenntnis. Wir gehen davon aus, dass dieser Punkt noch Gegenstand zahlreicher Auseinandersetzungen sein wird.

8.4 Exkurs: ERV bei Vollstreckungsaufträgen

Durch das „Gesetz zur Durchführung der Verordnung (EU) Nr. 655/2014 sowie zur Änderung sonstiger zivilprozessualer, grundbuchrechtlicher und vermögensrechtlicher Vorschriften und zur Änderung der Justizbeitreibungsordnung (EuKoPfVODG)" vom 21. November 2016[58] wird § 753 Abs. 4 ZPO angefügt, wonach § 130a Abs. 1 und 2 ZPO auch für die elektronische Einreichung von Aufträgen beim Gerichtsvollzieher entsprechend gilt.

Weiterhin wird ein neuer § 754a ZPO eingefügt, wonach eine vereinfachte Vollstreckung bei Vollstreckungsbescheiden möglich sein soll. Wenn der Auftrag zur Zwangsvollstreckung aus einem Vollstreckungsbescheid elektronisch eingereicht wird, ist bei der Zwangsvollstreckung wegen Geldforderungen bis 5000 € inklusive titulierter Nebenforderungen und Kosten, die Übermittlung der Ausfertigung des Vollstreckungsbescheides nicht notwendig. Die Kosten der Zwangsvollstreckung sind dabei nur zu berücksichtigen, wenn sie allein Gegenstand des Vollstreckungsauftrages sind.

Der Gläubiger muss dem elektronischen Auftrag eine Abschrift des Vollstreckungsbescheides nebst Zustellbescheinigung als elektronisches Dokument beifügen. Er muss weiterhin versichern, dass ihm eine Ausfertigung des Vollstreckungsbescheides und eine Zustellbescheinigung vorliegen und die Forderung in Höhe des Vollstreckungsauftrages noch besteht. Sollen Kosten der Zwangsvollstreckung vollstreckt werden, sind dem Antrag zusätzlich eine nachprüfbare Aufstellung und entsprechende Belege als elektronische Dokumente beizufügen.

Nach der Gesetzesbegründung[59] bezweckt die Bundesregierung eine Vereinfachung und Beschleunigung des Zwangsvollstre-

---

[58] BGBl. 2016, Teil 1, 2591.
[59] BT-Drs. 18/7560, S. 35.

ckungsverfahrens, soweit die Zwangsvollstreckung von Geldforderungen durch den Gerichtsvollzieher auf Grundlage von Vollstreckungsbescheiden betroffen ist. Die zunächst beschränkte Regelung sei offen gegenüber zukünftigen gesetzlichen Entwicklungen zur weiteren Stärkung der elektronischen Titelverwaltung. Soweit auf der Grundlage von § 753 Abs. 3 S. 2 ZPO ein verbindliches Formular für den elektronisch eingereichten Auftrag an den Gerichtsvollzieher eingeführt worden sei, erfolge dessen technische Bereitstellung im Internet durch die Landesjustizverwaltungen.

9. Nutzungspflicht für Rechtsanwälte und Behörden

Spätestens ab dem 01.01.2022 (§ 130d ZPO n. F.)

Die Vorschrift des § 130d ZPO n. F. zwingt Rechtsanwälte und Behörden, jedenfalls ab dem 01.01.2022 vorbereitende Schriftsätze und deren Anlagen, sowie schriftlich einzureichende Anträge und Erklärungen, – die durch einen Rechtsanwalt, durch eine Behörde oder durch eine juristische Person des öffentlichen Rechts, einschließlich der von ihr zur Erfüllung ihrer öffentlichen Aufgaben gebildeten Zusammenschlüsse, eingereicht werden –, als elektronisches Dokument zu übermitteln.

Dies gilt auch für die anderen Verfahrensordnungen.

 **Faktisch bedeutet dies, dass ab dem 1. Januar 2022 jedenfalls der elektronische Rechtsverkehr mit allen Gerichten verpflichtend ist. Für die Strafgerichtsbarkeit existiert derzeit allerdings erst ein Referentenentwurf, der den elektronischen Rechtsverkehr regeln soll.**

Nutzen Bundesländer die Möglichkeit (Art. 24 Abs. 2 FördElRV), den elektronischen Rechtsverkehr bereits zum 01.01.2020 oder 01.01.2021 einzuführen, gilt § 130d ZPO n. F. und die weiteren Verfahrensordnungen zwingend bereits in diesem Zeitpunkt. Das heißt, Sie müssen **ab dem 01.01.2020 prüfen, wenn Sie einen Schriftsatz einreichen, ob Sie diesen zwingend elektronisch einreichen müssen**!

10. Technische Unmöglichkeit der Einreichung

Sofern die Übermittlung aus technischen Gründen vorübergehend nicht möglich ist, bleibt die Übermittlung nach den allgemeinen Vorschriften zulässig. Die vorübergehende Unmöglichkeit ist bei Ersatzeinreichung unverzüglich glaubhaft zu machen. Auf Anforderung ist ein elektronisches Dokument nachzureichen. (§ 130d S. 2 und 3 ZPO n. F., nur beispielhaft für die übrigen Verfahrensordnungen).

Allgemein wird anerkannt, dass nach dem Wortlaut der Vorschrift technische Gründe nicht beschränkt sind auf Probleme auf der Empfangsseite der Gerichte. Die Vorschrift der Heilung gilt in allen Fällen, bei denen auf der Versenderseite, aus welchem Grund auch immer, die Versendung nicht ausgeführt werden kann. Es wird allerdings wohl gerichtlich geklärt werden müssen, ob es zum Beispiel ausreicht, dass ein Anwalt eidesstattlich erklärt, dass das Internet nicht funkionierte, oder ob er einen anderen Beweis erbringen muss.

 **Sie sollten in dem Fall des § 130d S. 2 ZPO n. F. (analog die weiteren Verfahrensordnungen) sicherstellen, dass festgehalten wird, welches der Grund war, dass die Versendung nicht möglich war. Nur bei Glaubhaftmachung eines derartigen Grundes ist die Ersatzeinreichung möglich.**

11. Geltung alter Verfahrensordnungen nach dem 01.01.2018

Das „Gesetz zur Förderung des elektronischen Rechtsverkehrs mit den Gerichten" schafft in Art. 24 eine Verordnungsermächtigung für die Länder, wonach jedes Bundesland die oben ausgeführte Bestimmung des § 130a ZPO n. F. sowie gleichlautende Bestimmungen in den anderen Verfahrensordnungen (Arbeitsgerichtsgesetz, Finanzgerichtsordnung, Familienverfahrensgesetz und Verwaltungsgerichtsordnung) **nicht zwingend zum 01.01.2018**, sondern **wahlweise zum 01.01.2019 oder zum 01.01.2020** in Kraft treten lassen kann. Dies kann nur einheitlich in einem Bundesland, **das heißt für alle dortigen Gerichtszweige**, durchgeführt werden. Damit treten die Neuregelungen erst später in Kraft. **Die alten Verfahrensregelungen gelten weiterhin!**

Damit gilt:
§ 130a Abs. 2 ZPO a. F. und die anderen Verfahrensordnungen sehen vor, dass die Bundesregierung und die Landesregierungen für ihren Bereich durch Rechtsverordnung den **Zeitpunkt, von dem an elektronische Dokumente bei den Gerichten eingereicht werden können**, bestimmen können. Dabei kann die Zulassung

der elektronischen Form **auf einzelne Gerichte oder Verfahren beschränkt** werden. Vergleichsweise Regelungen finden sich in den übrigen Verfahrensordnungen. Art. 24 FördElRV ermöglicht es den Ländern, durch Rechtsverordnung zu bestimmen, dass die Verfahrensordnungen, zum Beispiel § 130a ZPO a. F., noch bis zum 01.01.2019 bzw. zum 01.01.2020 weitergelten.

Dies bedeutet, dass, sofern ein Bundesland von dieser Möglichkeit Gebrauch macht, wie bisher **nur die Gerichte mit elektronischen Dokumenten angesteuert werden können, für die im jeweiligen Bundesland der elektronische Rechtsverkehr eröffnet ist.**

Sie können elektronische Dokumente nach den alten Verfahrensordnungen **nur mit qualifizierter elektronischer Signatur** einreichen!

Macht eine Landesregierung von der Möglichkeit des Art. 24 Abs. 1 FördElRV **keinen Gebrauch, gilt die Neuregelung der Verfahrensvorschriften ab dem 01.01.2018.** Faktisch bedeutet dies, dass nach § 130a Abs. 3 ZPO n. F., § 46c Abs. 3 ArbGG, § 65a Abs. 3 SGG, § 55a Abs. 3 VwGO bzw. § 52a Abs. 3 FGO und § 14 Abs. 2 S. 1 FamFG ab dem 01.01.2018 gelten. Im Hinblick auf die nicht unbeträchtlichen Kosten, die den Bundesländern bei der Einführung des elektronischen Rechtsverkehrs bei den Gerichten entstehen, im Hinblick darauf, dass geeignetes Personal nach den Ausführungen der Bundesländer nicht in ausreichendem Maße gefunden worden ist, im Hinblick auf die noch nicht vorhandene technische Infrastruktur in den Gerichten **gehen wir davon aus, dass bis auf wenige Ausnahmen**, nämlich der Bundesländer, die heute bereits flächendeckend den elektronischen Rechtsverkehr ermöglichen, **viele Bundesländer von der Möglichkeit Gebrauch machen werden, die Geltung der Verfahrensordnungen hinauszuschieben.**

Letztendlich bedeutet dies, dass spätestens zum 01.01.2020 die geänderten Verfahrensordnungen bundesweit gelten und der elektronische Rechtsverkehr bei allen Gerichten eröffnet ist.

Dies heißt für Sie, auch nach dem 01.01.2018, müssen Sie vor Einreichung eines Schriftsatzes eigenverantwortlich prüfen, ob bei dem anzurufenden Gericht der elektronische Rechtsverkehr eröffnet ist und Sie Dokumente entsprechend den Verfahrensordnungen rechtssicher und fristwahrend nur mit qualifizierter elektronischer Signatur einreichen können. Ist der elektronische Rechtsverkehr nicht eröffnet, können Sie einen bestimmenden Schriftsatz nicht wirksam elektronisch einreichen! Sie laufen Gefahr, Fristen zu versäumen und sich schadenersatzpflichtig zu machen, weil Sie irrtümlich einen Schriftsatz auf elektronischem Weg eingereicht haben!

12. Zwingende Einführung des ERV vor 2020?

Andererseits gibt Art. 24 Abs. 2 FördElRV jedem Bundesland die Möglichkeit, die **Einführung des verpflichtenden elektronischen Rechtsverkehrs** für Anwälte gem. § 130d ZPO bzw. den entsprechenden Verfahrensordnungen FGO, VwGO, SGG etc. **so vorzuverlagern**, dass anstelle des Einführungstermins 01.01.2022 bereits **eine Verpflichtung zum 01.01.2020 oder zum 01.01.2021 eingeführt wird.**

Dabei müssen die Bundesländer jedenfalls eine **zweijährige Übergangsphase** für die Anwälte wahren. Wird die Geltung des § 130a ZPO n. F. und der anderen Verfahrensordnungen hinausgeschoben, — sodass statt ab dem 01.01.2018 diese Vorschriften erst ab dem 01.01.2019 oder 01.01.2020 gelten —, kommt eine Vorverlagerung der generellen Verpflichtung frühestens zwei Jahre später, — also zum 01.01.2021 bzw. 01.01.2022 —, in Betracht. Die zweijährige **Übergangsphase soll insbesondere den Anwälten**

die Möglichkeit geben, sich darauf einzustellen **und die Arbeitsabläufe festzulegen und einzuüben.**

 Gerade hinsichtlich Art. 24 Abs. 2 des Gesetzes gilt, dass Sie als Rechtsanwalt zukünftig verpflichtet sein werden, in der Zeit vor dem 1. Januar 2022 zu prüfen, ob die Gerichtsbarkeit in dem jeweiligen Bundesland, die Sie anrufen wollen, bereits zwingend zum 01.01.2020 oder zum 01.01.2021 den elektronischen Rechtsverkehr für Sie als Anwalt eingeführt hat.

Die Bundesländer und der Bund werden nicht verpflichtet, elektronische Dokumente zur Kommunikation mit Anwälten und sonstigen Behörden zu verwenden. Jedem Bundesland und dem Bund bleibt freigestellt, auch über den 01.01.2022 hinaus Papierdokumente zu versenden und zuzustellen. Dies bedeutet, dass der Verpflichtung der Rechtsanwälte, alle Vorkehrungen zu treffen, elektronisch Nachrichten zu versenden und zu empfangen, keine entsprechende Verpflichtung der Bundesländer und des Bundes gegenüber steht.

13. Elektronischer Rechtsverkehr in den Bundesländern

Nach dem derzeitigen Stand (Dezember 2016) ist der elektronische Rechtsverkehr in den einzelnen Bundesländern höchst unterschiedlich eröffnet. Grundsätzlich ist es in allen Bundesländern möglich, nach dem Gesetz über das elektronische Handelsregister und das Genossenschaftsregister sowie das Unternehmensregister Unterlagen zum Handels-, Genossenschafts- und Partnerschaftsregister in elektronischer Form einzureichen. Auch Auskunft erhalten Sie in der Regel dort in elektronischer Form. Bei allen Bundesländern ist das Mahnverfahren elektronisch eröffnet. Alle Insolvenzgerichte der Länder sind über das Portal www.insolvenzbekanntmachungen.de angeschlossen. Von Bundesland zu Bundesland verschieden sind verschiedene Grundbuchämter teilweise erreichbar.

Grundsätzlich können Sie unter www.justiz.de bzw. bei den Justizministerien der einzelnen Länder aktuell die Anfrage durchführen, wie derzeit der Stand der Erreichbarkeit der Gerichte in dem jeweiligen Bundesland ist.

Nachfolgend erhalten Sie die Informationen, in welchem Bundesland nach dem Stand Januar 2017 die Gerichtsbarkeit elektronisch erreichbar ist.

(Bitte prüfen Sie in jedem Fall zukünftig nach!)

Übersicht der Bundesländer
(Stand Januar 2017)

Baden-Württemberg: Landgerichte Stuttgart, Freiburg, Mannheim (Zivilverfahren und Kammern für Handelssachen), Registergerichte, Auskünfte aus Vereinsregister bei den Amtsgerichten Freiburg, Mannheim, Stuttgart und Ulm

Bayern: Alle bayerischen Sozialgerichte, einschließlich Landessozialgericht, Bayerischer VGH und VG München, Zentrales Mahngericht Coburg Zivilsachen beim LG Landshut einschließlich Verfahren FamFG

Berlin: Zugang zu allen Gerichten

Brandenburg: Brandenburgisches Oberlandesgericht, Landgerichte Cottbus, Frankfurt/Oder, Neuruppin, Potsdam; Arbeitsgerichte inklusive LAG, Sozial- und Verwaltungsgerichte inklusive Landessozialgericht und Oberverwaltungsgericht sowie FG, alle Amtsgerichte

Bremen: Gesamte Gerichtsbarkeit (Fach- und ordentliche Gerichte, FamFG-Gerichte, Staatsanwaltschaften sowie OWiG-Behörden)

Hansestadt Hamburg: OLG: Verfahren, auf die die ZPO oder FamFG Anwendung findet, Beschwerden GBO, Schiffsregistersachen, Beschwerden GWB und Energiewirtschaftsgesetz, LG Hamburg: KFH

Hessen: Alle Zivil-/Arbeits-/Verwaltungs-/Sozial- und Finanzgerichte sowie Staatsanwaltschaften

Mecklenburg-Vorpommern: Derzeit nur Registergerichte; Amtsgericht Hamburg ist gemeinsames Mahngericht

Niedersachsen: Arbeitsgerichtsbarkeit, Sozialgerichtsbarkeit, Verwaltungsgerichtsbarkeit, FG

Nordrhein-Westfalen: Alle Verwaltungs-, Sozial- und Finanzgerichte, Arbeitsgerichte, Landgericht Bochum und Aachen sowie den Amtsgerichten Essen und Oberhausen: Zivilsachen; Landgericht Bonn: Verfahren nach § 335 Abs. 5 HGB (EHUG) und Landgericht Köln: Verfahren nach § 101 Abs. 9 UrhG

Rheinland-Pfalz: OVG Rheinland-Pfalz, VG Koblenz, Mainz, Neustadt/Weinstraße, Trier, FG, LSG, LAG, Amtsgericht/Landgerichte Trier, Zweibrücken (in Zivilsachen), Verfassungsgerichtshof, OLG Koblenz (Zivil- und Familiensachen, Beschwerdeverfahren, Schiffsregisterordnung, GWB und Energiewirtschaftsgesetz), OLG Zweibrücken (Zivil- und Familiensachen sowie Beschwerden nach GBO)

Saarland: Pilotprojekt in der Verwaltungsgerichtsbarkeit (VG und OVG)

Sachsen: Alle Gerichte in allen Verfahrensarten außer Grundbuch

Sachsen-Anhalt: OVG, VG Halle und Magdeburg; LAG, Arbeitsgerichte Dessau-Roßlau, Halle, Magdeburg, Stendal (ohne jeweils Mahnverfahren bei den Arbeitsgerichten)

Schleswig-Holstein: Gesamte Fachgerichtsbarkeit (VG, FG, Arbeitsgerichte, Sozialgerichte), ordentliche Gerichtsbarkeit in Itzehoe, LG Flensburg, § 101 Abs. 9 UrhG, Amtsgericht Flensburg, Itzehoe

Thüringen: Derzeit nur Registersachen

14. Zentrales Schutzschriftenregister

Zwingende elektronische Einreichung von Schutzschriften ab dem 01.01.2017

Art. 7 des „Gesetzes zur Förderung des elektronischen Rechtsverkehrs mit den Gerichten" sieht einen neuen § 49c BRAO vor, wonach der Rechtsanwalt verpflichtet ist, Schutzschriften ausschließlich zum elektronischen Schutzschriftenregister nach § 945a ZPO einzureichen. Diese Vorschrift gilt ab dem 01.01.2017.

Nach § 945a Abs. 2 ZPO gilt eine Schutzschrift als bei allen ordentlichen Gerichten der Länder eingereicht, sobald sie in das Schutzschriftenregister eingestellt ist.

Art. 3 FördElRV, der sich mit Änderungen des Arbeitsgerichtsgesetzes befasst, fügt in § 85 Abs. 2 ArbGG folgenden Satz an:

Eine in das Schutzschriftenregister nach § 945a Abs. 1 ZPO eingestellte Schutzschrift gilt als auch bei allen Arbeitsgerichten der Länder eingereicht.

Bei dem zentralen elektronischen Schutzschriftenregister handelt es sich um ein vollautomatisiertes Verfahren. Von daher sind technische Rahmenbedingungen vorgegeben, die zwingend eingehalten werden müssen.

Adressiert wird das EGVP-Postfach des Schutzschriftenregisters, das auch über das beA erreichbar ist. Die Gebühr für die Einstellung einer Schutzschrift beträgt 83,00 €.

Sie müssen dazu mit Hilfe des unter https://www.zssr.justiz. de erreichbaren Online-Formulars in der Formularausprägung „XJustiz-Download" einen strukturierten Datensatz im XJustiz-Format erzeugen. Diesen laden Sie im beA als Anhang hoch und adressieren das „Zentrales Schutzschriftenregister". So erhalten Sie mögliche Antworten vom Schutzschriftenregister auch über Ihr beA zurück.

Die Maximalgröße des Dokumentes darf – wie bei dem beA – 30 MB an Daten nicht überschreiten. Es wird empfohlen, um technische Fehler zu vermeiden, eine Maximalgröße von 20 MB einzuhalten. Eine qualifizierte elektronische Signatur ist bis zum 01.01.2018 erforderlich. Ab diesem Zeitpunkt ist die Einreichung auch mit einfacher Signatur der Schutzschrift sowie der Übermittlung über einen sicheren Übermittlungsweg (zum Beispiel das beA) möglich. (§ 2 Abs. 4 Schutzschriftenregisterverordnung (SRV))

Das Bundesministerium der Justiz und für Verbraucherschutz hat mit Ausfertigungsdatum 24.11.2015[60] die SRV veröffentlicht.

Danach ist jeder zur Einreichung einer Schutzschrift berechtigt, der diese bei Gericht einreichen kann. Der Schutzschrift ist ein einheitlich strukturierter Datensatz beizufügen, der mindestens die Bezeichnung der Parteien und die bestimmte Angabe des Gegenstands beinhaltet. Der Schutzschrift können Anlagen beigefügt werden. Die Schutzschrift und ihre Anlagen und der strukturierte Datensatz sind nach Maßgabe der Verordnung als

---

[60] BGBl. I, 2135.

elektronisches Dokument bei dem Register einzureichen. (§ 2 Abs. 1 SRV)

Der Betreiber des Registers hat auf seiner Internetseite **www. zssr.justiz.de** die technischen Rahmenbedingungen der Einreichung und des Zugangs zum Register veröffentlicht.

Nach § 2 Abs. 6 der Verordnung hat der Betreiber des Registers dem Absender unter Hinweis auf die Unwirksamkeit des Eingangs und auf die geltenden technischen Rahmenbedingungen unverzüglich mitzuteilen, wenn das elektronische Dokument für das Register zur Bearbeitung nicht geeignet ist.

Die Schutzschrift wird in das elektronische Register zum Abruf und Ausdruck eingestellt. Sie gilt als eingestellt, wenn sie auf der für den Abruf bestimmten Einrichtung des Registers elektronisch gespeichert und für die Gerichte der Länder abrufbar ist.

Eine Berichtigung von Schutzschriften findet nicht statt, ebenso wenig eine inhaltliche Überprüfung der Angaben.

Dem Absender ist automatisiert eine Bestätigung über den Zeitpunkt der Einstellung zu erteilen. Rufen bundesweit Gerichte im Wege der Suchantrage eine Schutzschrift ab, werden die Bezeichnung der Parteien und das gerichtliche Aktenzeichen, sofern ein solches bereits vergeben wurde, angegeben. Das Register erkennt, sofern der Abruf zum Auffinden einer Schutzschrift führte. Wird die Schutzschrift vom abrufenden Gericht als sachlich einschlägig gekennzeichnet, erhält der Absender drei Monate nach dieser Kennzeichnung eine automatisiert erstellte Mitteilung, die das abrufende Gericht und das gerichtliche Aktenzeichen enthält. (§ 5 Abs. 3 der Verordnung)

Nach § 6 der Verordnung werden Schutzschriften sechs Monate nach ihrer Einstellung gelöscht. Die gespeicherten Daten sind nach weiteren drei Monaten zu löschen.

Auf Antrag des Absenders hat der Betreiber des Registers die Schutzschrift und die hierzu gespeicherten Daten unverzüglich zu löschen. Der Antrag ist als elektronisches Dokument zu stellen. Der Absender erhält eine automatisch erstellte Bestätigung über die Löschung. Nach der Löschung erhält der Absender keine automatisierte Mitteilung mehr, die das abrufende Gericht und das gerichtliche Aktenzeichen enthält.

15. Elektronisches Mahnverfahren und EGVP

Während im Jahre 2015 in Seminaren der Bundesrechtsanwaltskammer noch dargelegt wurde, dass der Client zum EGVP im Laufe des Jahres 2016 abgeschaltet würde, führten zum einen technische Probleme bei der BRAK und zum anderen die einstweiligen Anordnungen des Anwaltsgerichtshofes Berlin, der für die Bundesrechtsanwaltskammer zuständig ist, zwangsläufig zu einer Verschiebung der Einführung des beA. Der EGVP Classic Client (EGVP-Installer) auf http://www.egvp.de steht nun noch bis zum 31.12.2017 zum Download bereit. Nur der Anwendersupport endete mit Ablauf des 31.12.2016.

Da das beA die EGVP-Infrastruktur nutzt, kann zukünftig das elektronische Mahnverfahren/automatisierte Mahnverfahren problemlos über das beA genutzt werden, indem der Mahnantrag als elektronischer Datensatz, als EDA-Datei, an das Mahngericht übermittelt wird. Die Versendung erfolgt dabei mit dem Nachrichtentyp „Mahn-Antrag", den man im beA auswählen kann, und der EDA-Datei mit den Mahnantragsdaten an das zuständige Mahngericht. Dabei wird auf https://www.online-mahnantrag.de der „Download zum Individualversand" gewählt und dort ausgefüllt. Anschließend wird — wie bisher — der Mahnantrag mit der EDA-Datei qualifiziert signiert versendet. Auch die meisten Kanzleiprogramme können eine EDA-Datei zum Versand erstellen.

Auf der genannten Webseite finden Sie unter „Folgeanträge" auch alle weiteren notwendigen Formulare (zum Beispiel „Antrag auf Neuzustellung", „Antrag auf Vollstreckungsbescheid").

Wichtig ist, dass die bisherige Kundennummer (EDA-Nummer) beim Mahngericht, die Sie als Anwaltskanzlei erhalten haben, bestehen bleibt. Sofern Sie eine derartige Kundennummer bisher nicht haben, beantragen Sie eine eigene Kennziffer und die Zulassung zum Datenaustausch im automatisierten Mahnverfahren. Alle Angaben hierzu finden Sie unter https://www.online-mahnantrag.de.

So lange der antragstellende Anwalt das EGVP weiterhin nutzt (bis längstens 31.12.2017), erhält er die im Zusammenhang mit der Mahnsache übermittelten Nachrichten des Gerichtes in sein EGVP und nicht in das beA. Dies gilt auch, wenn Sie sich im Verlaufe des Jahres 2017 hinsichtlich des beA als „empfangsbereit" zum Empfang von Nachrichten bereit erklären.

Sobald Sie zur Übermittlung Ihrer Mahnanträge mit EDA-Datei das beA nutzen, ist vorgesehen, dass auch das zuständige Mahngericht für diese Mahnanträge den Übermittlungsweg auf das beA umstellt. Bitte beachten Sie dabei, dass die Versendung von Nachrichten im automatisierten Mahnverfahren unter Verwendung der Ihnen zugewiesenen Kennziffer erfolgt. Diese Kennziffer ist nicht identisch mit der Kennziffer, über die Sie das beA beantragt und eingerichtet haben. Die Nachrichten des Mahngerichtes werden Sie voraussichtlich auf unterschiedlichen Wegen, EGVP oder beA, erreichen, je nachdem, wie Sie Ihren Antrag gestellt haben.

Reichen Sie im Verlauf des Jahres 2017 Ihre Mahnanträge über das beA ein. Dies bedeutet allerdings, dass Sie Ihre Empfangsbereitschaft im Sinne des § 31 RAVPV erklären!

Zur Vermeidung von Risiken muss hervorgehoben werden, dass es zumindest in der Übergangszeit notwendig ist, auch das bisherige EGVP-Postfach regelmäßig auf Eingänge zu überwachen. Bisher über EGVP-Postfach eingereichte Mahnbescheidsanträge werden nicht unbedingt bei einem Wechsel des Anwaltes auf das beA auch vom Mahngericht so behandelt, dass zukünftig Nachrichten nur noch über das beA versandt werden. Es sollten daher alle Mahnverfahren, die über EGVP abgewickelt worden sind, abgeschlossen sein, damit nicht Nachrichten aus diesen Verfahren verloren gehen. Ein Löschen des EGVP-Postfaches, sofern dies möglich ist, würde womöglich zu Verfahrenshemmnissen führen, weil Sie notwendige Informationen durch das Gericht nicht mehr erhalten und bearbeiten können.

Jedenfalls ist es sinnvoll, möglichst früh, das heißt, sobald Sie Empfangsbereitschaft in Ihrem beA erklärt haben, die Anträge über Ihr beA einzureichen, damit Sie Nachrichten vom Mahngericht auch dorthin zurückerhalten.

So lange Sie EGVP nutzen möchten, können Sie Ihre beA-Karte Signatur für eine qualifizierte elektronische Signatur verwenden und im Mahnverfahren nutzen.

B.   Haftungsfragen

Im Nachfolgenden soll, ohne Anspruch auf Vollständigkeit, auf einige der Haftungsprobleme eingegangen werden, die Sie rechtzeitig vor Einsatz Ihres beA bedenken, klären und organisieren müssen.

Im Wesentlichen bestehen bei folgenden Punkten Haftungsfallen, die Sie bedacht haben sollten:

1. Risiken in der Kanzleiorganisation
2. Fehlerquelle Signatur und Übermittlung
3. Elektronischer Rechtsverkehr für das Verfahren eröffnet?
4. Gelten die geänderten Verfahrensordnungen in dem Bundesland?
5. Signatur nur durch den Anwalt
6. Keine materiell-rechtliche Erklärungen mit einfacher Signatur
7. Keine elektronische Erklärung möglich!
8. Fehler bei der Übermittlung

1. Risiken in der Kanzleiorganisation

Der Anwalt hat — ob es sich um eine Beratung oder die Abwicklung des Mandates handelt —, Nachteile für seinen Auftraggeber auszuschließen, sofern diese voraussehbar und vermeidbar sind. Dabei muss er alles tun, um die Interessen seines Mandanten zu vertreten. Durch seine Kanzleiorganisation hat er geeignete Vorsorge zu treffen, dass die erforderlichen Abläufe so strukturiert sind, dass Nachteile nicht entstehen können. Er muss insbesondere durch die Struktur der Arbeitsabläufe und klare Arbeitsanweisungen die ordnungsgemäße Abwicklung der Mandate sicherstellen.

Im Folgenden sind aus der Vielzahl von Rechtsprechungsbeispielen einige Schlagworte aufgeführt:

Der Rechtsanwalt hat insbesondere dafür zu sorgen, dass ein **fristgebundener Schriftsatz rechtzeitig** gefertigt und innerhalb der Frist bei dem zuständigen Gericht eingeht.[61] Durch geeignete organisatorische Maßnahmen hat er zu gewährleisten, dass für den Postversand vorgesehene Schriftstücke **zuverlässig auf den Postweg** gebracht werden.[62] So hat er insbesondere eine geeignete **Ausgangskontrolle** zu organisieren, die einen gestuften Schutz vor Fristversäumungen bietet.[63]

Fehlt es beispielsweise an einer **allgemeinen Kanzleianweisung**, kann bereits nicht von einer wirksamen Postausgangskontrolle durch Büroangestellte ausgegangen werden.[64] Umfangreich ist die Rechtsprechung des BGH zur Ausgangskontrolle. So gehört zu einer **wirksamen Ausgangskontrolle** die Anordnung des Rechtsanwaltes, dass die Erledigung von fristgebundenen Sachen am Abend eines jeden Arbeitstages durch eine dazu beauftragte Bürokraft anhand des **Fristenkalenders** nochmals selbständig überprüft wird.[65] Anhand der Akten ist dabei gegebenenfalls zu überprüfen, ob die im Fristenkalender als erledigt gekennzeichneten Schriftsätze **tatsächlich abgesandt** worden sind.[66] Die Überprüfung dient dazu, festzustellen, ob bei einer möglicherweise bereits als erledigt vermerkten Sache noch eine Erledigung aussteht.[67] Zu dieser Kontrolle gehört, die Überprüfung, ob überhaupt ein **Sendebericht vorliegt**.[68]

Will der Rechtsanwalt im Rahmen eines Wiedereinsetzungsverfahrens den Vorwurf eines Organisationsverschuldens ausräumen, muss eindeutig feststehen, **welcher Fachangestellte** zu ei-

---

[61] BGH, 10.08.2016, VII ZB 17/16.
[62] BGH, 16.08.2016, VI ZB 40/15, Rn. 12 m.w.N.
[63] BGH, 04.11.2014, VIII ZB 38/14, Rn. 13 m.w.N.; zur wirksamen Ausgangskontrolle eines Schriftsatzes per Telefax vgl. II ZB 23/12 Rn. 11.
[64] BGH, 26.12.2012, V ZB 45/11, Rn. 13.
[65] BGH, 09.12.2014, VI ZB 42/13, Rn. 12.
[66] BGH, 15.12.2015, VI ZB 15/15, Rn. 12.
[67] BGH, 10.08.2016, VII ZB 17/16, Rn. 22.
[68] Ebd., Rn. 23.

nem bestimmten Zeitpunkt für die Fristenkontrolle, das heißt für die Fristennotierung im Kalender und die Fristenüberwachung, zuständig war.[69]

Die Versendung eines fristgebundenen Schriftsatzes (im dortigen Falle per Telefax) stellt eine einfache Bürotätigkeit dar, mit der jedenfalls eine voll ausgebildete und **erfahrene Rechtsanwalts-fachangestellte** beauftragt werden darf.[70]

Bei der Übermittlung fristwahrender Schriftsätze durch **Telefax** erfüllt der Rechtsanwalt seine Verpflichtung zu einer wirksamen Ausgangskontrolle, wenn er seinen Büroangestellten die Weisung erteilt, sich einen **Sendebericht** ausdrucken zu lassen, auf dieser Grundlage die Vollständigkeit der Übermittlung zu prüfen, um die **Notfrist erst nach Kontrolle des Sendeberichtes zu löschen.**[71]

Bei der Fristenkontrolle trifft den Anwalt ein Verschulden, wenn er nicht **zuverlässig geschultes langjährig erprobtes Personal** einsetzt.[72]

Der Anwalt muss **im Falle seiner Erkrankung** allgemein sicherstellen, dass fristwahrende Schriftsätze eingereicht werden können.[73]

Der Anwalt ist verpflichtet, E-Mail-Post-Eingänge **auch im Spam-Ordner auf eingehende Nachrichten zu kontrollieren** und diese rechtzeitig an den Mandanten weiterzuleiten.[74]

Auch handelt ein Rechtsanwalt, der ein **Empfangsbekenntnis unterzeichnet, bevor die Frist notiert** wird, die durch den Posteingang ausgelöst wird, **schuldhaft.** Bescheinigt er den Empfang, ohne seine Handakten, nur anhand des vorgelegten Urteils, so erhöht er damit die Gefahr, dass die Fristnotierung unterbleibt.

---

[69]   BGH, 26.02.2015 , III ZB 55/14, Rn. 15.
[70]   BGH, 13.01.2016, XII ZB 653/14, Rn. 10.
[71]   BGH, 27.082014, XII ZB 255/14, Rn. 7.
[72]   BGH, NJW, 1988, 2045.
[73]   BGH, 26.11.1998, IX ZB 84/98.
[74]   LG Bonn, 10.01.2014, 15 O 189/13.

Um dies zu vermeiden, muss der Anwalt, falls er nicht selbst unverzüglich die notwendigen Eintragungen in die Handakte und in den Fristenkalender vornimmt, durch besondere Einzelanweisung die erforderlichen Eintragungen veranlassen. Auf allgemeine Anordnungen darf er sich in einem solchen Fall nicht verlassen.[75]

Die **Kontrolle der Eingangspost** gehört zu den vordringlichen Aufgaben des Rechtsanwaltes, die er nicht ohne Weiteres auf dritte Personen delegieren darf.[76]

Der Anwalt muss jedenfalls sein **Personal schulen** und im Falle des Einsatzes von **beA dies regelmäßig auf eingehende Nachrichten hin überprüfen**, will er sich nicht dem Vorwurf der Verletzung berufsrechtlicher Pflichten, hier der Pflicht zur gewissenhaften Berufsausübung nach § 43 S. 1 BRAO, aussetzen.[77] Der **Rechtsanwalt**, der sich eigentlichen Aufgaben als Organ der Rechtspflege widmen muss, **darf sich von rein büromäßigen Tätigkeiten entlasten**. Er darf sich insbesondere darauf verlassen, dass eine zuverlässige, entsprechend unterwiesene und beaufsichtigte Anwaltsfachkraft nicht nur den Fristablauf überwacht, sondern auch dafür sorgt, dass die für das Gericht bestimmten Schriftsätze **nicht ohne anwaltliche Unterschrift** versandt werden.[78]

Bei **Organisationsmängeln** geht die Rechtsprechung regelmäßig von einer **Pflichtverletzung des Anwaltes** aus.

An mehreren Stellen dieses Buches weisen wir Sie daher darauf hin, dass, sobald Sie Ihre Empfangsbereitschaft im beA vor dem 01.01.2018 bekundet haben (entsprechend § 31 RAVPV), **jedenfalls aber nach dem 01.01.2018, wenn das beA Berufspflicht** geworden ist, im Rahmen Ihrer Büroorganisation den **sicheren Einsatz des beA durch Sie selbst und Ihre Mitarbeiter**, sei es beim Versenden von Dokumenten, sei es beim Empfang, der regelmäßigen Kon-

---

75 BGH, NJW 2010, 1080 m.w.N.
76 BGH, 21.02.1974, II ZB 13/73, Rn. 8.
77 AGH Berlin, 06.06.2016, II AGH 16/15, Rn. 26.
78 BGH, 14.07.1977, III ZB 11/77, Rn. 6.

trolle des Postfaches und Weiterverarbeitung und –leitung von Dokumenten, aber auch beim Versenden der Dokumente und der Dokumentation des Versandes **sicherstellen müssen.**

1.1 Benennung und Sicherung der Dokumente und Führung der Akten

Der Rechtsanwalt wird Vorkehrungen treffen müssen, wie er bei der Vielzahl der unterschiedlich mit unterschiedlichen Medien eingehenden Informationen – Papierform, E-Mail, Fax – seiner Berufspflicht zur Kontrolle auch im beA eingehender Dokumente und Informationen nachkommt und wie diese rechtzeitig und ordnungsgemäß an den eigenen Mandanten weitergeleitet bzw. in der eigenen Kanzlei verarbeitet werden. Gerade die zitierte Entscheidung des Landgerichts Bonn[79] (Kontrolle des Spamfilters auf Nachrichten und Weiterleitung an den Mandanten) verdeutlicht nochmals nachdrücklich, dass Gedanken zur grundlegenden Struktur und Organisation der Anwaltskanzlei unerlässlich sind und beispielsweise auch die vom Postfachinhaber erteilten Zugangsberechtigungen und die Verantwortung für die Mitkontrolle des Postfacheingangs (neben dem Postfachinhaber) sowie die sichere Notation von über Postfachnachrichten gesetzter Fristen — nicht nur Rechtsmittelfristen — geklärt sein müssen.

Der Export der versandten und erhaltenen Nachrichten einschließlich der Signaturen auf einer Festplatte, die Speicherung der eingehenden Dokumente, — sei es in einer Papierakte, sei es in einer elektronischen Akte —, die Zuordnung der Protokolle beispielsweise über den Empfang oder die Versendung von Nachrichten, die Erfassung von Daten der Empfangsbekenntnisse zu den Akten, die Protokolle, wann Unterlagen versandt worden sind und ob eine entsprechende „Quittung" (Zustellbestätigung) vorliegt, muss von Ihnen geklärt, in den Kanzleiabläufen sichergestellt und kontrolliert werden.
Achten Sie darauf, dass die Dokumente, die Sie erhalten, einheitlich benannt werden und dass mindestens Ihr Aktenzeichen ein-

---

[79] LG Bonn, 10.01.2014, 15 O 189/13.

gefügt wird, um jegliches Dokument auch später noch aufzufinden. So werden Dokumente revisionssicher aufgefunden.

1.2 Sicherstellung der Reaktion Ihrer Kanzlei

Nach § 130a Abs. 6 ZPO n. F. muss, wenn die Rückantwort des
Gerichtes vorliegt, wonach das übersandte Dokument nicht geeignet ist, unverzüglich die Neuversendung des Dokuments sichergestellt werden, damit Fristen gewahrt werden und Schaden
nicht entsteht.

Ist die elektronische Übermittlung eines Dokuments vorübergehend nicht möglich, — sei es weil die eigene Technik streikt oder
vorübergehend die Empfangsbereitschaft bei Gericht technisch
nicht gegeben ist —, muss dies rechtssicher von einem über das
Postfachjournal identifizierten Mitarbeiter glaubhaft gemacht
werden und unverzüglich die Übermittlung auf konventionellem
Weg zusammen mit der Glaubhaftmachung erfolgen. Um Aktivitäten im beA eindeutig einem Mitarbeiter zuzuordnen, raten wir,
jeden Mitarbeiter mit einer beA-Karte oder einem Softwarezertifikat auszustatten.

Wenn Sie selbst ab dem 01.01.2018 auf sicherem Übermittlungsweg einfach signiert übermitteln, muss geklärt werden, welcher
Mitarbeiter zu welcher Zeit die Dokumente mit den Versandbele-
gen sichert und den Akten zuordnet.

All dies erfordert, dass Sie gemeinschaftlich mit Ihren Mitarbeitern die Struktur der Abwicklung der Vorgänge in Kenntnis der
gesetzlichen Regelungen durchdenken, die Abläufe optimiert
festsetzen und als Anordnung schriftlich festlegen.[80]

Machen Sie Ihre Mitarbeiter mit dem beA „vertraut". Dabei geht
es nicht nur um die Abwicklung von technischen Vorgängen, die
verstanden sein müssen, sondern auch um die Berücksichtigung
der rechtlichen Gegebenheiten, wie sie zum Beispiel die Änderung des § 130a Abs. 6 ZPO n. F. mit sich bringt.

---

[80] Einen Vorschlag für eine „Arbeitsanweisung Posteingang" finden Sie im Anhang.

2. Unterschriftenkontrolle

Bis zum 01.01.2018 kann nach § 130a ZPO a. F. und den anderen genannten Verfahrensordnungen eine elektronische Übermittlung nur von qualifizierten elektronischen signierten Dokumenten erfolgen. Aufgrund der Arbeitsabläufe und der hierfür benötigten Zeit wird es gegebenenfalls zukünftig weiterhin so sein, dass Sie auch nach dem 01.01.2018 eine Vielzahl qualifizierter elektronischer signierter Dokumente durch Ihre Mitarbeiter übermitteln lassen.

Wie oben ausgeführt, kann die Übermittlung **eines einfach signierten Dokumentes** auf sicherem Übermittlungsweg des beA **nur durch Sie persönlich** erfolgen. Achten Sie darauf, dass zum Abschluss des Dokuments Ihre Unterschrift angebracht wird. Damit übernehmen Sie die Verantwortung für das über der Unterschrift stehende Dokument.

Der Mitarbeiter Ihrer Kanzlei, der eine Übersendung vornimmt, muss **kontrollieren, dass die qualifizierte elektronische Signatur** des Dokuments **durch den Rechtsanwalt vorliegt** und **im beA mit dem Dokument verknüpft** wird, bevor ein Schriftsatz an das Gericht oder die zuständige Stelle weitergeleitet wird.

Die Kontrolle, ob ein Schriftsatz vor dem Versand unterschrieben wurde, darf der Anwalt grundsätzlich **nur zuverlässigen Bürokräften** überlassen, die zudem – will er sich nicht dem Vorwurf eines Organisationsverschuldens ausgesetzt sehen – mit dem beA vertraut sind. Im Hinblick darauf sollten Sie allen verantwortlichen Mitarbeitern Ihrer Kanzlei ein personalisiertes Benutzerkonto einrichten, damit nachvollziehbar ist, welche Mitarbeiter welche Handlungen vorgenommen haben.

3. Sichern des Postfachjournals

Das Postfachjournal ist von dem Postfachinhaber und den von ihm hierzu berechtigten Personen jederzeit einsehbar und sollte regelmäßig in Ihrer Kanzlei auf einer Festplatte gesichert werden. Das Journal ist wie ein Postausgangsbuch und sollte zur Dokumentation aller Vorgänge sicher archiviert sein, das heißt regelmäßig, zum Beispiel einmal wöchentlich, exportiert werden.

Achtung: Ein Ausdruck reicht als Nachweis für eine qualifizierte elektronische Signatur nicht aus. Dieser ist ausschließlich elektronisch möglich. Sichern Sie also durch den Export der Datei jedenfalls elektronisch!

Damit können Sie, selbstverständlich unter der Voraussetzung, dass Sie das Nachrichtenjournal dokumentieren, jederzeit nachweisen, dass ein mit dem beA vertrauter Mitarbeiter einen Auftrag ausgeführt hat. Für den Fall, dass Sie einen Wiedereinsetzungsantrag stellen müssen, können Sie den Vorgang nachvollziehen und glaubhaft machen.

4. Hat das Gericht den ERV für Ihr Verfahren eröffnet?

Bei Nutzung des beA auf Empfängerseite wird häufig die Erreichbarkeit eines Gerichtes durch ein elektronisches Postfach angezeigt. Dies kann sich auch aus dem Gesamtverzeichnis, das Ihnen von der Bundesrechtsanwaltskammer für das beA zur Verfügung gestellt wird, so ergeben. Die reine technische Erreichbarkeit über das Postfach **bedeutet jedoch noch nicht**, dass Sie das Postfach **für alle Verfahrensarten** ohne Weiteres nutzen können. Nach dem „Gesetz über das elektronische Genossenschafts- und Handelsregister" (EHUG) sind zum Beispiel sämtliche Registergerichte als solche erreichbar. Damit erscheint das betreffende

Amtsgericht, bei dem das Register geführt wird, mit einem entsprechenden Postfach. Sie dürfen aber nicht in jedem Fall davon ausgehen, dass das Amtsgericht auch für andere Verfahrensarten wirksam erreicht werden kann.

In Zusammenhang mit diesem Problem wird regelmäßig die Entscheidung des OLG Düsseldorf[81] aus dem Jahre 2013 zitiert. Der Rechtsanwalt, dem später Wiedereinsetzung in den vorigen Stand verweigert wurde, was der BGH bestätigte, übermittelte am letzten Tag der Frist über das EGVP in ein Postfach des OLG Düsseldorf seine Berufungsbegründung. Der elektronische Rechtsverkehr ist in Nordrhein-Westfalen jedoch bei den wenigsten Gerichten eröffnet. Beim OLG Düsseldorf jedenfalls war der elektronische Rechtsverkehr nicht eröffnet. Das OLG Düsseldorf stellt in seinem Beschluss klar, dass die Berufungsbegründung nicht fristgerecht eingereicht war. Der Rechtanwalt hätte sich über den Stand der Eröffnung des elektronischen Rechtsverkehrs in Nordrhein-Westfalen durch Prüfung der entsprechenden Rechtsverordnung informieren müssen. **Die Übersendung an ein für den elektronischen Rechtsverkehr nicht eröffnetes Postfach des Gerichts wahrt die Frist nicht.** Der Rechtsanwalt hat die Berufungsbegründungsfrist damit nicht unverschuldet versäumt. Zwar bejaht der BGH in Einzelfällen — bei rechtzeitigem Eingang bei Gericht und Kenntnis und Möglichkeit des Gerichts —, eine Hinweispflicht bei einem schwerwiegenden Mangel.[82] Diese Hinweispflicht stellt jedoch in aller Regel keinen sicheren Wiedereinsetzungsgrund dar. Sich darauf zu verlassen, dass das Gericht auf den nicht eröffneten elektronischen Rechtsverkehr hinweist, obwohl der Rechtsanwalt dies durch eigene Prüfung hätte feststellen können und müssen, stellt eine **schuldhafte Verletzung des Anwaltsvertrages** dar.

Wie oben dargestellt, sind nicht alle Gerichte in allen Bundesländern derzeit zugelassen, elektronischen Rechtsverkehr **in jeder Verfahrensart** zu führen. **Sie müssen** sich also vor dem 01.01.2020

---

[81]   OLG Düsseldorf, 24.07.2013, VI-U (Kart) 48/12; hierzu auch: BGH, 23.09.2014, KZR 57/13.
[82]   BGH, NJW-RR 2009, 564.

regelmäßig persönlich vor Einreichung eines Schriftsatzes, zumal eines bestimmenden Schriftsatzes, davon **überzeugen, ob durch Rechtsverordnung der Rechtsverkehr zu dem Gericht, an das Sie sich wenden wollen, in der Verfahrensart tatsächlich eröffnet ist.** Prüfen Sie also nicht nur, ob das Gericht, an das Sie sich wenden wollen, über ein elektronisches Postfach verfügt, sondern auch, ob Sie für das betreffende Verfahren tatsächlich Dokumente dorthin übermitteln können.

Diese Aufgabe obliegt dem einzelnen Rechtsanwalt, der diese nach meiner Auffassung **nicht an einen Mitarbeiter delegieren** darf.[83] Ebenso wie der Rechtsanwalt zu prüfen hat, welches das zutreffende Rechtsmittel und das richtige Rechtsmittelgericht ist, muss er bei dem von ihm gewählten Übermittlungsweg prüfen, ob dieser im Falle der elektronischen Übermittlung auch bereits zugelassen ist.

Gelten die geänderten Verfahrensordnungen?

Ein Haftungsfall kann **ab dem 01.01.2020** auch dadurch entstehen, dass das Bundesland, in dem sich das Gericht befindet, wohin Sie z. B. einen fristwahrenden Schriftsatz einreichen müssen, bereits **zwingend den elektronischen Rechtsverkehr eingeführt** hat. Nutzen Sie in diesem Fall nicht die elektronische Einreichung, haben Sie nicht wirksam Klage erhoben bzw. die Frist gewahrt.

Auch hier müssen Sie sich ab dem 01.01.2020 dringend vor Einreichung informieren.

Hat dagegen das Bundesland für das Verfahren, das Sie führen wollen, zwar an dem für Sie in Frage kommenden Gericht den elektronischen Rechtsverkehr eröffnet, ist aber **durch Rechtsverordnung** gem. Art. 24 Abs. I FördElRV die Geltung von § 130a ZPO n. F. bzw. den anderen Verfahrensordnungen hinausgeschoben, so dass **bis zum 31.12.2018 oder 31.12.2019** noch **die bisherigen Regelungen** gelten, können Sie **nicht wirksam einfach signiert**

---

[83] So auch Degen, NJW, 2008, 1473, 1474.

über das beA einreichen! Durch eine solche Rechtsverordnung des betreffenden Landes wird auch festgesetzt, dass die bisherigen Regelungen des § 14 Abs. 2 und 4 FamFG n. F., § 46 ArbGG n. F., § 65a SGG, § 55a VwGO, § 52a FGO pp weiter, das heißt in der bisherigen Fassung, gelten! Sie müssen daher auch in diesem Fall **prüfen, ob eine Rechtsverordnung erlassen wurde und ob die neue Rechtslage des FördElRV gilt.**

Der sichere Weg ist weiterhin die Einreichung mit qualifizierter elektronischer Signatur – wenn der elektronische Rechtsverkehr zu dem betreffenden Gericht für Ihr Verfahren eröffnet ist.

5. Signatur nur durch den Anwalt!

Oft wird in unseren Seminaren die Frage gestellt, ob denn jedes Mal der Rechtsanwalt die Signatur persönlich vornehmen müsse. In den Fragen wird dies mit dem Zeitverlust begründet, der entsteht, wenn der Anwalt sich zukünftig selbst um die Versendung der von seinen Mitarbeitern produzierten Dokumente kümmern muss. Er muss sich mit Karte und PIN in das beA einwählen und das von ihm einfach signierte Dokument ab dem 01.01.2018 selbst versenden.

Hier kann es **keinerlei Zweifel** geben: Die RAVPV (§ 23 Abs. 3 S. 5 RAVPV) sieht **zwingend** vor, dass **nur der Postfachinhaber einfach signierte Dokumente selbst** auf einem sicheren Übermittlungsweg **versenden** darf (ab dem 01.01.2018 nach § 130a Abs. 3 ZPO n. F. und den anderen Verfahrensordnungen). Auch die qualifizierte elektronische Signatur kann und darf nach dem Gesetz **ausschließlich der die Identität verbürgende Inhaber** der Signaturkarte bewerkstelligen. Dies darf anderen Personen nicht überlassen werden.

Ebenso wenig wie Sie eine Berufung durch einen Mitarbeiter unterschreiben lassen, dürfen Sie elektronische Dokumente durch Überlassen Ihrer Signaturkarte an fremde Personen, die einfache Signatur mit sicherem Übermittlungsweg oder die qualifizierte elektronische Signatur durch fremde dritte Personen erbringen lassen. Für den Fall, dass dies nicht beachtet wird, liegen die Rechtsfolgen auf der Hand und sie eröffnen vorsätzlich Haftungsrisiken von ungeheurer Tragweite.

Wo immer Sie sich außerhalb der Kanzlei aufhalten, sobald Sie sich über Internet einwählen können, haben Sie sicheren Zugang zu dem beA, unter der Voraussetzung, dass Sie die technischen Möglichkeiten mit sich führen (beA-Karte, Laptop, Lesegerät, Software-Zertifikat). Sie können mit Ihrer beA-Karte und mit dem Signaturzertifikat einfach signieren und über das beA sicher versenden.

6. Einfacher Signatur mit sicherem Übermittlungsweg

Wie oben bereits dargelegt, stellt die Gesetzesbegründung zum „Gesetz zur Förderung des elektronischen Rechtsverkehrs mit den Gerichten"[84] deutlich heraus, dass die verantwortende Person, wenn sie den sicheren Übermittlungsweg nach §130 a ZPO n.F. Abs. 4, also das beA, wählt, das elektronische Dokument zum Abschluss einfach signieren muss. Sie übernimmt damit die inhaltliche Verantwortung für das Dokument. Zu signieren sei das Dokument, das die prozessrelevanten Erklärungen enthalte, durch eine einfache Signatur nach dem Signaturgesetz. Die Signatur könne durch Einfügen der Wiedergabe der Unterschrift der Person in das Dokument angebracht werden. Mit dieser Signatur werde das Dokument abgeschlossen. Eine Signatur sei zudem erforderlich, um zu dokumentieren, dass die vom sicheren Übermittlungsweg als Absender ausgewiesene Person mit der das

---

[84]   BT-Drs. 17/12634, S. 25.

elektronische Dokument verantwortenden Person identisch ist. **Wenn diese Identität nicht feststellbar ist, ist das elektronische Dokument nicht wirksam eingereicht.**

Es reicht also eindeutig nicht aus, dass Sie ein Dokument über Ihr beA übermitteln, um eine wirksame Einreichung vorzunehmen. Das Dokument muss am Ende „signiert" sein, das heißt die Person namentlich ausweisen, die das Dokument verantwortet. Nach dem Signaturgesetz reicht bereits die Namensnennung der betreffenden Person aus. Besser ist vermutlich, wenn eine Wiedergabe der Unterschrift ausgeführt ist.

Wirksam wird die Einreichung allerdings nur dann, wenn derjenige, dessen Name unter dem Dokument steht, der es also verantwortet, auch mit seinem Postfach die Übermittlung durchführt. Wird das Dokument über das Postfach eines anderen Anwaltes übermittelt, ist die Identität der vom Anwaltspostfach als Absender ausgewiesenen Person nicht mehr identisch mit der „verantwortenden Person", die einfach signiert. Ihre Frist wird versäumt, weil das Dokument nicht wirksam eingereicht ist!

7. Materiell-rechtlich wirksame Erklärung

mit einfacher Signatur? (§ 130 Abs. 1 S. 1 BGB)

Spätestens mit Eröffnung des beA (Erklärung zur Empfangsbereitschaft bzw. ab dem 01.01.2018) wird der elektronische Übermittlungsweg eröffnet, allgemein auch materiell-rechtlich wirksame Erklärungen zu übermitteln. Die Schnelligkeit und Zuverlässigkeit in der Übermittlung über das beA unter Kollegen und der einfache Nachweis dieses Zuganges wird zu einer stärkeren Nutzung führen.

Nach § 130 Abs. I S. 1 BGB wird bekanntlich eine Willenserklärung, die einem anderen gegenüber abzugeben ist, wenn sie in dessen Abwesenheit abgegeben wird, in dem Zeitpunkt wirksam, in welchem sie ihm zugeht. Dabei handelt ein Rechtsanwalt oft als Empfangsvertreter im Sinne des § 164 Abs. 3 BGB, sodass die Voraussetzungen des Zugehens in der Person des Vertreters erfüllt sein können.

So ist regelmäßig der Prozessbevollmächtigte im Kündigungsschutzprozess zur Entgegennahme einer Kündigung des Arbeitsverhältnisses ermächtigt.[85] Der BGH[86] sieht die unter Abwesenden abgegebene Willenserklärung als zugegangen an, wenn unter Annahme gewöhnlicher Verhältnisse damit zu rechnen sei, dass der Empfänger Kenntnis erlangen konnte. In dem dort entschiedenen Fall hatte der Rechtsanwalt keine Empfangsvollmacht für die ihm übermittelte Kündigung und erörterte mit seinem Mandanten die Frage, nicht nur wegen des wirksamen Zugangs einer Kündigung, sondern auch wegen der Nichtberechtigung der Kündigung gegen diese vorzugehen. Sobald der Rechtsanwalt den Auftrag habe, gegen eine Berechtigung einer Kündigung vorzugehen, sei diese in den Machtbereich des Empfangenden gelangt.

Ist die Abgabe der Willenserklärung in einer besonderen Form vorzunehmen, — beispielsweise ist eine notarielle Beurkundung erforderlich —, genügt der Zugang einer Abschrift nicht. Es muss eine Ausfertigung zugehen. Das BAG hat dies für den Fall des Widerspruchs gegen einen Betriebsübergang, der in der Form der Ausfertigung der Berufungsbegründung erhoben wurde, bejaht.[87]

Die Vollmacht zur Vornahme eines Rechtsgeschäfts umfasst nach herrschender Meinung auch die Vollmacht zur Entgegennahme der entsprechenden Erklärung der Gegenseite.[88]

---

[85]   BAG, 21.10.1988, 2 AZR 581/86.
[86]   BGH, 13.02.1980, VIII ZR 5/79, Rn. 17.
[87]   BAG, 13.07.2006, 8 AZR 305/05.
[88]   Palandt, BGB, 76. Auflage 2017, § 130 BGB, Rn. 8.

Eine Erklärung geht nicht zu, wenn der Empfangsbote die Entgegennahme ablehnt.[89]

In § 126a Abs. 1 BGB ist geregelt, dass, sofern die gesetzlich vorgesehene schriftliche Form durch die elektronische Form ersetzt werden soll, der Aussteller der Erklärung dieser seinen Namen hinzufügen und das elektronische Dokument **mit einer qualifizierten elektronischen Signatur** nach dem Signaturgesetz versehen muss.

Es reicht demnach eine Übermittlung einer **einfach signierten** Erklärung – anders als bei § 130a Abs. 3 ZPO – auch ab 01.01.2018 **nicht aus, um eine materiell-rechtliche Willenserklärung abzugeben**!

Die Schriftform konnte bisher durch die elektronische Form nach herrschender Meinung nur ersetzt werden, wenn der Erklärungsempfänger oder der Vertreter damit einverstanden ist.[90]

Das Einverständnis bedarf keiner Form. Es kann ausdrücklich oder schlüssig erklärt werden. Ein schlüssiges Einverständnis ist anzunehmen, wenn die Partner ihren Geschäftsverkehr elektronisch abwickeln.

Nach der Einführung des beA dürfte es keine Frage sein, dass zukünftig über das beA derartige materiell-rechtlich wirksame Erklärungen, allerdings weiterhin nur mit qualifizierter elektronischer Signatur, abgegeben werden können.

Bitte verwechseln Sie dies nicht mit § 130a Abs. 3 ZPO n. F. in der 2. Alternative (Übersendung mit einfacher Signatur und sicherer Übermittlungsweg).

Die Neufassung des § 130a ZPO n. F. und die weiteren Verfahrensordnungen hat § 126a Abs. 1 BGB nicht verändert.

---

[89]   BAG, NJW 1993, 1093, 1094.
[90]   BT-Drs. 14/4987.

Gerade die oben zitierte Entscheidung[91] macht deutlich, dass es überlegenswert ist, grundsätzlich qualifizierte elektronische signierte Dokumente zu verwenden.

In dem entschiedenen Fall wirkte die für den Berufungsbeklagten **eigenhändig unterschriebene Ausfertigung** einer Berufungsbegründung als wirksamer, fristgerecht erhobener Widerspruch gegen einen Betriebsübergang. Die qualifizierte elektronische Signatur erreicht die gleiche Wirkung wie die Unterschrift auf der Ausfertigung. Im Hinblick darauf, dass dem Gegenanwalt ein qualifiziert elektronisch signiertes Dokument übermittelt werden muss und unter Umständen nicht sicher gestellt ist, dass das Gericht die Signatur an den Gegenanwalt übermittelt, empfiehlt es sich, das qualifiziert elektronisch signierte Dokument an das Gericht und den Gegner zu senden.

8. Keine elektronische Form möglich

Bitte beachten Sie auch, dass **Kündigungen im Arbeitsrecht** nur schriftlich, **keinesfalls** aber nach § 623 BGB **in elektronischer Form** erfolgen können.

Zwangsläufig bedeutet dies, dass im Rahmen des Schriftsatzes eines Kündigungsschutzprozesses die Erklärung weiterer Kündigungen nicht mehr erfolgen kann, wenn das Dokument über das beA an das Gericht nur elektronisch übermittelt wird. Dies ergibt sich aus § 623 BGB. Die Beendigung von Arbeitsverhältnissen durch Kündigung oder Auflösungsvertrag bedürfen zu ihrer Wirksamkeit der Schriftform; ausdrücklich beinhaltet die gesetzliche Vorschrift, dass die elektronische Form ausgeschlossen ist.

Auch die **Erteilung eines Zeugnisses ist in elektronischer Form** (§ 630 S. 3 BGB) **ausgeschlossen**, ebenso wie die Abgabe einer **Bürgschaftserklärung** (§ 766 S. 2 BGB). Ein **Schuldanerkenntnis**

---

[91] BAG, 13.07.2006, 8 AZR 382/05.

kann **in elektronischer Form ebenfalls nicht abgegeben** werden (§ 781 S. 2 BGB). Im Hinblick auf § 2 Abs. 1 S. 1 Nachweisgesetz ist darauf hinzuweisen, dass die **wesentlichen Bedingungen des Arbeitsverhältnisses nicht in elektronischer Form** festgehalten werden können.

9. Fehler bei der Übermittlung

Gerade bei der Übermittlung von Schriftsätzen und ihren (vollständigen) Anlagen können Fehler passieren, die ein Fristversäumnis zur Folge haben können. Übersendet beispielsweise die Kanzlei statt des qualifiziert elektronisch signierten Dokumentes, der Schriftsatz und Anlagen vollständig enthält, lediglich eine Verknüpfung oder ein Alias, so tritt die Wirkung, die der Schriftsatz haben soll, nicht ein.

Die Gerichte gehen mit Wiedereinsetzungsanträgen restriktiv um. In einem solchen Fall müssen Sie jedenfalls auch nachweisen, dass der Mitarbeiter mit dem beA vertraut ist, beispielsweise durch die Teilnahme an Schulungen.

10. Ausfall der EDV

Selbstverständlich wird der Anwalt auch, wenn zukünftig die elektronische Übermittlung immer mehr eingesetzt wird, ein Telefax vorhalten, um im Sinne eines „sicheren Weges" bei Ausfall der elektronischen Übermittlung seinen fristwahrenden Schriftsatz per Fax einreichen zu können. Er wird dann unverzüglich den Ausfall glaubhaft zu machen haben.

C.   Technische Grundlagen

1. Zertifikate und Signaturen

1.1 Warum benötigt man Zertifikate und Signaturen?

Das Internet ist grundsätzlich unsicher. Es hält sich der Mythos, dass sich eine E-Mail wie eine Postkarte lesen lässt. Das ist glücklicherweise nicht der Fall. Das tatsächliche Mitlesen von E-Mails erfordert ein hohes Maß an krimineller Energie und ein weitergehendes Verständnis für Computersysteme. Dennoch ist es durchaus möglich, digitale Daten, wie eine E-Mail, auf dem Weg zwischen Sender und Empfänger zu lesen, zu verändern oder abzufangen. Für den E-Mailanbieter liegen E-Mails unverschlüsselt als Textdateien auf dem Server und lassen sich von Nutzern mit Zugriff direkt lesen. E-Mails im Namen von anderen zu versenden, ist denkbar einfach und erfordert nicht viel mehr als einen E-Mailserver im Internet und wenige Zeilen Programmcode.

Im Rechtsverkehr muss dafür Sorge getragen werden, dass Daten auf dem Weg zwischen Sender und Empfänger nicht verändert werden und nicht von Fremden mitgelesen werden können. Zudem muss man sich darauf verlassen können, dass Sender und Empfänger tatsächlich die sind, für die sie sich ausgeben. Man spricht von Integrität (= Schutz vor Veränderung), Vertraulichkeit und Authentifizierung bzw. Authentifizierbarkeit.

Um diese Standards zu gewährleisten wurden Signatur- und Verschlüsselungsprinzipien entwickelt.

1.2 Die Funktionen von Verschlüsselung und Signaturen im Internet

Im Gegensatz zu E-Mails erfüllt das beA die Funktionen, die für den elektronischen Rechtsverkehr notwendig sind:

1.2.1   Geheimhaltung und Vertraulichkeitsschutz

Nur autorisierte Benutzer bekommen Zugang zu versandten Informationen. Durch eine Ende-zu-Ende-Verschlüsselung wird verhindert, dass auf dem Weg, die eine Nachricht zwischen Sender und Empfänger nimmt, eine dritte Person die Nachricht lesen kann.

1.2.2   Integrität

Im ERV können Sie mit dem beA und qualifizierten elektronischen Signaturen später rechtssicher beweisen, dass eine Nachricht auf dem Weg zwischen Sender und Empfänger nicht verändert wurde, indem ein Hash-Wert (vergleichbar mit einem elektronischen Fingerabdruck einer Datei) der Datei verschlüsselt mit übertragen wird.[92]

---

[92] Wie das genau funktioniert, erklären wir im Kapitel „So funktioniert die Signatur".

1.2.3 Nachrichtenauthentifizierung / Authentizität

Mit dem beA und qualifizierten elektronischen Signaturen können Sie überprüfen, dass die Person, von der eine Nachricht oder
ein Dokument versendet wurde, auch wirklich die ist, für die sie
sich ausgibt. Niemand anderes kann im Namen anderer Nachrichten versenden. Der Aussteller der Signaturkarte (zum Beispiel
die BNotK) hat vorher (zum Beispiel mit dem Personalausweis)
die Person überprüft, auf die ein qualifiziertes Signaturzertifikat
ausgestellt wurde und belegt das mit seiner eigenen Signatur,
die der signierten Datei automatisch beigefügt wird.

1.2.4 Nichtzurückweisbarkeit oder Beweisbarkeit

Der Sender einer Nachricht kann nicht abstreiten, dass die Nachricht von ihm stammt. Durch die Zertifikate und die persönliche
Identifizierung ist sichergestellt, dass der Sender später nicht
abstreiten kann, dass die Nachricht von ihm versendet wurde.

1.3 Was ist eine Signatur, was ist ein Zertifikat?

Die Begriffe Zertifikat und Signatur tauchen im Kontext des elektronischen Rechtsverkehrs immer wieder auf.

Eine Signatur kann man sich wie eine Unterschrift auf Papier vorstellen, bei der der Unterzeichner für den Inhalt des Dokumentes
einsteht.

Zertifikate bezeichnen eine Bescheinigung. Ein digitales Zertifikat
ist ein digitales Dokument, das bestimmte Eigenschaften von anderen Dokumenten, Personen und Objekten bestätigt. Zum Beispiel wird ein bestimmter Schlüssel mit einem Inhaber verbunden. Bei vielen, auch im beA verwendeten, Zertifikaten garantiert
die ausgebende Stelle, dass der Inhaber auch tatsächlich die
Person ist, die sie vorgibt zu sein. Daneben enthält ein Zertifikat
auch Daten zur Überprüfung einer Signatur.

Der Begriff Zertifikat wird im Rahmen des beA für verschiedene
Dinge verwendet. Lassen Sie sich davon nicht verwirren:

1. Zertifikate bezeichnen die Schlüsseldateien, die genutzt werden, um sich am Postfach anzumelden.

2. Daneben ist in einem Zertifikat der geheime Schlüssel gespeichert, der benötigt wird, um Nachrichten und Daten zu ver- bzw.
zu entschlüsseln.

3. Ein anderes Zertifikat, das auf der Signaturkarte gespeichert
ist, wird zur Erstellung qualifizierter elektronischer Signaturen
genutzt.

4. In der Signatur selbst wird beim Signaturvorgang ein Zertifikat
neu erstellt, das der Signatur beigefügt wird, um für die Echtheit
des Dokumentes zu garantieren.

> Zertifikate kennt man auch aus anderen Bereichen des
> Internets, zum Beispiel dem Onlinebanking. Durch ein au-
> tomatisches System werden Zertifikate ausgetauscht und
> überprüft, sodass die Kommunikation mit Webseiten ver-
> schlüsselt und sicher ablaufen kann.

1.4 Welche Arten von Signaturen gibt es?

Der Gesetzgeber hat im „Gesetz über Rahmenbedingungen für elektronische Signaturen"[93] (Signaturgesetz) definiert, welche Arten von elektronischen Signaturen es im Rechtsverkehr gibt. Man unterscheidet drei Arten von Signaturen:

1.4.1   Elektronische Signaturen (auch einfache Signaturen) gemäß § 2 Nr. 1 SigG

sind

> *„Daten in elektronischer Form, die anderen elektronischen Daten beigefügt oder logisch mit ihnen verknüpft sind und die zur Authentifizierung dienen."*

In der Praxis können einfache Signaturen unterschiedlich aussehen. So ist ein eingescanntes Bild der händischen Unterschrift eine einfache Signatur, aber auch der eigene Name unter einer E-Mail. An diese einfachen Signaturen werden keine besonderen Anforderungen gestellt. Es liegt auf der Hand, dass sie sehr einfach zu fälschen sind.

1.4.2   Fortgeschrittene Signaturen gemäß § 2 Nr. 2 SigG

> *sind „elektronische Signaturen nach Nummer 1, die*
>
> *a)   ausschließlich dem Signaturschlüssel-Inhaber zugeordnet sind,*
>
> *b)   die Identifizierung des Signaturschlüssel-Inhabers ermöglichen,*
>
> *c)   mit Mitteln erzeugt werden, die der Signaturschlüssel-Inhaber unter seiner alleinigen Kontrolle halten kann, und*
>
> *d)   mit den Daten, auf die sie sich beziehen, so verknüpft sind, dass eine nachträgliche Veränderung der Daten erkannt werden kann"*

---

[93] Signaturgesetz vom 16. Mai 2001 (BGBl. I S. 875), das durch Art. 4 Abs. 106 des Gesetzes vom 18. Juli 2016 (BGBl. I S. 1666) geändert worden ist.

Fortgeschrittene Signaturen sind spezieller als die einfachen. Dennoch stellt der Gesetzgeber keine spezifischen Anforderungen an die Sicherheit der organisatorischen Prozesse der Schlüsselverwaltung und der technischen Komponenten. Es handelt sich quasi um eine „Zwischenstufe" und ein „weitgehend folgenloses Signaturverfahren".[94] Sie spielen im ERV bis auf wenige Ausnahmen keine Rolle.

1.4.3 Qualifizierte Elektronische Signaturen gemäß § 2 Nr. 3 SigG

sind „fortgeschrittene Signaturen, die

a) auf einem zum Zeitpunkt ihrer Erzeugung gültigen qualifizierten Zertifikat beruhen und

b) mit einer sicheren Signaturerstellungseinheit erzeugt werden."

Zum Zeitpunkt ihrer Erzeugung gültiges qualifiziertes Zertifikat
Ein gültiges qualifiziertes Zertifikat darf nur von dafür von der Bundesnetzagentur akkreditierten Zertifizierungsdienstanbietern (ZDA) erstellt und ausgegeben werden, an die sehr strenge Vorgaben, insbesondere nach §§ 4 bis 14 SigG bzw. für ausländische Signaturen und Produkte für Signaturen nach § 23 SigG, gestellt werden. Die Bundesnotarkammer als Partner für die BRAK zur Umsetzung und zum Betrieb des beA ist ein solcher ZDA. Daneben gibt es auch andere Stellen, die Zertifikate und Karten ausstellen dürfen, die zur Erzeugung einer qualifizierten elektronischen Signatur geeignet sind. Auch die Karten dieser Anbieter kann man im beA zur Anbringung einer qualifizierten elektronischen Signatur nutzen. Bitte beachten Sie aber, dass **nicht automatisch, auch wenn die ausgebende Stelle Zertifikate für qualifizierte elektronische Signaturen ausgeben darf, jede Karte und**

---

[94] Rossnagel, Beck'scher Kommentar zum Recht der Telemediendienste, 2013, § 2 SiG, Rn. 15.

jeder Service für jedes Verfahren (zum Beispiel die Anmeldung im beA) **geeignet ist.**

Sichere Signaturerstellungseinheiten

Sichere Signaturerstellungseinheiten im Sinne des Signaturgesetzes sind Software oder Hardware, an die der Gesetzgeber besondere Anforderungen an Sicherheit und Qualität stellt. Sie müssen Fälschungen der Signaturen und Verfälschungen signierter Daten zuverlässig erkennbar machen und gegen unberechtigte Nutzung der Signaturschlüssel schützen.

Es handelt sich dabei meist um **Signaturkarten,** auf denen ein geheimer Signaturschlüssel gespeichert ist, den man nicht von der Karte auslesen kann. Die Signaturkarten sind immer mit einem zweiten Sicherungsmittel, meistens einer **Zahlen-PIN** geschützt.

Im Rahmen des elektronischen Anwaltspostfaches werden die **beA-Karten Signatur** als sichere Signaturerstellungseinheiten genutzt. Daneben können aber auch andere Signaturkarten verwendet werden. Die beA-Softwarezertifikate sind nicht für die Erstellung von qualifizierten elektronischen Signaturen geeignet, da sie keine sicheren Signaturerstellungseinheiten nach dem Signaturgesetz darstellen. Deshalb muss jeder Anwalt zwingend mindestens eine beA-Karte Signatur oder eine andere qualifizierte Signaturkarte besitzen[95], um Nachrichten qualifiziert elektronisch zu signieren.

Qualifizierte Zertifikate zur Signatur werden nur für natürliche Personen ausgestellt. Vergleichbar mit einer eigenhändigen Unterschrift ist ein qualifiziertes Zertifikat auf der Signaturkarte die Zuordnung einer Signatur zu einer natürlichen Person.

---

[95] Welche Karten Sie anschaffen müssen, erklären wir im Kapitel „Hard- und Software."

1.5 Akkreditierte Zertifizierungsdiensteanbieter

Qualifizierte Zertifikate dürfen gemäß § 4 Abs. 2 S. 1 SigG nur von Unternehmen ausgestellt werden, die „die für den Betrieb erforderliche Zuverlässigkeit, Fachkunde und Deckungsvorsorge besitzen". Weiterhin müssen sie ein „auf Eignung und praktische Umsetzung geprüftes und bestätigtes Sicherheitskonzept vorlegen"[96] und alle drei Jahre überprüfen lassen. Liegen die Voraussetzungen vor, erhalten die Unternehmen von der Bundesnetzagentur ein Gütezeichen.

Aktuell[97] sind die folgenden Anbieter bei der Bundesnetzagentur akkreditiert, um Karten und Zertifikate für die qualifizierte elektronische Signatur auszugeben, die auch für das beA verwendet werden können:

- Die Bundesnotarkammer
- Datev eG
- Deutsche Telekom AG
- Deutsches Gesundheitsnetz Service GmbH
- D-Trust, eine Tochter der Bundesdruckerei
- medisign GmbH

Diese Liste kann sich im Laufe der Zeit ändern. So haben in den vergangenen Monaten Konzerngesellschaften der Deutschen Post, der Sparkassen Verlag und einige Rechtsanwaltskammern die Dienste für die Erstellung eingestellt. Das liegt vor allem daran, dass der Betrieb und die Unterhaltung aufwendig und teuer sind und die Anbieter bei falschen Signaturen haften. Eine Liste finden Sie auf der Webseite der Bundesnetzagentur, der Aufsichtsbehörde für die Zertifikatsleistungen, unter: https://www.nrca-ds.de/ZDAliste.htm.

---

[96] Bundesnetzagentur, „Akkreditierung eines Zertifizierungsdiensteanbieters", 2011, S. 3.
[97] Stand: 05. Januar 2017.

Die qualifizierte Signaturkarte, die bisher für das elektronische Gerichts- und Verwaltungspostfach (EGVP) genutzt wurde, kann auch im beA für das Anbringen von qualifizierten Signaturen verwendet werden.

Die Zertifizierungsdiensteanbieter haben neben der Erstellung der Signaturkarten noch eine weitere wichtige Funktion: Bei der Überprüfung von Zertifikaten garantieren sie für die Authentizität des Signaturinhabers und für die Integrität des Zertifikates. Ohne diese Garantie könnten Zertifikate und Karten leicht gefälscht werden. In der Praxis enthält eine Signatur deshalb auch eine Signatur der ausstellenden Instanz, also des Diensteanbieters. Die Anbieter sind verpflichtet, Zertifikate für die Dauer ihrer Gültigkeit und fünf Jahre darüber hinaus aufzubewahren.

2. So funktioniert die Signatur

Bei der Signatur wird zunächst eine Art Fingerabdruck der zu signierenden Daten erstellt. Man nennt diesen „Hash-Wert". Dieser Fingerabdruck ändert sich selbst bei minimalsten Änderungen der Datei sehr stark, beispielsweise bereits wenn ein Leerzeichen nachträglich eingegeben wird oder die Datei nur neu gespeichert wird, sie also lediglich ein neues Änderungsdatum erhält. Der Hash-Wert ist ein wichtiger Bestandteil der Signatur.
Der Hash-Wert identifiziert die Ursprungsdatei genau. Man kann also zweifelsfrei überprüfen, ob der Hash-Wert zu der Ursprungsdatei passt, ohne dass man aus dem Wert selbst einen Rückschluss auf den Inhalt der Datei ziehen kann. Genau wie Sie zwar mit einem Fingerabdruck einen Menschen identifizieren können, können Sie keine weitere Aussage über den Menschen treffen, wenn Ihnen nur der Fingerabdruck vorliegt. Mit dem Hash-Wert kann bei einer Signatur die „**Integrität**" der Nachricht überprüft werden.

Der Hash-Wert wird zum Kartenleser geschickt, die Signatur selbst wird also nicht vom Computer, sondern vom Kartenleser mit dem Signatur-Zertifikat auf der Signaturkarte erstellt. Der Kartenleser verschlüsselt den Hash-Wert, damit dieser nicht mehr geändert werden kann.

Einer Signatur werden auch die Informationen zum Absender aus dessen Zertifikat verschlüsselt hinzugefügt. Diese Informationen bestehen aus dem Namen, dem verwendeten Signaturalgorithmus, einer Signatur der ausstellenden Stelle (also zum Beispiel der BNotK) und einem Zertifikat, um diese Informationen zu überprüfen. Zudem werden optionale Attribute, wie das Attribut „Rechtsanwalt", oder auch eine E-Mail-Adresse hinzugefügt. Der Zertifizierungsdiensteanbieter, der das Zertifikat erstellt hat, identifiziert vor der Ausstellung einer Signaturkarte die Person sicher, zum Beispiel mit dem Personalausweis. So garantiert der Diensteanbieter für die Identität der signierenden Person und sichert so die **Authentizität.** Hash-Wert und überprüfte Identität führen zusammen dazu, dass die Nachricht nicht zurückgewiesen werden kann, also der Sender später nicht behaupten kann, dass die Nachricht nicht von ihm stammt.

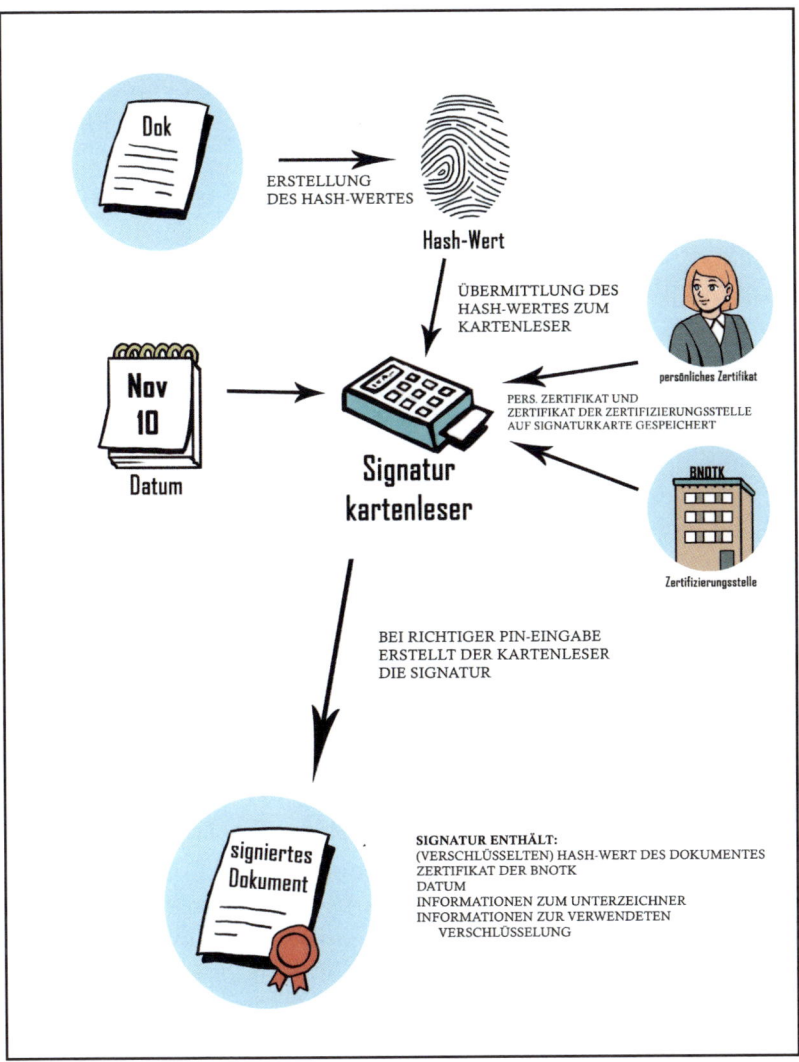

Abbildung 4 - Ablauf des Signaturvorgangs

2.1 Schutz vor Missbrauch

Der Schutz gegen Missbrauch erfolgt bei qualifizierten elektronischen Signaturen durch den Einsatz von zwei voneinander unabhängigen Sicherungsmitteln: der Signaturkarte und der PIN.

Sie dürfen Ihre **PIN nicht an andere Personen weitergeben**! Das Anbringen einer qualifizierten elektronischen Signatur ist vergleichbar mit einer handschriftlichen Unterschrift: Man würde nicht auf die Idee kommen, einer anderen Person, auch nicht einem Vertrauten, wie einem Bürovorsteher, genau zu erklären, wie man seine eigene Unterschrift am besten fälschen kann. Wenn ein Dritter Zugriff auf die Signaturkarte und die PIN hat, ist das **nicht** vergleichbar mit der Übertragung einer Vollmacht. Die Person agiert für Außenstehende und Empfänger von signierten Dokumenten als Signaturinhaber, nicht als Bevollmächtigter.

 Sie dürfen das Anbringen einer qualifizierten elektronischen Signatur **nicht delegieren! Der Anwalt muss die Signatur immer selbst vornehmen**. Deshalb müssen Sie die PIN stets geheim halten.

2.2 Attribute für ein qualifiziertes Zertifikat

Ein qualifiziertes Zertifikat kann neben den Informationen zur Person, wie Name, Anschrift und E-Mail-Adresse auch noch zusätzliche Attribute enthalten. Man kann eine Vertretungsbefugnis für andere Personen oder Körperschaften oder berufsbezogene Angaben auf der Karte speichern. Diese Attribute müssen gegenüber dem Zertifizierungsdiensteanbieter nachgewiesen werden. Das Signaturzertifikat der beA-Karte Signatur enthält das Berufsattribut „Rechtsanwalt" von Hause aus. Als Anwalt kann man auch bei anderen Signaturkarten von anderen Anbietern mit dem (kostenpflichtigen) Nachweis seiner Kammer das Attribut Rechtsanwalt in das Zertifikat aufnehmen lassen.

3. eIDAS-Verordnung

Neben der Erstellung einer qualifizierten elektronischen Signatur mit einer Signaturkarte, gibt es auch andere Möglichkeiten. So ist am 01.07.2016 die europäische eIDAS-Verordnung[98] in Kraft getreten, die die rechtliche Möglichkeit schafft, Signaturen über Vertrauensdienste vornehmen zu lassen. Das bedeutet, dass die Signatur nicht am eigenen Computer mit einer Signaturkarte erstellt wird, sondern ein Dokument auf einen Server übertragen wird, dort signiert und zurückübertragen wird. Ob Sie das für Ihre juristische Kommunikation möchten, sollten Sie selbst abwägen. Aktuell lässt sich nicht sicher sagen, ob die Signatur nach eIDAS uneingeschränkt für das beA nutzbar ist. Wir raten aus Sicherheitserwägungen davon ab. Es wird sich in den kommenden Monaten und Jahren zeigen, ob sich mit der eIDAS-Verordnung über elektronische Identifizierung und Vertrauensdienste weitere Anbieter innerhalb oder außerhalb von Deutschland etablieren.

Die eIDAS Verordnung bietet aber neben den externen Vertrauensdiensten auch für den elektronischen Rechtsverkehr spannende Entwicklungen: Zum Beispiel führt die Verordnung elektronische Siegel ein, die vergleichbar mit elektronischen Zertifikaten sind, aber nicht einer natürlichen, sondern einer juristischen Person oder sonstigen Institution zugeordnet sind. So ist zu erwarten, dass Kanzleien oder Unternehmen in Zukunft elektronische Siegel nutzen, die einer qualifizierten elektronischen Signatur gleichstehen.

---

[98] Verordnung (EU) Nr. 910/2014 des Europäischen Parlaments und des Rates vom 23. Juli 2014 über elektronische Identifizierung und Vertrauensdienste für elektronische Transaktionen im Binnenmarkt und zur Aufhebung der Richtlinie 1999/93/EG

4. Signatur eingebettet oder als eigene Datei?

Man unterscheidet zwischen **„eingebetteten" Signaturen** (auch „embedded", „integriert") und **„abgesetzten"** (auch „detached", „gesondert") **Signaturen**.

Bei eingebetteten Signaturen wird die Signatur in das signierte Dokument selbst eingebaut, zum Beispiel in eine PDF-Datei. Bei den abgesetzten Signaturen werden die Signatur und das unterzeichnete Dokument in zwei verschiedenen Dateien gespeichert.

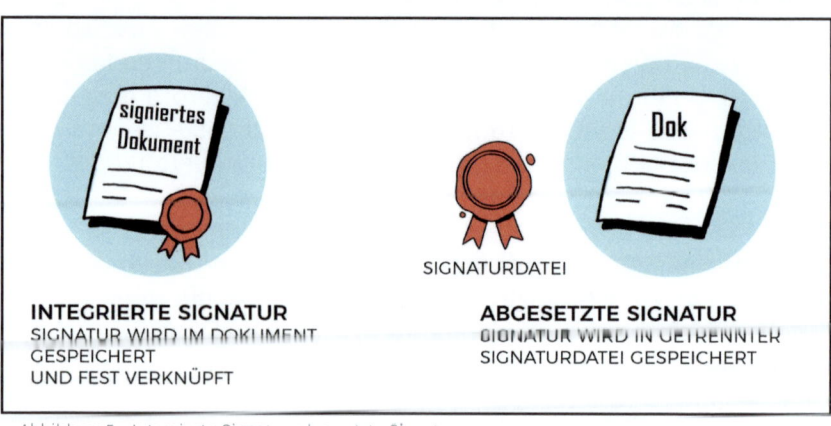

SIGNATURDATEI

INTEGRIERTE SIGNATUR
SIGNATUR WIRD IM DOKUMENT
GESPEICHERT
UND FEST VERKNÜPFT

ABGESETZTE SIGNATUR
SIGNATUR WIRD IN GETRENNTER
SIGNATURDATEI GESPEICHERT

Abbildung 5 - Integrierte Signatur, abgesetzte Signatur

Beide Verfahren haben Vor- und Nachteile: **Eingebettete Signaturen** werden nicht von jedem Signaturprogramm (und manchmal auch nicht im beA) erkannt. Die Programme zeigen dann an, dass es sich um eine nicht signierte Datei handelt, obwohl das Dokument signiert ist. Da die Signatur aber fest in das Dokument geschrieben wird, kann man die Signaturdatei bei der Übersendung nicht vergessen.

Die **abgesetzte Version** wird von Signaturprogrammen und dem beA erkannt, sie kann jedoch einfacher „verloren" gehen, indem man versehentlich die Signaturdatei nicht mit der Originaldatei versendet.

Im beA muss man explizit auswählen, dass man die Signatur **aus der externen** Signaturdatei übernehmen möchte.

Achten Sie in Ihrem Arbeitsablauf darauf, dass Signaturdateien immer mit dem Dokument versendet werden. **Ein Dokument ohne die Signaturdatei gilt als nicht qualifiziert elektronisch signiert. Wenn Sie also zum Beispiel einen Schriftsatz qualifiziert elektronisch signieren und das Dokument digital versenden, die Signaturdatei aber nicht mitsenden, gilt das Dokument als nicht signiert.** In der analogen Welt ist dies vergleichbar mit einem Dokument, das nicht unterschrieben ist.

In den Richtlinien für das EGVP wird ausdrücklich nur die abgesetzte Signatur erlaubt.

Das beA selbst erstellt bei einem Signaturvorgang immer eine abgesetzte Signatur in einer eigenen Datei.

Sensibilisieren Sie Ihr Personal für die Signaturdateien und nutzen Sie abgesetzte Signaturen, da hier eher sichergestellt ist, dass man sich bewusst für das Mitsenden der Signatur entscheidet und nicht aus Versehen eine unsignierte Datei versendet. Gerichte und andere Empfänger können die abgesetzten Signaturen leichter prüfen. Es muss vor dem Versenden immer geprüft werden, ob eine qualifizierte elektronische Signatur notwendig und ob diese im beA angehängt ist.

5. Speicherformate für Signaturdateien

Sie haben in Signaturprogrammen die Möglichkeit, zwischen unterschiedlichen Speicherformaten zu wählen. Man spricht dabei auch von **Signaturaustauschformaten. Nutzen Sie für Ihr beA am besten eines der folgenden Signaturaustauschformate:**

a) Signaturen im PKCS#7 – Format (Dateiendung zum Beispiel .pk7, wenn es sich um einen Container[99] handelt, oder .p7s, wenn die Signatur getrennt wird) oder

b) Signaturen, die im PDF eingebettet sind (mit der Dateiendung .pdf).

> Eine Signaturdatei hat auf Ihrem Computer meistens den gleichen Namen wie das Dokument, das signiert wurde, aber eine andere Dateiendung, also ein anderes Dateiformat. Sie erkennen Signaturdateien oft an der Zahl 7 im Dateiformat.

6. Überprüfung von Signaturen

In der Kanzlei müssen Sie ab und zu Signaturen überprüfen. Eine **Signaturprüfung ist zum Beispiel immer geboten**, wenn Sie anzweifeln, dass ein Dokument **vom richtigen Absender versendet und signiert wurde** (Authentizität). Auch **wenn angezweifelt wird** oder Sie befürchten müssen, dass der **Inhalt eines Dokumentes vom versendeten Schriftstück abweicht** (Integrität), kann eine Signaturprüfung schnell Gewissheit bringen. Das gilt **sowohl für Dokumente und Nachrichten, die Sie selbst versenden**, bei denen ein Gegner oder ein anderer Empfänger Authentizität oder Integrität anzweifeln, **als auch für die Dokumente, die Sie erhalten.** Deshalb sollten Sie **sämtliche versendeten und emp-**

---

[99] Beachten Sie dazu bitte den eigenen Abschnitt „Containersignaturen".

fangenen Dateien und Einträge im Postfachjournal mitsamt den Signaturdateien oder noch besser einen Export der ganzen beA-Nachricht digital aufbewahren, um nachträglich Signaturprüfungen vornehmen zu können.

Bei einer Signaturprüfung werden Signaturen über eine Online Certificate Status Protokoll Verzeichnisdienstauskunft (OCSP-Verzeichnisdienstauskunft) abgefragt. Hierbei wird über das Verzeichnis des Zertifizierungsdiensteanbieters überprüft, ob das Zertifikat, mit dem die Signatur erstellt wurde, gültig und nicht gesperrt ist. Dafür ist eine Online-Verbindung notwendig. Der Zertifikateanbieter garantiert bei der Signaturprüfung für den Aussteller, also für die Authentizität. Eine Prüfung, dass das Dokument, das signiert wurde, nicht verändert wurde, ist (meist) auch offline möglich. Hierbei wird eine mathematische Prüfung des Hash-Wertes durchgeführt und mit der Datei verglichen. Beide Prüfungen werden von den meisten Signatursoftwaren automatisch vorgenommen.

Das beA hat eine eingebaute Funktion, um Signaturen zu überprüfen. Daneben enthalten die meisten Signaturprogramme eine Überprüfungsfunktion für Zertifikate und Signaturen. PDF-Dateien, bei denen die Signatur eingebettet ist, können Sie direkt im Adobe Acrobat® überprüfen. Manchmal werden eingebette Signaturen in PDF-Dateien vom beA nicht erkannt.[100]

Speichern von Signaturen und Dokumenten

Wichtig ist, dass Sie **neben dem Dokument selbst auch die Signatur dauerhaft speichern**, um auch später noch die Korrektheit überprüfen zu können.

---

[100] Wie Sie eine Signaturprüfung durchführen können, wird später erläutert.

7. Signaturen und Medienbruch

Beachten Sie: Immer wenn ein Medienbruch vollzogen wird, also digitale / elektronische Dateien ausgedruckt werden, kann damit die Signatur nicht nachgewiesen werden. Sie müssen elektronisch **signierte Dokumente immer mit der Signatur / Signaturdatei elektronisch sichern**, um im Zweifelsfall das Vorliegen einer korrekten Signatur nachweisen zu können.

Wenn eine qualifiziert elektronisch signierte Datei ausgedruckt wird, enthält der Ausdruck keine Signatur, quasi keine Unterschrift. Die Authentizität einer Datei nachweisen, können Sie nur mit der elektronisch gespeicherten Signatur gemeinsam mit der Originaldatei.

Auch bei **handschriftlich unterzeichneten** Dokumenten, die **eingescannt** werden, gilt die elektronische Version als **nicht wirksam** unterschrieben. Es handelt sich dabei um eine „einfache Signatur". Sie müssen also auch im Original unterzeichnete Dokumente qualifiziert elektronisch signieren, oder ab der Geltung des § 130a ZPO n. F. und entsprechenden Vorschriften in den anderen Verfahrensordnungen selbst über Ihr Postfach versenden, um die Rechtswirkungen für einen bestimmenden Schriftsatz zu erhalten. Auch auf dem Originaldokument unterzeichnete Schriftstücke, mit denen Sie materiellrechtliche Wirkungen erreichen wollen, können Sie elektronisch nach wie vor **nur mit einer qualifizierten elektronischen Signatur rechtswirksam übermitteln**. Qualifiziert elektronisch signierte Dateien müssen nicht handschriftlich unterschrieben sein.

8. Containersignaturen

Bei einer Containersignatur wird nicht nur eine einzelne Datei oder ein einzelnes Dokument elektronisch signiert, sondern mehrere Dokumente zusammen. Diese werden dabei zu einem „Container" zusammengefasst. Die Funktion können Sie im beA nutzen, wenn Sie die Funktion „Nachricht signieren" wählen, statt einzelne Dokumente zu signieren.

Eine Containersignatur hat Vor- und Nachteile. Für den Versender ist es oft einfacher, mehrere Dateien zusammen zu signieren, indem man eine komprimierte Zip-Datei mit allen Daten erstellt und nur diese signiert, statt jede Anlage einzeln. Für den Nachweis der Authentizität einer Datei muss der **gesamte Container** mit der Signatur aufbewahrt, das heißt gespeichert, werden.

Allerdings kann man mit einem Container im Arbeitsablauf der Kanzlei oder des Gerichtes meist wenig anfangen, weil dieser das einzelne Dokument nicht zeigt. Man benötigt im Kanzleiprogramm schlicht nicht einen Container, den man herunterladen muss, um dann auf ein Dokument zuzugreifen, sondern will die einzelne Datei direkt öffnen. Auch ist eine Durchsuchbarkeit für Volltextsuchen viel einfacher für eine PDF- oder Word-Datei umsetzbar. Es führt bei einer Containersignatur kein Weg daran vorbei, die Daten zweimal zu speichern: Einmal zur Dokumentation der Signatur, einmal für die eigene Dateistruktur, weil damit die einzelnen Dokumente, die im Container sind, ausgelesen werden können.

Zur Veranschaulichung hilft folgendes Bild: Bei der Signatur einer einzelnen Datei wird ein Fingerabdruck der Datei erstellt. Wie bei Personen kann man leicht überprüfen, dass eine Person zu einem Fingerabdruck passt.

Bei einer Containersignatur steigen mehrere Personen zusammen in ein Auto und ein Hash-Wert des Autos wird erstellt. Der Reifenabdruck, ein Foto und das Gewicht des Autos passen genau zu diesem Auto mit genau diesen Personen. Man erkennt, wenn eine der Personen ausgestiegen oder ausgetauscht wurde, weil sich das Gewicht verändert. Man kann aber nicht mit dem Reifenabdruck des Autos eine einzelne Person im Auto identifizieren, wenn diese ausgestiegen ist. Nur alle Personen im Auto gemeinsam mit dem Auto lassen sich zusammen identifizieren.

Und so verhält es sich auch bei Containersignaturen: Sie können, wenn Sie den gesamten Container mitsamt der Signaturdatei gespeichert haben, eine Signaturprüfung durchführen und nachweisen, dass jede einzelne Datei Teil des Containers ist. Wenn Sie aber eine Einzeldatei entfernen, ist ein Nachweis mit der Signatur des Containers nicht mehr möglich.

Der BGH[101] stellt klar, dass die qualifizierte elektronische Container-Signatur die gesamte elektronische Nachricht mit allen Schriftsätzen und Anlagen umfasst und damit eine „der Einzelsignatur vergleichbare Gewähr für die Urheberschaft" bietet. Kurz gesagt: Versenden Sie einen Schriftsatz nebst Anlagen und signieren Sie diese Nachricht mit einer qualifizierten elektronischen Container-Signatur, umfasst diese Signatur alle mitgesandten Schriftstücke. Eine Signatur jedes einzelnen Dokuments ist somit nicht notwenig.

---

[101] BGH, 14.05.2013, VI ZB 7/13.

Container Signatur

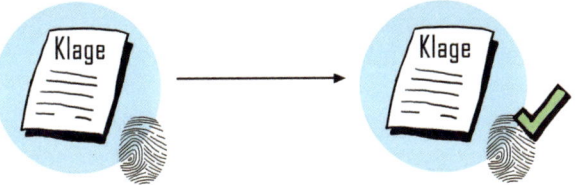

Beim Signiervorgang wird ein Hash-Wert erzeugt, der beim Empfang überprüft wird.
Bei einzelnen Dateien wird ein Hash-Wert pro Datei erstellt.

Mehrere Dokumente können zusammen (im „Container") versendet werden.
Es wird nur ein Hash-Wert für den Container erzeugt und beim Empfang
überprüft. Achtung! Gespeichert werden müssen in diesem Fall der Container
mit dem Hash-Wert **und** die einzelnen Dokumente!

Abbildung 6 - Containersignaturen

Unser Tipp für Containersignaturen: Wenn es relevant ist, dass später eine Überprüfung der Signatur und der Dokumente notwendig wird oder zumindest sein könnte – im Zweifel also bei allen Dokumenten, – müssen Sie sowohl den Container mitsamt seiner Containersignatur selbst, als auch die darin befindlichen Dateien einzeln speichern. Exportieren Sie jedes einzelne Dokument und speichern Sie die Dateien einzeln in Ihrem Kanzleiprogramm oder auf Ihrem Festplattenspeicher. Legen Sie auf einer größeren Festplatte ein Extra-Verzeichnis an und speichern Sie dort alle Container mit der Signatur gemeinsam ab.

9. So funktioniert Verschlüsselung im Internet

Um die Funktionsweise des beA besser zu verstehen, erläutern wir im Folgenden Grundlagen zu Verschlüsselungen im Internet.

Man unterscheidet zwischen zwei verschiedenen Verschlüsselungsmethoden: symmetrische und asymmetrische Kryptographie bzw. Verschlüsselung.

9.1 Symmetrische Kryptographie

Die symmetrische Kryptographie gibt es schon seit Jahrtausenden: Der Versender nutzt einen geheimen Schlüssel, um seine Nachricht zu codieren. Der Empfänger benutzt den gleichen Schlüssel und kann die Nachricht damit wieder entschlüsseln und lesen.

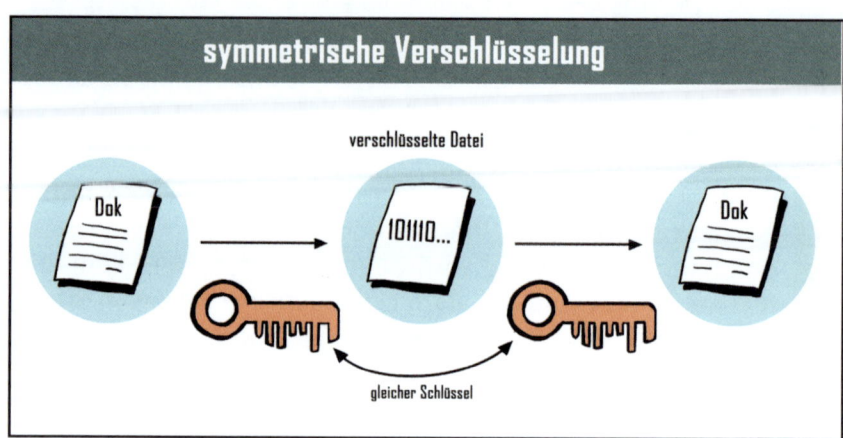

Abbildung 7 - Symmetrische Verschlüsselung

Eine bekannte und in der Literatur oft zitierte Version ist die Cäsar-Chiffre. Der Imperator nutzte ein Verschiebemuster, bei dem im verschlüsselten Text der Buchstabe um eine bestimmte

Zahl im Alphabet verschoben wurde, um mit seinen Truppen zu kommunizieren. Der Empfänger brauchte nur zu wissen, wie viele Buchstaben verschoben wurden, und konnte die Nachricht lesen. Der gerade genannte Schlüssel ist sehr simpel: es ist einfach eine Zahl zwischen 1 und 26. Nicht erst seit es Computer gibt, bietet ein einfaches Verschieben und Tauschen von Buchstaben keine große Sicherheit. Man kann aber, statt nur einzelne Buchstaben zu verwenden, auch Wörter, Bitfolgen, Sätze, ganze Nachrichten oder deren Bestandteile durch komplizierte mathematische Verfahren verschlüsseln.

Es haben sich so in den vergangen Jahrzehnten sicherere Verschlüsselungsverfahren etabliert, die mit herkömmlichen Computern quasi nicht zu entschlüsseln sind, zumindest nicht in der Lebenszeit von Sender und Empfänger. Der Nachteil ist jedoch, dass Sender und Empfänger sich immer direkt treffen müssen, um einen Schlüssel auszutauschen, da Sender und Empfänger immer den gleichen Schlüssel verwenden. Im Internet ist das nicht sehr praktisch: Stellen Sie sich vor, Sie müssten bei jedem neuen Kontakt zuerst einen Schlüssel austauschen, indem Sie jemandem einen USB-Stick geben, bevor Sie sich Nachrichten senden können.

9.2 Asymmetrische Kryptographie

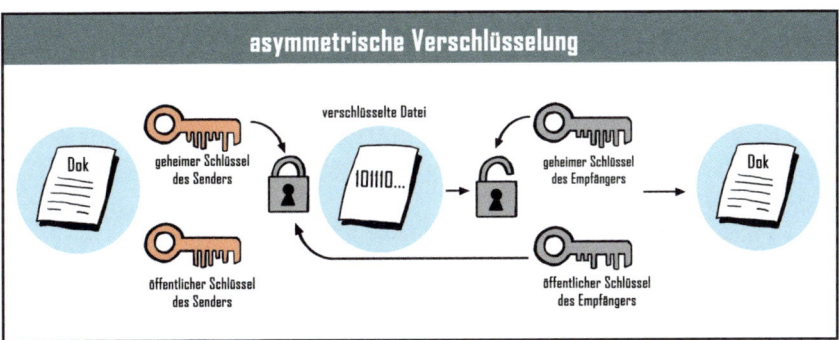

Abbildung 8 - Asymmetrische Verschlüsselung

Asymmetrische Verschlüsselung gibt es erst seit den 1970er Jahren. Jeder Benutzer hat dabei nicht nur einen Schlüssel, den er dem Empfänger mitteilt und der sowohl für die Verschlüsselung als auch die Entschlüsselung genutzt wird. Stattdessen hat jeder Nutzer ein Schlüsselpaar, das aus einem (persönlichen, privaten) geheimen Schlüssel und einem öffentlichen (nicht geheimen) Schlüssel besteht. Der Empfänger verschlüsselt Nachrichten mit **seinem eigenen, geheimen** Schlüssel **und** dem **öffentlichen Schlüssel des Empfängers**. Anschließend kann die Nachricht nur noch mit dem **geheimen Schlüssel des Empfängers** entschlüsselt werden. Schlüsselserver speichern die öffentlichen Schlüssel in einer Datenbank, es gibt andere Server, die überprüfen, dass die öffentlichen Schlüssel nicht gefälscht werden. Man spricht dann von einer Public-Key-Infrastruktur (PKI). Ein vergleichbares Verfahren wird beim beA verwendet.

Asymmetrische Verschlüsselung basiert auf „Einweg-Funktionen". Diese sind zwar einfach zu berechnen, aber nicht umzukehren. Stellen Sie es sich wie bei einem Telefonbuch vor: Wenn Sie den Namen haben, können Sie leicht die Telefonnummer herausfinden, wenn Sie hingegen nur die Telefonnummer haben, ist es viel schwieriger, daraus den Namen abzuleiten.

Asymmetrische Verschlüsselung wird heute schon vollautomatisch, zum Beispiel beim Online-Banking oder bei e-Commerce, eingesetzt. Webseiten mit einem „http**s**" verschlüsseln die gesammte Kommunikation mit dem eigenen Computer auf diese Art. Sie ist zwar etwas langsamer als die symmetrische Verschlüsselung, aber meist wesentlich komfortabler, da man nicht manuell die Schlüssel austauschen muss, und trotzdem einen vergleichbaren Sicherheitsstandard herstellen kann.

10. Exkurs: Sichere Passwörter

Sichere Passwörter sind ein leidiges Thema für jeden Computer-nutzer. Entweder das Passwort ist unsicher, oder man kann es sich nicht merken. Im schlimmsten Fall schreibt man es sogar auf und macht dadurch die Sicherheit zunichte.

Sichere Passwörter haben folgende Eigenschaften: Sie sind min-destens 10 Zeichen lang, enthalten Groß- und Kleinbuchstaben (aber nicht nur der erste Buchstabe ist groß), Zahlen und meh-rere Sonderzeichen. Die Kombination ergibt kein Wort, das in ei-nem Lexikon auftaucht, auch nicht rückwärts geschrieben. Das menschliche Gehirn tendiert dazu, dass man sich komplizierte Buchstaben-Zahlen-Kombination nicht gut merken kann. Ma-chen Sie sich nichts daraus, das geht den meisten Menschen so.

Praxistipp: So merken Sie sich sichere Passwörter ganz einfach: Denken Sie an ein Lied, ein Gedicht, ei-nen Spruch oder einen Gesetzestext, den Sie sich gut merken können, oder den man leicht wiederfin-det. Wählen Sie eine zufällige Stelle daraus und neh-men Sie jeweils die Anfangsbuchstaben als Pass-wort (oder den zweiten oder letzten Buchstaben. Damit dauert es allerdings ein wenig länger). Satzzei-chen fügen Sie ebenfalls ein. So wird aus der Liedzeile

„Ein Männlein steht im Walde, ganz still und stumm. Es hat von lauter Purpur ein Mäntlein um." das sichere Passwort: **EMsiW,gsus.EhvlPeMu.**

Bitte nutzen Sie nicht dieses Passwort, auch wenn Sie es sich jetzt sicher leicht merken können. Die anderen Leser dieses Buches können das auch!

Noch sicherer wird das Passwort, wenn Sie daneben auch Zeichen ersetzen, zum Beispiel alle S durch $ oder § und alle A durch @.

11. Exkurs: Sichere PINs

Genau wie die Passwörter müssen auch die PINs sicher gewählt sein. Bitte sehen Sie davon ab, ein Geburtsdatum zu verwenden. Auch die Geburtsdaten des Ehepartners oder der Kinder bieten keinen sicheren Schutz. Diese Daten herauszufinden ist eine Leichtigkeit.

Hier einige Tipps für die Vergabe von sicheren PINs:

1. Eine PIN sollte mindestens 6-8 Stellen lang sein.

2. Kalenderdaten sind grundsätzlich nicht unsicher, jedoch sollten es Daten sein, auf die niemand anderes kommen kann, zum Beispiel ein Jahrestag.

3. Verändern Sie Daten nach einem bestimmten Muster, addieren oder subtrahieren Sie zum Beispiel immer eine bestimmte Zahl. Mit der Addition von 5 wird aus dem 01. Januar 2018 die PIN 060623.

4. Benutzen Sie keine Zahlenreihe oder mehrfach die gleiche Zahl. Kennwörter wie 1234567 oder 11111111 sind nicht sicher und leicht zu finden!

5. Auch die eigene oder die Kanzleitelefonnummer sollten Sie — wenn überhaupt — als PIN nur abgewandelt verwenden.

Auf einen Blick

☐ Für den elektronischen Rechtsverkehr sind qualifizierte elektronische Signaturen wichtig. Diese erfüllen in Verbindung mit dem beA folgende Funktionen:

- Wahrung der **Geheimhaltung und Verschwiegenheit** durch die Ende-zu-Ende-Verschlüsselung. Nachrichten werden auf dem Computer des Versenders verschlüsselt und erst wieder auf dem Computer des Senders entschlüsselt,

- **Integrität**, also eine Unveränderbarkeit versendeter Nachrichten,

- **Authentizität und Nichtzurückweisbarkeit**, also die Überprüfbarkeit, dass Nachrichten tatsächlich nur vom Versender stammen können.

☐ Für die qualifizierte elektronische Signatur benötigen Sie eine Signaturkarte, zum Beispiel: die beA-Karte Signatur und eine Signatursoftware oder das beA. Sie können auch eine andere Signaturkarte verwenden, zum Beispiel die, die Sie für das EGVP benutzen.

☐ Sie können qualifizierte elektronische Signaturen im beA anbringen:

- indem Sie die ganze Nachricht signieren,

- indem Sie Dokumente, die Sie hinzufügen, beim Hochladen oder in der beA-Oberfläche signieren.

☐ **Das Anbringen einer qualifizierten elektronischen Signatur darf nicht delegiert werden! Nur der Anwalt darf qualifizierte elektronische Signaturen anbringen!**

☐ Speichern Sie am besten alle Dateien und deren Signaturen für spätere Signaturprüfungen. Elektronische Signaturen können nur überprüft werden, wenn Ihnen die Originaldatei und die Signatur zusammen vorliegt.

□ Containersignaturen, wie die Funktion „Nachricht signieren"
  im beA, signiert mehrere Dateien gemeinsam, nicht jede
  einzeln. Sichern Sie elektronisch den Container, um die Signatur nachweisen zu können, die den Container deckt. Sichern Sie gesondert jede Datei, die im Container übersandt
  wird, um einfachen Zugriff auf die Dokumente zu haben und
  den Containerinhalt nachweisen zu können.

□ Wenn Sie täglich mehr als fünf Signaturen anbringen, also
  mehr als fünf Dokumente unterschrieben versenden, lohnt
  sich eine Stapelsignatursoftware, mit der mehrere Dokumente mit einer PIN-Eingabe signiert werden können.[102]

---

[102] Mehr zum Thema Stapelsignaturen finden Sie im Kapitel „Sonstige Soft- und Hardware".

D. Hard- und Software

Sie benötigen, um das beA einsetzen zu können, gewisse Hardware und Software. Jeder Anwalt benötigt zur Benutzung des beA zumindest eine beA-Karte und ein Kartenlesegerät. Aber auch Computer, Internetverbindung, Scanner und Drucker müssen unter Umständen neu angeschafft werden. Wir geben Ihnen in diesem Kapitel einen Überblick über die notwendige Infrastruktur. Dies kann eine ausführliche Beratung natürlich nicht ersetzen. Vielmehr wollen wir mit diesem Buch eine Anregung geben und Sie auf die verschiedenen Möglichkeiten hinweisen. Natürlich hängt an einem funktionierenden Computersystem sehr viel. Wenn die Infrastruktur nicht funktioniert, ist der Anwalt in seiner Arbeit eingeschränkt. Also sollte man dies sorgfältig durchdenken. Bei vielen Kanzleien wird die Einführung des digitalen Rechtsverkehres die Chance bieten, bessere Hard- und Software einzusetzen und die internen Prozesse massiv zu beschleunigen und Fehler zu vermeiden.

1. Die beA-Karten

Die BRAK hat drei verschiedene Arten von beA-Karten eingeführt. Technisch sind die Karten fast identisch. Sie unterscheiden sich hauptsächlich durch das aufgespielte Zertifikat und durch die Möglichkeit, mit der beA-Karte Signatur qualifiziert elektronisch zu signieren.

Derzeit[103] bietet die Bundesnotarkammer folgende Produkte an:

- Die beA-Karte Basis benötigen Sie, um die Erstanmeldung in Ihrem beA durchzuführen. Sie identifiziert Sie als Postfachinhaber. Ohne ein zusätzliches „Signatur-Zertifikat" können Sie diese beA-Karte Basis nicht für Signaturen, sondern nur für

---

[103] Stand: Januar 2017.

die Nutzung des Postfaches und die Erteilung von Berechtigungen nutzen. Die beA-Karte Basis ist 24 Monate gültig und kostet 29,99 € (zzgl. USt).

- Die <u>beA-Karte Signatur</u> ist eine beA-Karte Basis für Anwälte, auf der ein Zertifikat installiert werden kann, das für die qualifizierte elektronische Signatur notwendig ist (Signatur-Zertifikat). Ihre Gültigkeit ist auf zwei Jahre begrenzt. Es handelt sich dabei um eine Stapelsignaturkarte, mit der Sie Einzelsignaturen und Stapelsignaturen (Voraussetzung: ein Stapelsignaturprogramm) anbringen können. Sie kostet aktuell 49,90 € (zzgl. USt.), was für eine Signaturkarte sehr günstig ist.

- Die <u>beA-Karten Mitarbeiter</u> können für alle Personen und Mitarbeiter für ein oder mehrere Anwaltspostfächer freigeschaltet werden. Sie kosten 12,90 € (zzgl. USt.) und sind nur zwölf Monate gültig.

- Das <u>beA-Softwarezertifikat</u> kann für alle Anwälte und Mitarbeiter für ein oder mehrere Anwaltspostfächer freigeschaltet werden. Es kostet 4,90 € (zzgl. USt.) für zwölf Monate. Dieses Softwarezertifikat kann aber weder zur Erstellung einer qualifizierten elektronischen Signatur, noch zur Vergabe von Berechtigungen für das beA verwendet werden.

1.1 Bestellung der beA-Karten

1.1.1 Welche Karten benötigen Sie?

Wir empfehlen mindestens folgende Anschaffungen:

- Eine beA-Karte Signatur für jeden Anwalt.
- Mindestens eine beA-Karte pro Mitarbeiter und für den Bürovorsteher.
- Softwarezertifikate statt beA-Karte Mitarbeiter, wenn Sie Kosten sparen möchten.
- Ein Kartenlesegerät für jeden Arbeitsplatz.
- Eine beA-Karte Basis als Ersatzkarte für den Anwalt zur Sicherheit.

Unser Tipp: Richten Sie Ihre Zweitkarte ein (wichtig!) und legen Sie diese Karte anschließend an einen sicheren Ort. So sind Sie abgesichert, falls Ihre Erstkarte verloren geht. Wegen der Sicherheitsarchitektur des beA **kann die BRAK** Ihnen im Fall des Verlusts **nachträglich keine weitere Karte ausstellen und für Ihr Postfach freischalten**, da die Verschlüsselung nicht in Ihrem Postfach, sondern auf der Karte festgelegt und gespeichert ist. **Geht die Karte verloren, geht auch die Zugriffsmöglichkeit auf das Postfach verloren.** Wenn die BNotK für jedes Postfach den Zugriff durch das Erstellen und Freischalten einer neuen Karte ermöglichen könnte, wären Ihr Postfach und seine Nutzung nicht sicher.

1.1.2 So läuft die Bestellung der Karten

Die beA-Karten sind immer einem Postfach, also einer SAFE-ID eines Anwalts zugeordnet. Deshalb müssen Sie beA-Karten über die SAFE-ID bestellen, die Ihnen von der Bundesrechtsanwaltskammer zugestellt wurde. Besuchen Sie dazu die Webseite https://bea.BNotK.de/bestellung. Dort sehen Sie eine Übersicht über die verschiedenen Karten.

Sie können hier die benötigten Karten auswählen, indem Sie auf „Produktdetails" klicken oder mit der Maus über die Informationsfelder zur Karte fahren und auf den dann erscheinenden Warenkorb klicken.

Nachdem Sie eine oder mehrere Karten in den Warenkorb hinzugefügt haben und auf den Button „Zur Kasse" geklickt haben, müssen Sie Ihre SAFE-ID oder die Auftragsnummer aus dem Schreiben der BRAK eingeben. Das System verknüpft Sie dann automatisch mit Ihren persönlichen Daten. Die Daten des beA synchronisieren sich mit der Datenbank der Bundesrechtsanwaltskammer, die ihrerseits aus den Daten der einzelnen Kammern gespeist wird.

Nachdem Sie Ihre Karte(n) bestellt haben, erhalten Sie eine Auf-
tragsbestätigung mit einem Freischaltlink per E-Mail. Danach
dauert die Lieferung einige Tage.

Achtung: Wir rechnen damit, dass ab Mitte des Jahres
2017 das Bestellaufkommen hinsichtlich der Karten der-
art zunimmt, dass wohl mit einer erheblichen Wartezeit
von einigen Wochen gerechnet werden muss!

Wichtig: Sobald Sie die Karte erhalten haben, müssen Sie
den Erhalt jeder Karte durch Klick auf den Link in der
E-Mail bestätigen. **Anschließend sendet Ihnen die BNotK
die notwendigen Initial-PINs per Post zu.**[104]

Bitte beachten Sie, dass für die Abwicklung der Kartenproduktion
die **Bundesnotarkammer, nicht die Bundesrechtsanwaltskammer** zuständig ist. Richten Sie Ihre Fragen zur Bestellabwicklung
direkt an diese.

1.1.3 Überprüfung der Identität bei der Bestellung einer Signaturkarte

Eine der Hauptfunktionen der qualifizierten elektronischen Signaturen ist die Überprüfbarkeit der Identität des Unterzeichners.
Die Zertifizierungsanbieter nutzen unterschiedliche Verfahren,
um die Identität des Antragstellers zu überprüfen.
Für die beA-Karte wird die Identität in der Regel von einem Notar
überprüft, da die Bundesnotarkammer die Karten ausgibt. Man
spricht dabei vom „Notarident-Verfahren". Manche Rechtsanwaltskammern überprüfen die Identität ebenfalls. Das nennt die
BRAK „Kammerident-Verfahren". In einigen Kammern wird keine
Identitätsprüfung vorgenommen, da der kurzfristige Personal-
aufwand sehr hoch wäre und damit hohe Kosten auf die Kam-

---

[104] Im Kapitel zur Installation des beA ist beschrieben, wie Sie die PIN ändern können,
um fortzufahren.

mern zukämen. So ist es einfacher, die Abwicklung über Notare und direkt durch die BNotK durchführen zu lassen.

Andere Anbieter nutzen zur Identitätsüberprüfung das eigene Filialnetz, wie die Telekom, DeTrust greift auf das PostIdent-Verfahren zurück, bei dem man mit einem Ausweisdokument in Postfilialen identifiziert wird.

2. Softwarezertifikat

Sie haben neben den Hardware-Karten auch die Möglichkeit, mit Softwarezertifikaten auf das beA zuzugreifen. Dabei wird das Zertifikat, das notwendig ist, um das beA zu öffnen und Nachrichten zu ver- oder entschlüsseln, auf dem Computer oder einem USB-Stick gespeichert. Das ist praktisch, wenn Sie unterwegs sind. Sie müssen bei einem Softwarezertifikat keine Karte und keinen Kartenleser transportieren. Gleichzeitig haben Softwarezertifikate einen massiven Sicherheitsnachteil: Die Zertifikate lassen sich einfach kopieren und aus der Kanzlei transportieren. Dabei hat man keine Möglichkeit, den Kopiervorgang später nachzuvollziehen. Man merkt also nicht, wenn das Zertifikat kopiert wurde, wohingegen man merkt, wenn die Karte verloren geht, oder gestohlen wird.

> **Wichtig:** Die Softwarezertifikate lassen sich bis auf zwei Einschränkungen nutzen, wie die beA-Karte: Sie können die Softwarezertifikate nicht für qualifizierte elektronische Signaturen nutzen und man kann mit diesen keine Berechtigungen für andere Karten oder Zertifikate vergeben.

Softwarezertifikate bringen auch einen (kleinen) Kostenvorteil: Bei Mitarbeiterkarten muss ein Kartenleser angeschafft werden (ca. 30 €), und die Karte kostet ein wenig mehr.

Die Frage, ob in der Kanzlei Softwarezertifikate eingesetzt werden, ist damit hauptsächlich eine Sicherheitsfrage. Sie müssen selbst Komfort gegen Sicherheitsbedenken abwägen.

2.1 Bestellung von Softwarezertifikaten

Softwarezertifikate können Sie seit Ende Dezember 2016 im Bestellsystem der BNotK bestellen, wie beA-Karten. Rufen Sie die Seite **https://www.bea.BNotK.de/bestellung** auf und klicken Sie im Feld „beA-Softwarezertifikat" auf den kleinen Einkaufskorb, um ein Zertifikat hinzuzufügen. Sie müssen sich anschließend, wie bei beA-Karten, mit Ihrer SAFE-ID aus dem ersten Anschreiben der BRAK registrieren. Achten Sie auf eingehende E-Mails, Sie erhalten gegebenfalls eine E-Mail mit einem Freigabelink, den Sie bestätigen müssen, um die Bestellung abzusenden.

Die Zertifikate erhalten Sie nach der Bestellung innerhalb weniger Minuten. Sie werden also sehr schnell produziert.

2.2 Herunterladen der Software-Zertifikate

Kurz nachdem Sie die Softwarezertifikate bestellt haben, können Sie Ihre Zertifikate herunterladen

Schließen Sie Ihren Kartenleser an und legen Sie Ihre beA-Karte Basis / Signatur in den Kartenleser ein. Um Zertifikate herunterzuladen, rufen Sie die Seite **https://www.bea.BNotK.de/bestellung** auf und klicken Sie oben auf „Mein Konto" und anschließend auf „Anmelden". Die Webseite startet ein Java-Programm, das von der Webseite automatisch heruntergeladen wird. (Wenn das Programm nicht automatisch startet, öffnen Sie den Ordner „Downloads" und machen Sie einen Doppelklick auf die neue Datei, die wahrscheinlich „Secure Framework … .jnlp" benannt ist.)

Wenn die Komponente gestartet ist, der Kartenleser angeschlossen ist, und Sie eine beA-Karte eingelegt haben, sehen Sie den Anmeldenamen jetzt auf der Seite und Sie können sich mit dem

System verbinden. Geben Sie, sobald Sie dazu aufgefordert werden, Ihre PIN in den Kartenleser ein.

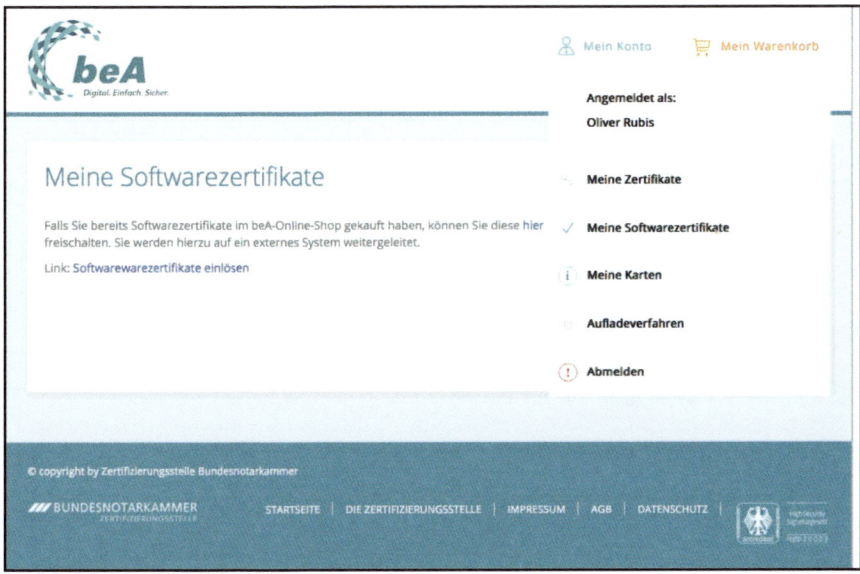

Abbildung 9 - Meine Softwarezertifikate https://bea.BNotK.de/bestellung

Klicken Sie jetzt oben auf „Mein Konto" und rufen Sie aus dem
Menü den Punkt „Meine Softwarezertifikate" auf, wie in der Abbildung zu sehen. Klicken Sie auf „Softwarezertifikate einlösen".
Sie sehen nun eine Übersicht über Ihre Softwarezertifikate. Hier
können Sie den Softwarezertifikaten einen Namen und eine PIN
zuordnen. Die PIN ist nur die Transport-PIN für das Zertifikat und
wird bei der ersten Einrichtung im beA geändert. **Merken Sie sich
die Namen und die zugeordneten PINs gut.**

Sie können die Zertifikate von dieser Seite anschließend herunterladen. Klicken Sie dazu neben dem Zertifikat auf das zweite
Icon von rechts, das einen Pfeil nach unten symbolisiert. Sie können Softwarezertifikate hier löschen bzw. als ungültig markieren,
indem Sie auf das Kreuz ganz rechts klicken.

Hinweis: Bitte beachten Sie, dass die Speicherung von Softwarezertifikaten auf einem USB-Stick keine besondere Relevanz besitzt. Die beA-Client Security Komponente speichert nach einem Import des Zertifikates die Zertifikatsdatei in einem eigenen Speicher. Das bedeutet, dass, auch wenn Sie den USB-Stick herausziehen, oder die Zertifikatsdatei löschen, das Zertifikat auf dem Computer gespeichert bleibt. Achten Sie bei den Softwarezertifikaten deshalb genau auf eine sichere PIN.

3. Sonstige Soft- und Hardware

3.1 Signatursoftware

Es gibt im beA unterschiedliche Möglichkeiten Signaturen anzubringen. Das besondere elektronische Anwaltspostfach bietet bei der Verwendung mit einer beA-Karte Signatur oder einer anderen qualifizierten Signaturkarte selbst die Möglichkeit, über die Client-Komponente Signaturen an Dokumenten und Nachrichten anzubringen. Im Arbeitsalltag wird es die Regel sein, dass das Sekretariat Nachrichten vorbereitet und der Anwalt nur eine Signatur anbringt. Dazu ist in unseren Augen das beA nicht ganz ideal umgesetzt. Die schnelle automatische Logout-Zeit von 30 Minuten und die benötigte Zeit sich wieder anzumelden – inklusive mehrfacher Eingabe einer PIN – führen im täglichen Betrieb zu Zeitverlusten.

Für die Signatur von PDF-Dokumenten, die Überprüfung von Signaturen und die Verschlüsselung von Dokumenten können Sie auch die professionelle Version des Adobe Acrobat® einsetzen.[105] Daneben gibt es noch eine Reihe anderer Angebote für Signaturprogramme, zum Beispiel von der Bundesdruckerei, SecSigner, Governikus, OpenLimit, secrypt oder intarsys.

---

[105] Vorsicht: Es handelt sich nicht um die kostenfreie Reader-Variante.

3.2 Stapelsignaturen

Wenn Sie täglich sehr viele Dokumente signieren müssen, arbeiten Sie noch komfortabler mit einer Stapelsignatur-Lösung. Bei einer Stapelsignatur geben Sie bei der Signatur mehrerer Dokumente nur einmal die PIN ein. Nach einer Sichtprüfung der zu signierenden Schriftstücke signiert die Software der Reihe nach automatisch alle Dokumente einer sogenannten Signaturmappe. Das bringt im täglichen Arbeitsablauf eine hohe Zeitersparnis. Für eine solche Stapelsignatur benötigen Sie eine spezielle Signaturkarte und eine dafür ausgestattete Signatursoftware. Die Programme, die eine Stapelsignatur ermöglichen, sind meist nicht kostenfrei und auch die Karten selbst kosten bis zu doppelt so viel wie Standardkarten. Anbieter von Signaturkarten und Signatursoftware haben hier ein Geschäft gesehen, obwohl sich die Software und die Karten technisch nur marginal unterscheiden.

Bei der **beA-Karte Signatur** handelt es sich um eine **stapelsignaturfähige Karte**. Sie profitieren automatisch von der Möglichkeit, mehrere Dokumente einer Signaturmappe zusammen signieren zu können. Diese Funktion ist allerdings derzeit über das beA nicht nutzbar. Wenn Sie aber eine Signatursoftware einsetzen, die Stapelsignaturen unterstützt, können Sie auch mit der beA-Karte Stapelsignaturen anbringen.

3.3 Kartenlesegeräte

Sie benötigen für die Verwendung von Signaturkarten und für das beA zwingend Kartenlesegeräte. Diese haben neben der Funktion des Lesens der Karte auch wichtige Sicherheitsfunktionen. Die Tastatur des Kartenlesegerätes ist vor Viren geschützt und verhindert, wenn es ein eigenes Eingabefeld besitzt, dass die PIN-Eingabe von Schadsoftware, wie zum Beispiel Keyloggern, mitgelesen wird. Der Kartenleser gibt nur die Daten der Karte frei, die man zum Beispiel zum Signieren benötigt. Ein Kopieren des geheimen Zertifikates ist mit einem Kartenleser nicht möglich. Nur mit zertifizierten Kartenlesegeräten ist sichergestellt, dass die notwendige Sicherheit gegeben ist.

Für das beA können Sie grundsätzlich alle Produkte verwenden, die von der Bundesnetzagentur zur Erstellung qualifizierter elektronischer Signaturen freigegeben wurden. Nutzbar sind Geräte, die von einer unabhängigen Stelle bestätigt bzw. zertifiziert wurden, oder bei denen der Hersteller eine Erklärung zur Tauglichkeit abgegeben hat, wie nach dem Signaturgesetz vorgeschrieben.

Sie haben die Auswahl zwischen verschiedenen Geräten und Marken, die in verschiedene Klassen kategorisiert und unterschiedlich teuer sind. Lesegeräte, die in keine dieser Klassen eingestuft sind, sind für die Nutzung für digitale Signaturen und dem beA **nicht** geeignet! Kartenlesegeräte der Klasse 1 besitzen weder ein PIN-Eingabefeld (bzw. Tastatur) noch ein Display, sondern dienen nur zum Auslesen der Zertifikatsdaten. Kartenlesegeräte der Stufe 2 haben ein PIN-Eingabefeld aber kein Display. Kartenleser der Stufe 3 besitzen sowohl ein PIN-Eingabefeld, als auch ein Display. Nur mit Geräten der Stufe 3 kann die PIN mit dem Kartentool der BNotK geändert werden.

Wir haben die unterschiedlichen Kartenlesegeräte, die von der Bundesnetzagentur freigegeben sind, auf Windows und Mac getestet. Die Geräte sind unterschiedlich stabil und haben unter Umständen eine kürzere Lebensdauer, wenn Sie zum günstigen Gerät greifen. Wir setzen bisher erfolgreich an mehreren Arbeitsplätzen jeweils die günstigsten Geräte der Stufe 3, also mit Display, ein, die man auf dem Markt finden kann. Die Installation funktioniert bei allen Geräten ähnlich, die Nutzung ist fast gleich.

Unser Tipp: Kaufen Sie für die Sekretariatsarbeitsplätze ein günstiges Modell der Klasse 2 ohne Display (für 30 — 40 €). Bei den Anwaltsarbeitsplätzen, an denen qualifiziert elektronisch signiert werden soll, benötigen Sie zwingend ein Lesegerät der Klasse 2 oder 3. Für die Änderung der PIN benötigen Sie ein Lesegerät der Klasse 3, also eines mit Display. Davon sollten Sie folglich in der Kanzlei mindestens eines vorhalten.

Achtung: Kartenlesegeräte funktionieren manchmal nicht, wenn Sie an einen Monitor oder einen USB-Verteiler (sog. USB HUB) angeschlossen sind. Hier besteht ein theoretisches Risiko, dass die Kommunikation zwischen dem Kartenlesegerät und dem Computer verändert werden könnte. Schließen Sie das Kartenlesegerät deshalb am Besten immer direkt an den Computer an.

3.4 Betriebssystem

Das beA läuft auf Windows, Mac OS X und Linux. Jedoch sollten Sie darauf achten, dass das Betriebssystem möglichst aktuell ist. Auf einem etwas älteren Apple Mac OS (10.8) funktioniert die Client Security Komponente nicht, so dass Sie das beA hier nicht verwenden können. Auch auf Tablets funktioniert das beA überhaupt nicht oder nur sehr eingeschränkt.

3.5 Browser

Das beA funktioniert wie eine Internetseite. Sie benötigen also einen Internetbrowser. Laut BRAK sollten alle gängigen Internetbrowser, wie Internet Explorer, Edge, Mozilla Firefox, Safari oder Opera, funktionieren. Wir haben den Internet Explorer, Firefox und Safari erfolgreich getestet. Aktualisieren Sie den Browser allerdings möglichst regelmäßig.

3.6 Drucker

Auch in der modernen und vollelektronischen Kanzlei kann man in den nächsten Jahren auf keinen Fall ganz auf einen Drucker verzichten. Bereits für den Fall, dass das Internet streikt, oder das beA nicht verfügbar ist, sollte es zumindest einen Drucker in der Kanzlei geben. Für dokumentenechten Druck sollten Sie zu einem Laserdrucker greifen, bei Tintenstrahldruckern, auch wenn das Druckbild und die Qualität zum Teil besser sind, kann es zu Unsauberkeiten kommen, wenn man über das Papier wischt.

Je mehr Sie drucken, desto mehr Zeit sparen Sie durch schnel-len Druck. Ab 25 Seiten pro Minute gilt ein Drucker als schnell. Manche Geräte schaffen bis zu 50 Seiten pro Minute, sind dann aber auch entsprechend teurer. Beachten Sie auch, dass gespar-tes Geld bei der Druckerhardware schnell in teure Toner- oder Farbkartuschen investiert werden muss. Achten Sie deshalb beim Druckerkauf gleich darauf, wie teuer die neue Farbe ist.

3.7 Fax

Ein Faxgerät ist zumindest in der ersten Zeit der Einführung des beA noch unerlässlich, auch wenn der elektronische Rechtsver-kehr verpflichtend wird. Sie müssen im Falle, dass das Internet oder das beA ausfällt, dafür sorgen, dass fristwahrende Schrift-sätze noch in der Frist zum Empfänger gelangen. Auch wenn Sie die Möglichkeit haben, einen herkömmlichen Übermittlungsweg zu nutzen, wird wegen technischer Probleme des beA die Frist nicht geändert. Ein Postversand ist deshalb meistens nicht mehr fristwahrend. Abhilfe schaffen Sie mit einem Faxgerät für den Notfall.

3.8 Monitor

Sofern Sie Ihre Kanzlei volldigital führen möchten, benötigen Sie auch ausreichend große Monitore. Es bietet sich an, Monitore ab einer Größe von 24" einzusetzen. Hier können Sie sowohl die Kanzleiverwaltungssoftware, als auch das Dokument gleichzeitig anzeigen. Je größer der Monitor ist, desto höher sollte die Auf-lösung sein. Full HD, also eine Auflösung von 1920 x 1080 Pixeln ist bei Monitoren inzwischen eher Pflicht als Kür, sie müssen bei 24" Größe mindestens diese Auflösung haben. Bei noch größeren Monitoren ist sogar eine Ultra-HD Auflösung (auch 4K genannt) sinnvoll. Jedoch muss man vorher prüfen, ob der Computer diese Auflösung darstellen kann.

3.9 Arbeitsplatzrechner / Server / Datenspeicher

Natürlich unterscheiden sich die Anforderungen an Server und eingesetzte Hardware erheblich. Je nachdem wie intensiv Sie eine elektronische Akte einsetzen wollen, wie hoch der Datendurchsatz ist, oder wie viele Mitarbeiter auf Server oder zentralen Datenspeicher zugreifen möchten, benötigen Sie größere Festplatten, mehr Arbeitsspeicher und einen größeren Prozessor. Arbeitsspeicher sollten in Servern mindestens 8 GB groß sein. Wir empfehlen zur Sicherheit einen Arbeitsspeicher von 16 GB. Wenn nur Daten gespeichert werden sollen, kaufen Sie besser eine gute Netzwerkfestplatte und sparen die Kosten. Arbeitsplatzcomputer sollten mindestens 8 GB Arbeitsspeicher haben. Der Prozessor ist bei normalen Bürotätigkeiten am ehesten zu vernachlässigen. 8 GB Arbeitsspeicher werden Sie im Büroalltag schnell schätzen.

3.10 Festplatten

Den Unterschied zwischen schnellen und langsamen Festplatten merkt man schnell. An der Geschwindigkeit sparen „günstige" Computerangebote. Geschwindigkeiten von 5400 Umdrehungen pro Minute kommen in Servern schnell an die Grenzen und bremsen das ganze Büro. Achten Sie darauf, dass Ihr Datenserver oder Ihre zentrale Festplatte möglichst schnell arbeitet. Setzen Sie am besten sogenannte Solid State Disks (SSD) ein. Diese Platten sind teurer als konventionelle, aber der Geschwindkeitsvorteil macht sich im täglichen Arbeiten schnell bezahlt, gerade wenn man mit mehreren Personen auf die Daten zugreifen muss. Achten Sie beim Kauf darauf, dass die Festplatten für den Serverbetrieb oder Dauerbetrieb geeignet sind. Diese Speicher sind robuster und halten länger.

Setzen Sie, wenn möglich, zwei Festplatten ein, auf die Daten parallel geschrieben werden. Man nennt das RAID 1. Normalerweise benötigt man dazu ein besonderes Hardware-Modul, um zwei Festplatten zu einem RAID-Verbund zusammen zu stellen.[106]

---

[106] Verzweifeln Sie nicht, wenn Sie diese Begriffe nicht verstehen. Die Angaben sind lediglich ein Hinweis. Wir wollen Ihnen Informationen an die Hand geben, die Sie mit Ihrem IT-Berater besprechen können.

Wenn Sie beabsichtigen, ganz auf eine elektronische Akte umzustellen, müssen Sie damit rechnen, dass schnell große Datenmengen aufkommen werden. Je mehr Anwälte in Ihrer Kanzlei
arbeiten, desto mehr Daten müssen verarbeitet und gespeichert
werden. Gleichzeitig müssen Daten schnell durchsuchbar bleiben. Wichtig ist eine schnelle Netzwerkverbindung und schnelle
große Festplatten von 750 bis 1.000 Terrabyte Kapazität, sowie
langsamere, aber größere Platten mit zwei bis drei Terrabyte
Speicherplatz.

3.11 Datensicherung

Für die Datensicherung spielt die Geschwindigkeit der Festplatte eine kleinere Rolle im Vergleich zur Ausfallsicherheit. Meist
werden Datensicherungen nachts durchgeführt. Wichtig ist aber
auch, dass genug Speicherplatz zur Verfügung steht, um Dateien
auch in mehreren Versionen zu sichern. Achten Sie auf Festplatten, die „servergeeignet" oder „hochverfügbar" sind. Diese lösen
Schreib- und Lesefehler für die langfristige Speicherung wesentlich besser. Die Datensicherungsfestplatten sollen auch nach
Jahren der Benutzung noch solide alle Daten sichern

Wir empfehlen, dass es in jeder Kanzlei mindestens zwei Siche-
rungsmedien gibt, zum Beispiel einen Server und eine Netzwerkfestplatte, oder mehrere Arbeitsplatzcomputer und eine
Netzwerkfestplatte. Natürlich ist es noch besser, wenn man Datensicherung auch an einem anderen Ort speichert, zum Beispiel
mit Bandlaufwerken oder Festplatten, die man mit nach Hause
nimmt. Wir setzen in mehreren Kanzleien auch ein System ein,
das Sicherungskopien aller Daten sicher verschlüsselt auf einem
Server im Internet abspeichert.

3.12 Leistungsfähiger Scanner

Stellen Sie sich die Frage, ob eine elektronische Akte in die Kanzlei Einzug erhalten soll. Wenn Sie nur ab und zu Dokumente ein-
scannen wollen, reichen kleinere, günstige Lösungen. Wenn Sie

Ihr Büro digital machen wollen, benötigen Sie möglichst an jedem Sekretariatsplatz einen Scanner mit schnellem Dokumen-
teneinzug, keinen Flachbettscanner, da man hier auf jede Seite
warten muss. Sie sparen vielleicht ein paar Euro bei langsame-
ren Lösungen, die Wartezeit im Sekretariat ist aber vermutlich
auf die Dauer wesentlich teurer. Auch viele Kopierer haben leis-
tungsfähige Scanner eingebaut. Eine Netzwerkanbindung und die
Möglichkeit zu scannen, kostet bei Kopierern meist nur wenige
Euro Aufpreis. In Kopierern hat man die Möglichkeit, auch große
Dateien, wie Pläne oder Zeichnungen, zu scannen.

Achten Sie darauf, dass der Scanner mit Ihrem Betriebssystem
zusammenarbeitet. Am besten sollte der Scanner per USB und
per Netzwerk angebunden werden. So können Sie direkt von Ihrem Computer darauf zugreifen.

Scanner sollten mindestens eine Auflösung von 600x600 dpi erreichen. Eine höhere Auflösung ist bei Fotos und Plänen manchmal hilfreich, meist aber nicht unbedingt notwendig. Die Geschwindigkeit des Einzuges sollte für Einsteiger mindestens 20
Seiten pro Minute betragen. Rechnen Sie dann mit etwa 200 € pro
Scanner. Wollen Sie komplett auf eine digitale Akte umsteigen,
sind Geschwindkeiten von 50-60 Blatt pro Minute sinnvoll, dann
kosten die Geräte allerdings entsprechend zwischen 500 € und
1.000 €. Eine Duplexfunktion ist hilfreich, wenn Seiten doppelsei-
tig beschrieben sind.

Praktisch sind auch Scanner, bei denen Sie schon beim Scannen Tags, also Schlagwörter, Dateinamen und Speicherort per
Schnellwahltaste vergeben können.

Wichtig ist, dass Sie Dokumente möglichst im PDF/A-For-
mat speichern. Dadurch werden die Daten gleichzeitig
relativ klein komprimiert und sind auf fast allen unterschiedlichen Geräten zu öffnen. Fotos und Dokumente
sollten Sie farbig scannen und eine Größe von 300 dpi
einhalten. Bei Textdokumenten reichen 150 dpi und ein

Scan in Graustufen. Je größer die Auflösung und je farbiger die Datei später ist, desto höher ist die Dateigröße. Eine Verdopplung der Scan-Auflösung von 150 auf 300 dpi führt zu einer Vervierfachung der Dateigröße! Je kleiner allerdings Schrift oder Bilder sind, desto höher sollten Sie die Auflösung wählen. Probieren Sie am Anfang aus und vergleichen Sie die unterschiedlichen Dateien.

3.13 Texterkennungssoftware

Je mehr Sie scannen, desto wichtiger ist es, dass Sie auch eine Texterkennungssoftware (OCR) einsetzen, um später in den gescannten Dateien suchen zu können. Man hat die Wahl zwischen manueller Texterkennung, bei der eine Datei ausgewählt und umgewandelt wird, und automatischen Softwarelösungen, die Dateien zum Beispiel von einer Netzwerkfreigabe lesen und durchsuchbar speichern, mit Schlagworten versehen und den richtigen Sachbearbeitern zuordnen. Manche Scanner erstellen automatisch durchsuchbare PDF-Dateien, haben also eine Texterkennungssoftware integriert. Es gibt zahlreiche Unterschiede und Möglichkeiten. Lassen Sie sich hier beraten und entscheiden Sie, welche Losung am besten für Sie passt und in Ihre Kanzlei integrierbar ist.

4. Software zur Kanzleiverwaltung

Eine ordentliche Kanzleiverwaltungssoftware kann Ihnen eine ganze Menge Arbeit abnehmen. Die Hersteller von Kanzleisoftware arbeiten aktuell an Anbindungen für das beA. Anfang 2017 gibt es für das beA allerdings noch keine Schnittstelle, die Kanzleisoftwarehersteller nutzen können. Sobald es diese gibt, wird die Arbeit im elektronischen Rechtsverkehr massiv vereinfacht, wenn Sie eine Kanzleiverwaltung einsetzen. Je nachdem, wie es in den einzelnen Programmen umgesetzt wird, wird die Benutzerverwaltung gekoppelt sein, Dokumente können direkt produziert und aus dem Programm signiert und vom Sekretariat versendet werden. Eingehende Dokumente können direkt dem entsprechenden Bearbeiter zugeordnet werden, wenn das Aktenzeichen vergeben ist. Wird eine Texterkennung eingesetzt, kann dies sogar vollautomatisch passieren.

Aber nicht nur bei der Verwendung vom beA führt die Nutzung einer Kanzleiverwaltungssoftware zu Erleichterungen im Arbeitsalltag. Die Software hilft Ihnen bei Fristenverwaltung, Terminplanung, Adressverwaltung, automatischer Erstellung von Schriftsätzen, digitaler Verwaltung der ausgehenden und eingehenden Dokumente (e-Akte), Abrechnung und vielem mehr.

Der Überlegung, eine Kanzleiverwaltung einzusetzen, sollte sich jede Kanzlei stellen. Durch die Arbeitserleichterungen und damit verbunden die Reduzierung von Haftungsfallen und Zeit- und Kosteneinsparungen, lohnen sich Investitionen in eine Kanzleiverwaltungssoftware schnell.

Es gibt auf dem Markt einige sehr gute Anbieter, die für die Anwendungsszenarien unterschiedlich ausgeprägte Lösungen anbieten. An dieser Stelle wollen wir keine Empfehlung aussprechen, sondern Ihnen Fragestellungen an die Hand geben, um Ihre Marktanalyse vorzubereiten:

- Auf welchen Betriebssystemen soll die Software funktionieren: Mac, Linux, Windows?
- Soll es einen Server geben, auf den alle Nutzer zugreifen können und soll die Software auch von außen, zum Beispiel von unterwegs oder von zu Hause funktionieren?
- Welche Prozesse sollen mit einer Software unterstützt werden: Termin- und Fristenverwaltung und -kontrolle, Adressen, Abrechnung, Vermeidung von Interessenkollisionen?
- Wollen Sie eine digitale Akte einführen – für ausgehende oder für alle, also auch eingehende Dokumente? Benötigen Sie eine Volltextsuche?

- Wollen Sie Vorlagen nutzen?
- Welchen Betrag wollen Sie jährlich investieren?

Auf einen Blick

In diesem Kapitel haben wir Ihnen die wichtigste Hard- und Software vorgestellt, die Sie benötigen, um das beA einzusetzen.

☐ Nur mit der beA-Karte des Rechtsanwalts kann das beA ersteingerichtet werden. Mit dieser Karte können Berechtigungen am Postfach erteilt werden.

☐ Sie sollten für jeden Mitarbeiter eine eigene Signaturkarte oder ein Softwarezertifikat anschaffen, um später nachvollziehen zu können, wer wann was im beA gemacht hat.

☐ Sie benötigen für jeden Arbeitsplatz ein Kartenlesegerät. Es reicht grundsätzlich ein Gerät der Klasse 2 ohne Display, aber mit PIN-Eingabefeld. Wollen Sie die PIN ändern, benötigen Sie ein Gerät mit Display.

☐ Im Kanzleiablauf ist es sinnvoll, eine Signatursoftware anzuschaffen. Der Anwalt signiert dann die Schriftsätze nicht im beA, sondern nutzt nur die Signatursoftware und spart so Zeit.

☐ Für den elektronischen Rechtsverkehr sind schnelle Festplatten, eine Netzwerkfestplatte oder ein Server und große Monitore sinnvoll.

☐ Im Laufe des Jahres 2017 werden die Hersteller von **Kanzleisoftware** höheren Komfort und bessere Lösungen für Zeitersparnis im Ablauf entwickeln, als es das beA kann. Überlegen Sie sich, ob Sie eine solche Software einführen.

☐ Jede beA-Karte muss zunächst für das Postfach eingerichtet werden, bevor man sie nutzen kann.

☐ Es empfiehlt sich, für jeden Anwalt eine Zweitkarte anzuschaffen, die jedenfalls freigeschaltet werden muss. Bei Verlust der Erstkarte wird damit sichergestellt, dass der uneingeschränkte Zugang des Postfachinhabers gewährleistet ist.

E.   Das beA

Das besondere elektronische Anwaltspostfach wird durch die Firma Atos IT Solutions and Services GmbH mit Sitz in München entwickelt, einer Tochter der französischen Firma Atos SE, die weltweit mehr als 76.000 Mitarbeiter hat. Die Atos IT Solutions and Services ging aus der IT-Sparte von Siemens hervor und ist selbst eines der größten IT-Unternehmen weltweit. Betreut wird das beA von der Bundesnotarkammer, die auch die Abwicklung der Karten und Erstellung der Zertifikate verantwortet. Während dieses Buch geschrieben wurde, gab es bereits einige Änderungen im beA. Wir gehen davon aus, dass sich im Laufe der Zeit Funktionen verbessert werden und sich dadurch Ansichten oder Benutzung ändern könnten.

1. Die Technik des beA

Das beA basiert auf dem Online Service Computer Interface Standard, OSCI. Dabei handelt es sich um mehrere Software-Protokolle, die in der deutschen Verwaltung zum sicheren Transport von digitalen Nachrichten und zur Kommunikation etabliert wurden. Die Nachrichten werden Ende-zu-Ende verschlüsselt übertragen. Das heißt, dass Nachrichten auf dem Computer des Absenders verschlüsselt und erst wieder auf dem Computer des Empfängers entschlüsselt werden.

1.1 Wie funktioniert Verschlüsselung im beA

Bei dem im beA verwendeten OSCI-Standard werden Nachrichten in einem zweistufigen Sicherheitscontainer übertragen. Das bedeutet, dass die Nachricht und die Meta-Daten, wie Sender und Empfänger, Betreffzeile oder Datum, streng voneinander getrennt verschlüsselt werden. Der Provider, also der Betreiber des beA, benötigt die Meta-Daten, um Nachrichten richtig zuzustellen. Er hat aber niemals Zugriff auf die Inhalte der Nachrichten.

Der Inhalt einer versendeten Nachricht wird mit dem öffentlichen Schlüssel des Empfängers verschlüsselt. Anschließend kann nur noch der Empfänger mit seinem privaten Schlüssel die Nachricht öffnen.

Die BRAK speichert die öffentlichen Schlüssel aller beA-Nutzer im sog. SAFE-Verzeichnis (auch: SAFE-Datenbank). Anders als bei EGVP oder anderen symmetrischen Verschlüsselungen, wie E-Mail-Verschlüsselung mit PGP, nutzt die BRAK eine Hardware, die neue Nutzer für ein Postfach autorisieren kann. Dazu wird ein neuer Nutzer (mit Karte oder Zertifikat) zunächst gegenüber diesem Hardware Security Module (HSM) registriert. Das HSM prüft jetzt, ob der Postfachinhaber, oder eine mit der richtigen Berechtigung ausgestattete Person, die freizuschaltende Person, freigeschaltet hat. Anschließend gewährt das HSM allen berechtigten Karten und Softwarezertifikaten Zugriff auf die freizuschaltenden Funktionen. Deshalb ist es notwendig, jede einzelne Karte, die Zugriff auf verschlüsselnde oder entschlüsselnde Funktionen haben soll, freizuschalten bzw. zu registrieren.

Das gilt auch für Zusatzkarten für Anwälte. Die neuen Nachrichtenschlüssel werden anschließend an die Nutzer übertragen. Das Hardware Security Modul ist dabei vor Manipulation geschützt und speichert alle Schlüssel hochverschlüsselt. Weil die hohen Sicherheitsanforderungen dies erfordern, werden beim beA für die Erstanmeldung die beA-Karten benötigt.

1.2 Verzeichnisdienst / Adressbuch

Eine Besonderheit des beA ist das umfassende Adressbuch, das alle Kontakte und Nutzer des beA und der angeschlossenen Systeme umfasst. Angeschlossene Systeme bedeutet aktuell vor allem die Datenbank der Gerichte, die nicht durch die BRAK verwaltet wird, sondern wie bisher durch die Betreiber des EGVP. Für die

Gerichte gibt es, wie für Anwälte, eine eigene SAFE-Datenbank. Im beA finden Sie über das Adressbuch tagesaktuell jeden in Deutschland zugelassenen Anwalt und jedes Gericht. Wir haben Sie bereits darauf hingewiesen, dass alleine das Auffinden eines Gerichtes (vor 2018 auch eines Anwaltes) im Adressbuch nicht bedeutet, dass der Empfänger wirklich empfangsbereit bzw. das aufgefundene Gericht den ERV für das Verfahren eröffnet hat.

1.3 Zuverlässigkeit, oder: Was passiert, wenn das beA ausfällt?

Das beA ist laut Betreiber hochverfügbar ausgelegt. Das bedeutet insbesondere, dass es mehrere Serversysteme gibt, die auf verschiedene Standorte in Deutschland verteilt sind. Wenn einer dieser Server ausfällt, kann das System weiter über die anderen betrieben werden. Die BRAK rechnet damit, dass bundesweit etwa acht Nachrichten pro Sekunde über das beA verschickt werden. Das sind 28.800 Nachrichten pro Stunde und 691.200 pro Tag.

Wir als Autoren sind gespannt, ob diese Lastenberechnung tatsächlich ausreicht. In Deutschland gibt es 2016 mehr als 160.000 zugelassene Anwälte. In der anwaltlichen Praxis werden Nachrichten über den Tag nicht durchschnittlich verteilt zugestellt, sondern man muss mit Lastenspitzen rechnen: Morgens, wenn die Post empfangen und verteilt wird, und nachmittags, wenn die Ausgangspost verschickt wird. Im Zweifel könnte es in der ersten Zeit zu Wartezeiten kommen, wenn der „Ansturm" auf die Server sehr hoch ist. Dass Server tatsächlich zusammenbrechen, ist eher unwahrscheinlich.

In Zukunft plant die BRAK auch Erweiterungen am beA vorzunehmen, die Schriftsätze bevorzugt abwickeln können, sodass auch spät am Tage eingereichte Schriftsätze noch sicher die Frist einhalten. Nachrichten mit großen Dateianhängen könnten dann auch anders behandelt werden, damit diese nicht die übrigen Nachrichten blockieren. Wie genau die Weiterentwicklung in diesem Bereich ablaufen wird, bleibt abzuwarten.

Wenn es wider Erwarten zu Problemen beim Versand durch das beA kommen sollte, hat das beA Journale für Nachrichten und Postfächer, die nicht veränderbar sind. Dort werden alle Abläufe im beA rechtssicher dokumentiert und lassen sich im Zweifel nachweisen. Wenn alle Stricke reißen, gibt es immer noch die Möglichkeit, Dokumente nicht elektronisch nach den herkömmlichen Verfahren zu versenden, wenn eine elektronische Übermittlung aus technischen Gründen nicht möglich ist. Das betrifft sowohl Probleme bei der eigenen Technik, also dem eigenen Internet oder Computer, als auch Probleme auf Seiten des beA oder der Gerichte.

2. Die Client Security

Das beA ist, wie bereits beschrieben, Ende-zu-Ende verschlüsselt. Das bedeutet, dass die Daten, die auf den Servern gespeichert sind immer erst auf Ihrem Computer entschlüsselt werden müssen. Das beA nutzt dafür die Komponente Client Security. Das bedeutet, dass diese Komponente unbedingt auf jedem Computer, auf dem beA laufen soll, installiert und gestartet sein muss. Sie wird meist automatisch gestartet, wenn Ihr Computer startet. Dass die Komponente läuft, erkennen Sie an einem kleinen Icon (bei Mac in der Menüleiste oben neben der Uhr, bei Windows in der unteren Ecke bei der Uhr). Wie Sie das Programm installieren, erklären wir im Kapitel Installation und Ersteinrichtung.

3. Sicherheits-Token

Im beA wird neben Softwarezertifikaten und Signaturkarten von Sicherheits-Token oder einfach Token gesprochen. Ein Token ist nichts anderes als ein Zugangsmedium zum beA. Es ist also ein Synonym für ein Softwarezertifikat, eine beA-Karte oder eine andere fortgeschrittene Signaturkarte, die für die Benutzung im beA freigeschaltet werden kann oder freigeschaltet wurde.

4. Logout

Die RAVPV schreibt vor, dass aus Sicherheitsgründen automatisch eine Abmeldung aus dem Postfach erfolgen muss. Aktuell ist die Zeitdauer, nach der abgemeldet wird, auf 30 Minuten festgelegt. Danach loggt das System den Benutzer automatisch aus und man muss sich erneut im Postfach anmelden, wenn man dort weiter arbeiten will.

Diese Zeitspanne ist definitiv zu kurz und wir erwarten, dass die BRAK hier nachbessern wird, nachdem eine Testphase abgelaufen ist. Tatsächlich ist es natürlich so, dass Anwälte und Mitarbeiter dafür Sorge zu tragen haben, dass über das beA keine Vetraulichkeitsverletzungen oder Versendungen durch Dritte durchgeführt werden können. Das gilt aber genauso für den Zugriff auf Dateien auf dem Computer oder Ordner und Akten im Büro. Wenn jemand Zugriff auf den Computer erlangt, ist auch ein 30 Minuten-Fenster nicht wirkungsvoll. In unseren Augen ist der Schutz vor Versendung schon durch die Trennung von Zertifikatskarte zum Signieren und der dazugehörigen PIN wirksam gegeben. Das gilt natürlich nur für den Fall, dass die PIN nicht einem Dritten bekannt ist.

Praxistipp: Das beA verlängert die Abmeldezeit immer wieder zurück auf 30 Minuten, wenn Sie irgendeine Funktion im Hauptfenster des beA nutzen, Sie also tatsächlich aktiv sind. Klicken Sie deshalb ab und zu auf den „Aktualisieren" Button. Gewöhnen Sie sich auch an, dass Sie sich regelmäßig im Postfach anmelden, nachdem Sie abgemeldet wurden, damit Sie keine Nachricht verpassen und erklären Sie das auch Ihren Mitarbeitern.

Um sich manuell abzumelden, weil Sie sich zum Beispiel vom Computer entfernen, klicken Sie oben in der Menüleiste auf den

Punkt „Abmelden": 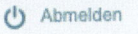 .

F.   Installation und Ersteinrichtung des beA

Das besondere elektronische Anwaltspostfach wurde – wie vom Gesetzgeber gefordert – barrierefrei umgesetzt. Das bedeutet unter anderem, dass es auf den meisten (stationären) Betriebssystemen, also Windows, Mac und Linux funktioniert. Die BRAK hat das beA-System als Webanwendung programmieren lassen, das heißt, es läuft nicht direkt auf dem Computer des Anwalts, sondern wird wie eine Internetseite aufgerufen. Grundsätzlich sollte das beA so direkt funktionieren. Da man aber beim beA mehrere Signatur- und Verschlüsselungssysteme integriert hat, benötigt man auf der Clientseite kleine Hilfsprogramme, die in Java umgesetzt sind. Diese Programme führen manchmal dazu, dass das beA nicht ganz reibungsfrei läuft.

Wir zeigen Ihnen in den nächsten Kapiteln, wie Sie das beA einrichten und wie Sie eventuell auftretende Probleme lösen können.

1. Vorarbeiten

1.1 Computer und Software aktuell halten

Ein wichtiger Hinweis vorab: Aktualisieren Sie Ihren Computer regelmäßig. Die beA-Client Security Komponente funktioniert, zum Beispiel nur auf den letzten beiden Versionen des Mac Betriebssystems. Wenn der Computer und die Software nicht aktuell sind, erhalten Sie einen Warnhinweis bei der Installation der Komponenten.

Auch wenn der Computer automatische Update-Installationen immer gefühlt zum unpassendsten Zeitpunkt anbietet, sind sie für die Sicherheit unbedingt erforderlich. Lassen Sie Ihren Computer also regelmäßig die Updates durchführen. Auch Java bietet automatisch neue Updates an, die Sie immer so schnell wie möglich installieren sollten. Meistens funktioniert das, indem Sie auf „Weiter" klicken und Ihr Passwort eingeben. Die Installationsprogramme kümmern sich dann um die weiteren Installationsschritte.

1.2 Kartenleser einrichten

Wenn Sie bisher noch keinen Kartenleser an Ihrem Computer genutzt haben, zum Beispiel für Online-Banking, Elster oder das EGVP, müssen Sie einen Kartenleser an den Computer anschließen und installieren. Laden Sie dafür die aktuellste Version der Treiber von der Herstellerwebseite herunter. Suchen Sie einfach bei einer Suchmaschine nach „Herstellername" + „Gerät" + Treiber, also zum Beispiel: „ReinerSCT RFID komfort Treiber". Einer der ersten Einträge führt Sie gleich auf die richtige Seite. Achten Sie genau darauf, dass Sie Treiber für Ihr Betriebssystem und das passende Gerät herunterladen, um Fehler zu vermeiden.

Laden Sie die Software herunter und installieren Sie das Programm nach Anweisung des Herstellers. Normalerweise muss man nur „Weiter" klicken und gegebenenfalls sein Administrationspasswort eingeben.

Wichtig: Starten Sie unbedingt Ihren Computer nach der Installation neu, da nur dann alle Treiber sicher geladen werden!

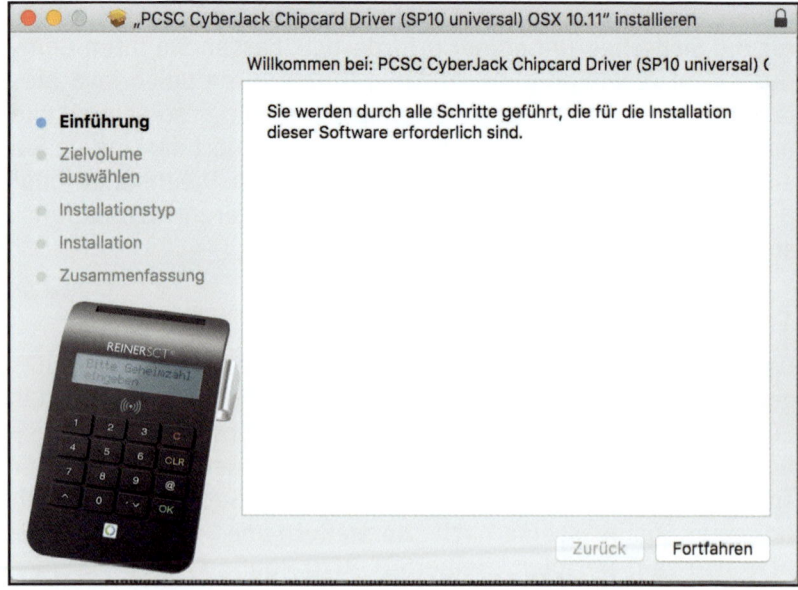

Abbildung 10 - Die Installation des Kartenlesers, beispielhaft mit einem ReinerSCT.

1.3 Java (Java-Runtime Environment) Installieren

Abbildung 11 - Fehlermeldung, Installieren Sie die Java-Runtime-Environment.

Für das Hilfsprogramm benötigen Sie die Komponente „Java-Runtime-Environment". Oft ist dieses Programm bereits auf dem

Computer installiert. Klicken Sie ansonsten, wenn Sie die Warn-meldung sehen, auf „Weitere Infos …" oder laden Sie das Pro-gramm direkt von der Herstellerseite bei Oracle herunter: https://java.com/de/download/

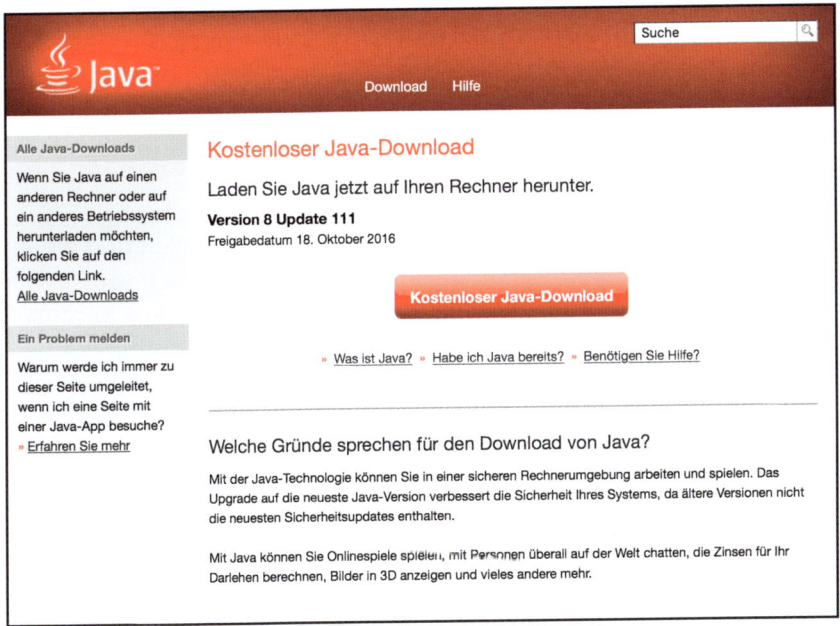

Abbildung 12 - Download von Java von www.java.com

Akzeptieren Sie die Bedingungen und starten Sie den Download. Danach öffnen Sie die heruntergeladene Datei und starten Sie sie mit einem Doppelklick. Anschließend wird die Java Laufzeit-umgebung auf Ihrem Computer installiert. Sie müssen mögli-cherweise wieder eine Warnmeldung akzeptieren und Ihr Pass-wort eingeben.

Vorsicht: Java versucht unnötige Zusatztools mit zu installieren. Deaktivieren Sie die Schaltfläche bei Yahoo! Das Programm führt Sie automatisch wieder auf die Homepage von Java, bei der Sie überprüfen können, ob Java installiert ist.

Mac Nutzer:
Sie benötigen für das Programm zum Ändern Ihrer PIN auch das
Java-Entwicklerpaket, das Sie hier herunterladen können:
http://www.oracle.com/technetwork/java/javase/downloads/
jdk8-downloads-2133151.html

Probleme bei der Nutzung von Signaturen

Falls sich weitere Probleme ergeben, kontrollieren Sie folgende
Einstellungen auf Ihrem Computer oder mit Ihrer Netzwerkinfra-
stuktur und besprechen Sie Probleme mit Ihrem Administrator.

Systemzeit auf dem Computer

Signaturprogramme überprüfen die aktuelle Systemzeit und gleichen die Zeit mit Servern im Internet ab. Weicht die Zeit ab, funktionieren die Signatur und gegebenenfalls auch die Programme
im beA nicht. Stellen Sie die Uhrzeit dann am Computer richtig
ein.

Proxy- oder VPN-Server

Wenn Sie Proxy-Server oder VPN-Server einsetzen, zum Beispiel
wenn Sie sich von außerhalb in Ihr Kanzleinetz einwahlen, kann
es zu Problemen mit dem beA kommen. Schalten Sie zum Test
VPN und Proxy-Server ganz aus.

Terminal-Server

Theoretisch sollte mit Terminal-Servern die Nutzung des beA
funktionieren. Im Einzelfall können aber auch hier Probleme auftreten. Zum Beispiel passiert es häufig, dass der Terminalserver
nicht ordnungsgemäß auf den Kartenleser zugreifen kann, der
am Client angeschlossen ist. Wenden Sie sich in diesem Fall an
Ihren Administrator, sodass die Einstellungen im Server und den
Clients verändert werden können, oder probieren Sie einen anderen Kartenleser.

2. PIN ändern

Wenn Sie Ihre Karte und die Initial-PIN erhalten haben, sollten Sie zunächst Ihre Geheimzahl (PIN) ändern. Schließen Sie Ihr Kartenlesegerät an und legen Sie Ihre Signaturkarte ein. Halten Sie den Brief mit der PIN von der BNotK bereit. Rufen Sie die Seite „https://bea.BNotK.de/sak" auf. Klicken Sie auf den Punkt „Signaturanwendungskomponente starten". Dieser Vorgang startet den Download eines Programms, das Sie per Doppelklick öffnen können.

Bitte beachten Sie, dass auf einer beA-Karte oder Signaturkarte mehrere Zertifikate gespeichert sind. Sie können so auch eine andere PIN für die qualifizierte elektronische Signatur festlegen. Das Zertifikat für das Öffnen des beA ist ein fortgeschrittenes Zertifikat, das im PIN-Tool als ADVANCED angezeigt wird. Qualifizierte Signaturen sind als QUALIFIED gekennzeichnet.

Wie Sie eine sichere PIN auswählen, beschreiben wir im Kapitel zu technischen Grundlagen weiter vorne.

Die PIN ändern Sie per Klick auf die Pfeiltasten neben dem Zertifikat, wie in der Abbildung zu sehen.

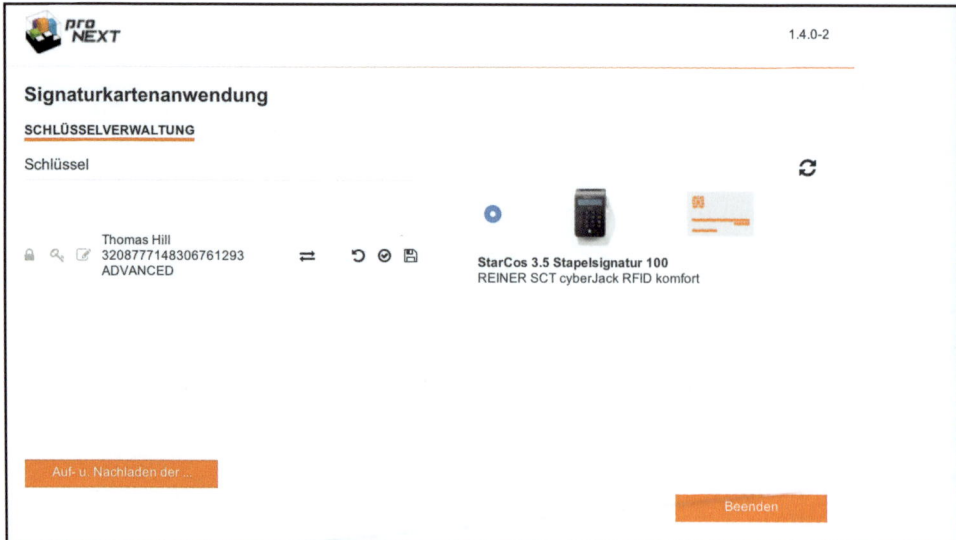

Abbildung 13 - Signaturkartenanwendung, zur Änderung der PIN.

Nun müssen Sie Ihre bisherige PIN und anschließend zweimal die neue PIN eingeben und diese jeweils auf dem Kartenleser mit der grünen Taste bestätigen.

Wenn es zu Problemen kommt, starten Sie den Kartenleser neu, indem Sie diesen aus dem Computer herausziehen und wieder einstecken. Wenn das nicht hilft, versuchen Sie einen Neustart des Computers. Als letzten Ausweg installieren Sie den Kartenleser neu, wie oben beschrieben.

3. beA-Client Security installieren

Wenn Sie das beA zum ersten Mal starten, sehen Sie unter Umständen die Fehlermitteilung „Verbindungsproblem", die besagt, dass die lokale Softwarekomponente, die „beA-Client Security", nicht gestartet ist.

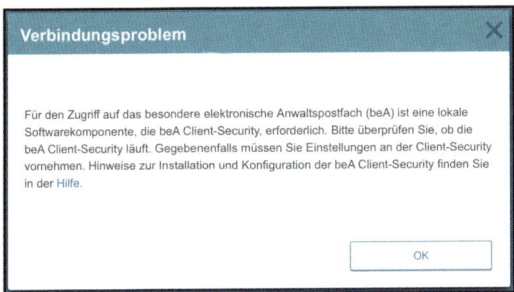

Abbildung 14 - „Verbindungsproblem" zeigt an, dass die Client Security nicht gestartet oder nicht installiert ist.

Diese Sicherheitskomponente, die Sie benötigen, um das beA zu starten, finden Sie auf der Seite des beA (www.bea-brak.de), wenn Sie unter dem Anmeldebutton etwas herunterscrollen. Wählen Sie per Klick Ihr Betriebssystem aus. Leider ist diese Funktion etwas versteckt. Sie muss allerdings auch nur einmal, bei der Einrichtung, ausgeführt werden.

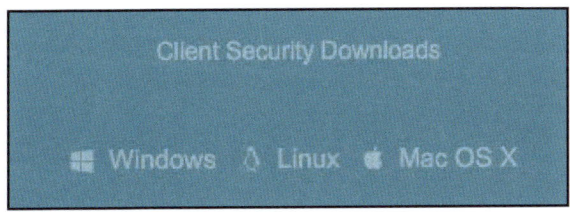

Abbildung 15 - Hinweis auf der Startseite des beA um die Client Security herunterzuladen.

Mit einem Klick auf Ihr Betriebssystem (Windows, Linux, Mac OS X) laden Sie die Software für Ihr Betriebssystem herunter. Die Datei befindet sich jetzt vermutlich im Ordner „Downloads". Suchen

Sie die Datei und starten Sie die Installation per Doppelklick auf die heruntergeladene Datei. Da das Installationspaket recht groß ist, kann der Download ein paar Minuten dauern. Sie benötigen zur Installation vermutlich das Administratorpasswort zu Ihrem Computer. Wenn Sie dieses nicht kennen, wenden Sie sich an die Person, die Ihre Computer einrichtet.

Das Installationsprogramm führt Sie durch die notwendigen Schritte. Nachdem die Client Security installiert wurde, startet sie beim Hochfahren Ihres Computers automatisch.

Client Security nicht gestartet?

Wenn die Fehlermeldung „Verbindungsproblem" auftaucht, Sie die Komponente jedoch bereits installiert haben und das beA bereits auf diesem Computer genutzt haben, müssen Sie die Client Security manuell starten.

Bei Windows starten Sie die Client Security, indem Sie über das Startmenü im Ordner Programme „beA" auswählen. Bei Mac klicken Sie oben rechts auf die Lupe, um die Suche zu öffnen, und geben sie dort „beA-Client Security" ein und bestätigen Sie.

Anschließend startet die beA-Client Security.

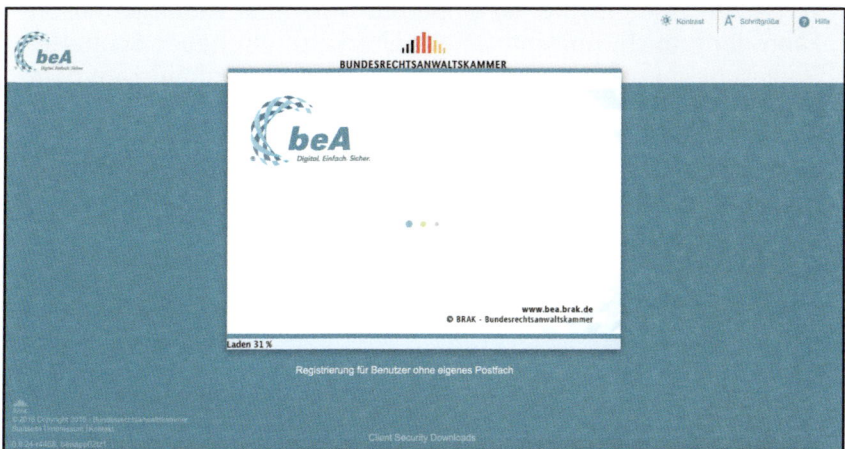

Abbildung 16 - Start der Client Security

4. Ersteinrichtung der Karte

Jede beA-Karte muss vor der ersten Benutzung im beA-System registriert bzw. ersteingerichtet werden. Dabei ist das Vorgehen für Anwaltskarten anders als bei Mitarbeiterkarten. Auch das Vorgehen für eine zweite Karte des Anwaltes unterscheidet sich, man spricht im beA dann nicht von einer Ersteinrichtung der neuen Karte, sondern vom „Freischalten eines Token".

Stellen Sie sich das wie einen Generalschlüssel vor, der für Ihr Schloss angepasst wird. Die anderen Zweit- oder Mitarbeiterkarten und Zertifikate, die Sie erhalten, werden von der BRAK oder der BNotK nicht bereits als Schlüssel ausgeliefert, sondern wie ein Rohling, der nur zusammen mit einem anderen Schlüssel richtig gefräst werden kann. Mit einem richtigen Schlüssel könnte die BRAK auch auf Ihr Postfach zugreifen. Nur der Anwalt darf aber den Zugriff auf sein Postfach haben und andere Nutzer, Karten und Zertifikate für den Zugang berechtigen. Das System des beA erlaubt es auch, dass Sie das Recht „Berechtigungen zu vergeben" zum Beispiel an einen Bürovorsteher weitergeben. So kann dann auch mit einer Mitarbeiterkarte ein neuer Schlüssel freigeschaltet werden und die Arbeit lastet nicht alleine auf dem Anwalt.

Technisch funktioniert das zwar ein klein wenig anders, Sie können sich das Bild trotzdem so vorstellen:

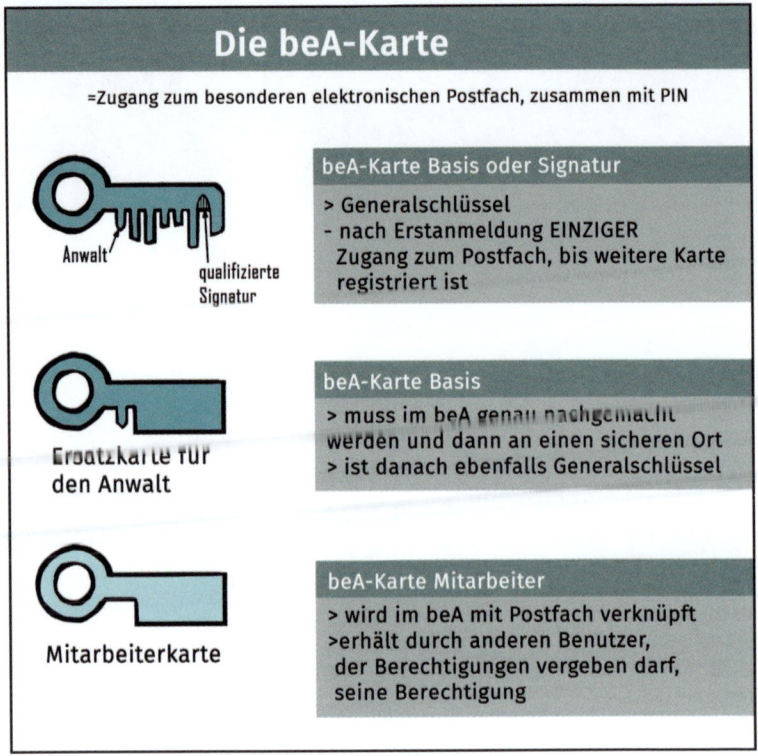

Abbildung 17 - Freischalten der Sicherheits-Token / Ersteinrichtung

Folgende Arbeitsschritte fallen jetzt an:
Rufen Sie die Seite www.bea-brak.de auf und klicken Sie auf den Punkt „Registrierung für Benutzer mit eigenem Postfach".

Es öffnet sich ein Fenster, in dem Sie die Karte sehen, wenn der Kartenleser verbunden ist und die Karte einsteckt. Wenn nicht, schließen Sie den Kartenleser jetzt an und schieben Sie die Karte ein.
Wählen Sie die beA-Karte oder das Zertifikat aus, das Sie freischalten möchten, und bestätigen Sie mit „OK".

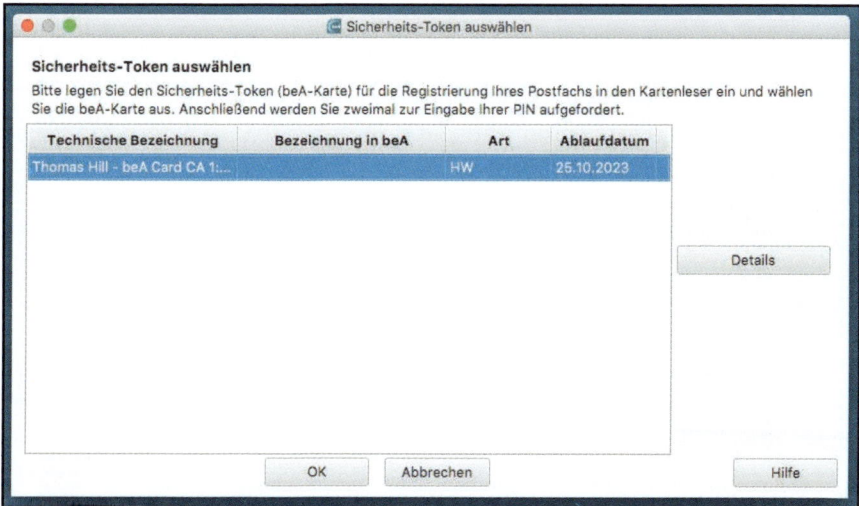

Abbildung 18 - Sicherheits-Token auswählen

Anschließend müssen Sie auf dem Zahlenfeld des Lesegerätes Ihre PIN (zweimal) eingeben.

Das System sollte Sie jetzt darüber informieren, dass Ihre beA-Karte erfolgreich importiert wurde.

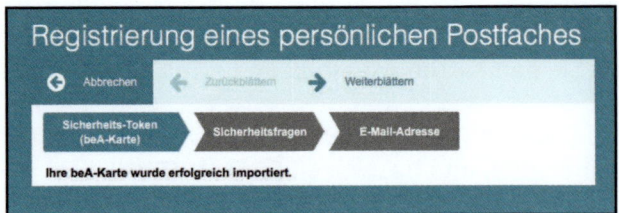

Abbildung 19 - Registrierung eines persönlichen Postfaches.

Klicken Sie oben auf „Weiterblättern". Hier sehen Sie alle Informationen zu Ihrem Postfach wieder zusammengefasst: Ihre SAFE-ID, Ihren Benutzernamen und die Benutzerangabe, so wie sie im Verzeichnis der BRAK aufzufinden ist.

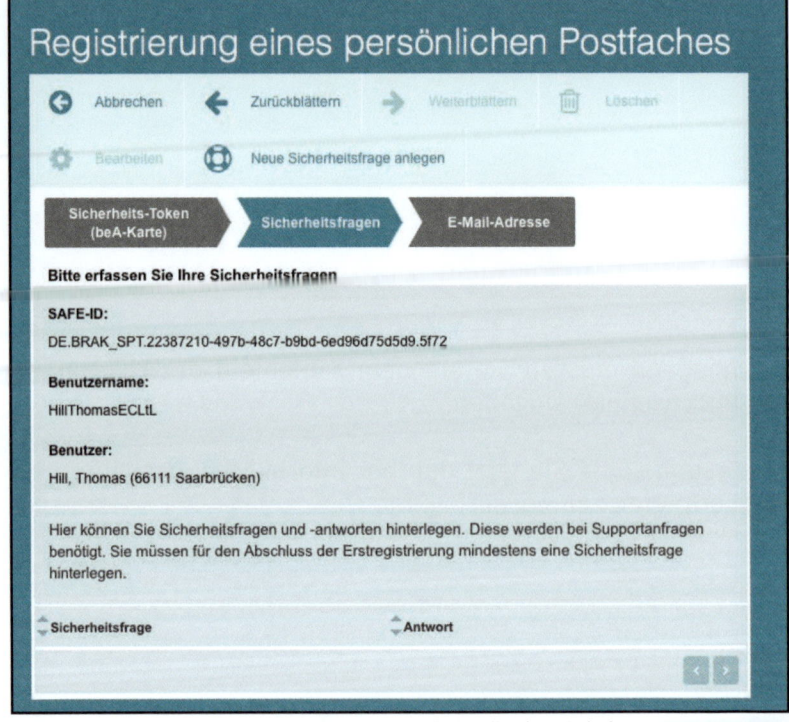

Abbildung 20 - Registrierung eines persönlichen Postfachs, die Sicherheitsfragen.

Sie können und sollten anschließend Sicherheitsfragen festlegen. Klicken Sie dazu auf „Neue Sicherheitsfrage anlegen". Wählen Sie am besten Antworten aus, die für Fremde nicht sehr leicht zu rekonstruieren sind. Haustiernamen und Geburtsort lassen sich für Dritte sehr schnell herausfinden. Wenn Sie eine Frage angelegt haben, klicken Sie oben auf „Weiterblättern". Die Sicherheitsfragen benötigen Sie vor Allem, wenn Sie mit dem Support Kontakt aufnehmen, zum Beispiel, um eine Karte zu sperren.

Sie können jetzt eine E-Mail-Adresse festlegen. Die Angabe ist zwar optional, aber dringend empfohlen. Sie erhalten auf diese E-Mail-Adresse die Benachrichtigungen über neue Nachrichten, oder neue Ereignisse, wie die Vergabe oder den Entzug von Rechten oder die Bestellung eines Vertreters für Ihr Postfach.

Sie können später eine weitere E-Mail-Adresse im beA-System hinzufügen oder ändern.

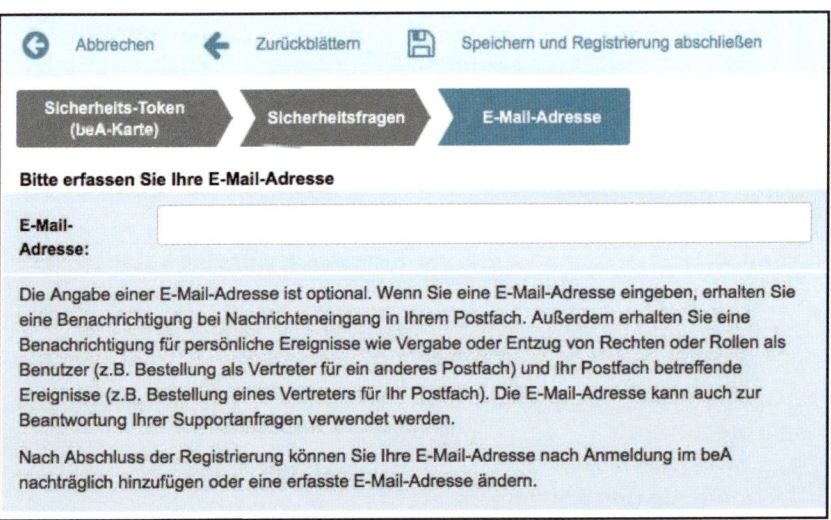

Abbildung 21 - Registrierung eines pers. Postfaches, die E-Mail-Adresse registrieren.

Klicken Sie oben auf „Speichern" und „Registrierung abschließen", um die Karte einzurichten. Sie sollten nach kurzer Wartezeit eine Erfolgsmeldung sehen. Wenn nicht, sollten Sie den Vorgang wiederholen und sich sonst an die BNotK wenden.

Hinweis: Wenn Sie versuchen, die Ersteinrichtung zu überspringen, sehen Sie beim Versuch, sich einzuloggen, in der Client Security zwar Ihre Karte, Sie können diese allerdings nicht auswählen und bestätigen. Wenn das Feld OK ausgegraut ist, muss die Karte erst freigeschaltet werden.

5. Signaturzertifikat auf der beA-Karte installieren

Die beA-Karten für Anwälte lassen sich mit einem Signaturzertifikat aufrüsten, um mit der Karte qualifizierte elektronische Signaturen durchführen zu können. Bevor Sie die Signatur aufladen können, müssen Sie einen „Signaturrechtlichen Antrag" stellen. Wenn Sie eine „beA Karte Signatur" bestellt haben, erhalten Sie automatisch eine E-Mail mit den nötigen Informationen zum Vorgehen von der BNotK.

Wenn Sie bereits eine beA-Karte erhalten haben, können Sie den Vorgang über https://bea.bnotk.de/bestellung/ starten, indem Sie oben auf „Mein Konto" klicken und „Aufladeverfahren" auswählen. Sie müssen anschließend Ihre beA-Karte einlegen und Ihre PIN eingeben und werden vom System durch die nötigen Schritte geführt.

Nachdem Sie den Antrag ausgefüllt haben, müssen Ihre Personalien nach dem Signaturrecht überprüft werden. Sie müssen dazu den Antrag ausdrucken und sich mit dem Personalausweis bei einem Notar ausweisen (Notar-Ident), oder sich bei Ihrer Kammer identifizieren lassen (Kammer-Ident). Die Freischaltung bei der

Kammer ist normalerweise kostenfrei, jedoch nimmt nicht jede Kammer am Kammer-Ident-Verfahren teil. Bei der Identifizierung durch den Notar entstehen Kosten von etwa 40 €.

Wenn Sie den Antrag nachträglich noch einmal herunterladen möchten, rufen Sie wieder die Seite https://bea.bnotk.de/bestellung/ auf und melden Sie sich oben per Klick auf „Mein Konto" mit Hilfe Ihrer beA-Karte und der PIN an. Rufen Sie anschließend die folgende Seite auf:

https://bea.bnotk.de/bestellung/index.html/qes/#######/documents

Sie müssen die ## durch die „Q-Nummer" Ihres Antrages ersetzen.

Signatur auf die Signaturkarte aufladen

Wenn Sie sich bei einem Notar oder der Kammer identifiziert haben, wird der Signaturantrag durch die BNotK bearbeitet und nach erfolgreicher Prüfung nach einiger Zeit Ihr Signaturzertifikat erzeugt. Sie werden danach per E-Mail informiert. Sie müssen jetzt das Signaturzertifikat auf Ihre beA-Karte aufspielen, bzw. installieren.

Rufen Sie die Seite https://bea.bnotk.de/bestellung auf. Melden Sie sich wie oben beschrieben auf „Mein Konto" mit Ihrer beA-Karte und Ihrer PIN an und wählen dann den Punkt „Mein Konto" -> „Meine Zertifikate" aus. Sie sehen jetzt eine Übersicht über Ihre Zertifikate. Klicken Sie auf „Herunterladen" und speichern Sie das Zertifikat auf Ihrer Festplatte.

Klicken Sie jetzt unten auf der Seite auf „Signaturanwendungskomponente starten". Bei Windows werden Sie gefragt, ob Sie die Datei speichern oder „Öffnen mit…" möchten. Wählen Sie „Java Web Start Launcher" aus. Auf dem Mac, oder wenn kein Dialogfeld geöffnet wird, suchen Sie die heruntergeladene Datei „cardtool.jnlp" und öffnen Sie die Datei mit einem Doppelklick. Es handelt sich um das gleiche Programm, das zur PIN-Änderung dient. Bei Problemen, schauen Sie im Kapitel „Häufige Probleme" im Anhang nach.

In der Ansicht der „Signaturkartenanwendung" klicken Sie unten auf „Auf- u. Nachladen der qeS". Sie müssen jetzt das Zertifikat auswählen und werden anschließend durch den einfachen Prozess geführt. Wenn der Vorgang erfolgreich war, sehen Sie jetzt im Fenster der Signaturkartenanwendung zwei Zertifikate: eines „Advanced", das zur Anmeldung im beA genutzt wird und eines „Qualified Multi", das zur Erstellung der qualifizierten Signatur benutzt wird.

Hinweise zu Problemen beim Aufspielen des qualifizierten Signaturzertifikates oder beim Start der Signaturkomponente finden Sie auf der Seite der BNotK.

Auf einen Blick

Installation des beA

Um das beA nutzen zu können, muss ein Kartenleser an den Computer angeschlossen und installiert sein. Die Installationsdatei finden Sie auf den Seiten des Herstellers zum Herunterladen.

☐ Sie benötigen weiterhin eine aktuelle Version des Programmes „Java". Wenn es Probleme bei der Installation gibt, laden Sie von www.java.com die aktuellste Version herunter.

☐ Das beA ver- und entschlüsselt Dateien und Dokumente mit der „beA-Client Security"-Komponente. Diese muss auf dem Computer installiert und gestartet sein.

☐ Um die Client Security zu installieren, laden Sie das Installationspaket herunter, indem Sie auf der Startseite des beA (www.bea-brak.de) an das Ende der Webseite scrollen und auf den Button mit Ihrem Betriebssystem klicken (Windows, Linux, Mac OS X).

☐ Das beA zeigt den Fehler „Verbindungsproblem" an, wenn die Client Security nicht gestartet ist. Wenn Sie die Komponenten bereits installiert haben (und zum Beispiel das beA bereits genutzt haben), müssen Sie die Komponente starten.

☐ Die PIN Ihrer beA-Karte können Sie mit dem Hilfsprogramm auf https://bea.BNotK.de/sak ändern.

G.   Das beA und seine Funktionen

1. Anmelden im beA

Wenn Sie Ihre PIN geändert, die Client Security installiert und Ihre Karte im beA registriert (also ersteingerichtet) haben, können Sie mit Ihrem Anwaltspostfach loslegen. Besuchen Sie die Webseite des beA auf

https://www.bea-brak.de

und klicken Sie auf die Schaltfläche „Anmelden".

Abbildung 22 - Startansicht www.bea-brak.de, Hier melden Sie sich an.

Sicherheits-Token auswählen

Nachdem Sie den Button „Anmelden" betätigt haben, sehen Sie im Fenster der Client Security alle Karten und Zertifikate, die für das beA freigeschaltet und gerade verfügbar sind. Das beA nennt diese „Sicherheits-Token". Die Hardwarekomponenten, also die beA-Karten selbst, sind in der Spalte „Art" mit einem „HW" für Hardware, also für eine Karte, und „SW" für ein Softwarezertifikat bezeichnet. Sie können hier auch noch andere Software-Token laden, oder löschen, nachdem diese freigeschaltet sind. Mit einem Klick auf „Details" sehen Sie alle Informationen zum Zertifikat: Wer ist Aussteller? Wie lange ist das Zertifikat gültig? Auf welchem Sicherheitsverfahren basiert das Zertifikat?

Wählen Sie einen Token, also ein Zertifikat oder eine Karte, aus. Der Token ist jetzt farbig markiert. Klicken Sie dann unten auf OK.

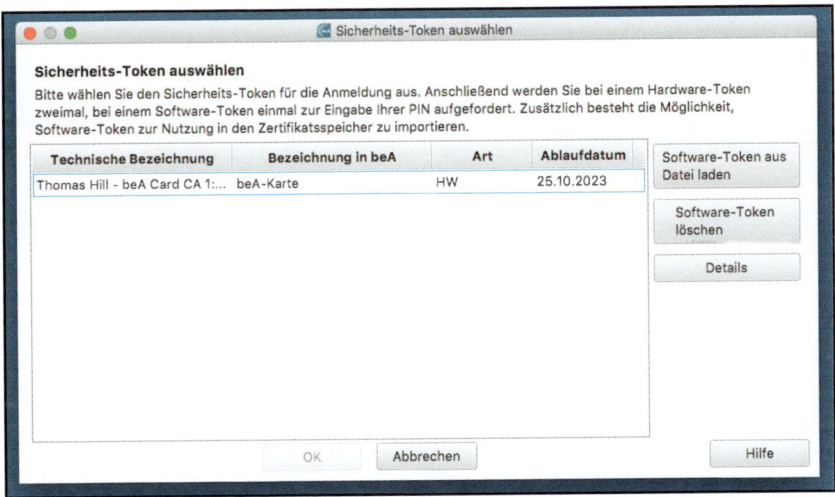

Abbildung 23 - Auswahl des Sicherheits-Token über die Client Security

Geben Sie nun Ihre PIN ein. Wenn Sie ein Hardwarezertifikat einsetzen (beA-Karte), müssen Sie die PIN-Eingabe wiederholen. Die

PIN-Eingabe ist nur etwa 30-60 Sekunden möglich. Geben Sie die PIN zügig ein, sonst müssen Sie den Vorgang wiederholen.

Es kann vorkommen, dass es nach der PIN-Eingabe zu Problemen kommt und Sie eine Meldung sehen, dass Sie abgemeldet wurden. Rufen Sie die Startseite erneut auf und wiederholen Sie den Vorgang.

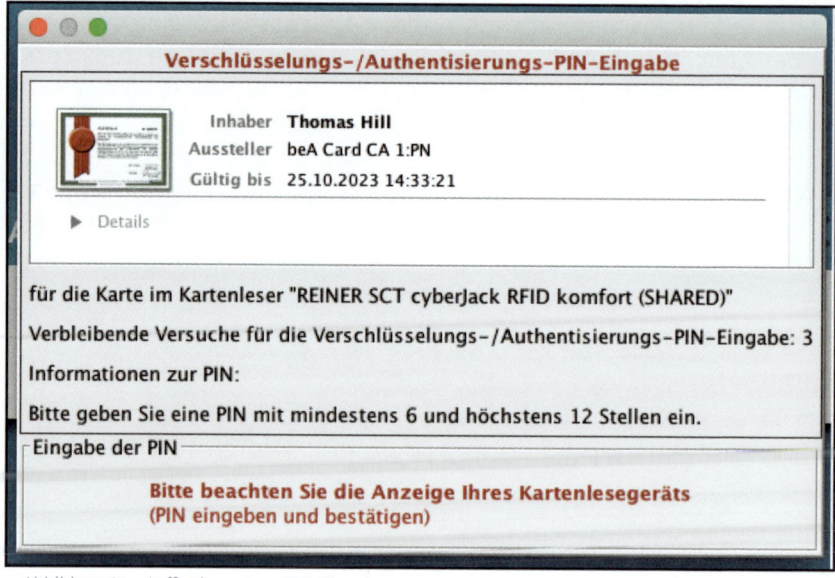

Abbildung 24 - Aufforderung zur PIN-Eingabe.

Wenn Sie Ihre PIN richtig eingegeben haben, sehen Sie jetzt die Oberfläche des beA. Diese Oberfläche wird auch „Hauptansicht" oder „Postfachübersicht" genannt.

Funktionen des beA in der Übersicht

Wie bereits erwähnt, gibt es im beA verschiedene Berechtigungen.[107] Als Postfachinhaber können Sie auf alle Funktionen zugreifen. Wenn ein Benutzer auf bestimmte Funktionen keinen Zugriff hat, sind diese entweder ausgegraut und lassen sich nicht anklicken, oder die Schaltflächen sind gar nicht erst sichtbar.

Hier ein Überblick über Funktionen, die das beA mitbringt. In den nächsten Kapiteln werden sie genauer beschrieben.

☐ Posteingang und weitere Ordner des Postfachinhabers

- Posteingang
- Entwürfe
- Postausgang
- Gesendet
- Papierkorb

☐ Sicht auf andere Postfächer, für die man Berechtigungen hat

☐ „Menü/Einstellungsleiste"

- Kontrast, Schriftgröße, Hilfe
- Informationen zum angemeldeten Nutzer
- Funktion zum Abmelden
- Zeitablauf und Erneuerung der Abmeldezeit

☐ Einstellungen

☐ Aktualisierung der Anzeige

☐ Erstellen einer neuen Nachricht, Hochladen von Dateien

☐ Öffnen einer Nachricht

☐ Markieren

---

[107] Welche Berechtigungen Sie erteilen können und wie das funktioniert, erfahren Sie unter 7., „Mögliche Berechtgungen im beA".

□ Löschen

□ Etiketten, Verschieben und Ordnerfunktionen

□ Nachrichtenjournal, Postfachjournal

□ Filter

□ Anhängen und Überprüfen von Signaturen

In der obersten Menü-Zeile können Sie sich abmelden und die Logout-Zeit einsehen (oben rechts).

Links oben, unterhalb des beA-Logos, können Sie per Klick zwischen den Ansicht „Nachrichten" und „Einstellungen" wechseln. Haben Sie die Ansicht „Nachrichten" gewählt, sehen Sie Schaltflächen für verschiedenen Aufgaben wie „Aktualisieren", „Erstellen" und „Öffnen".

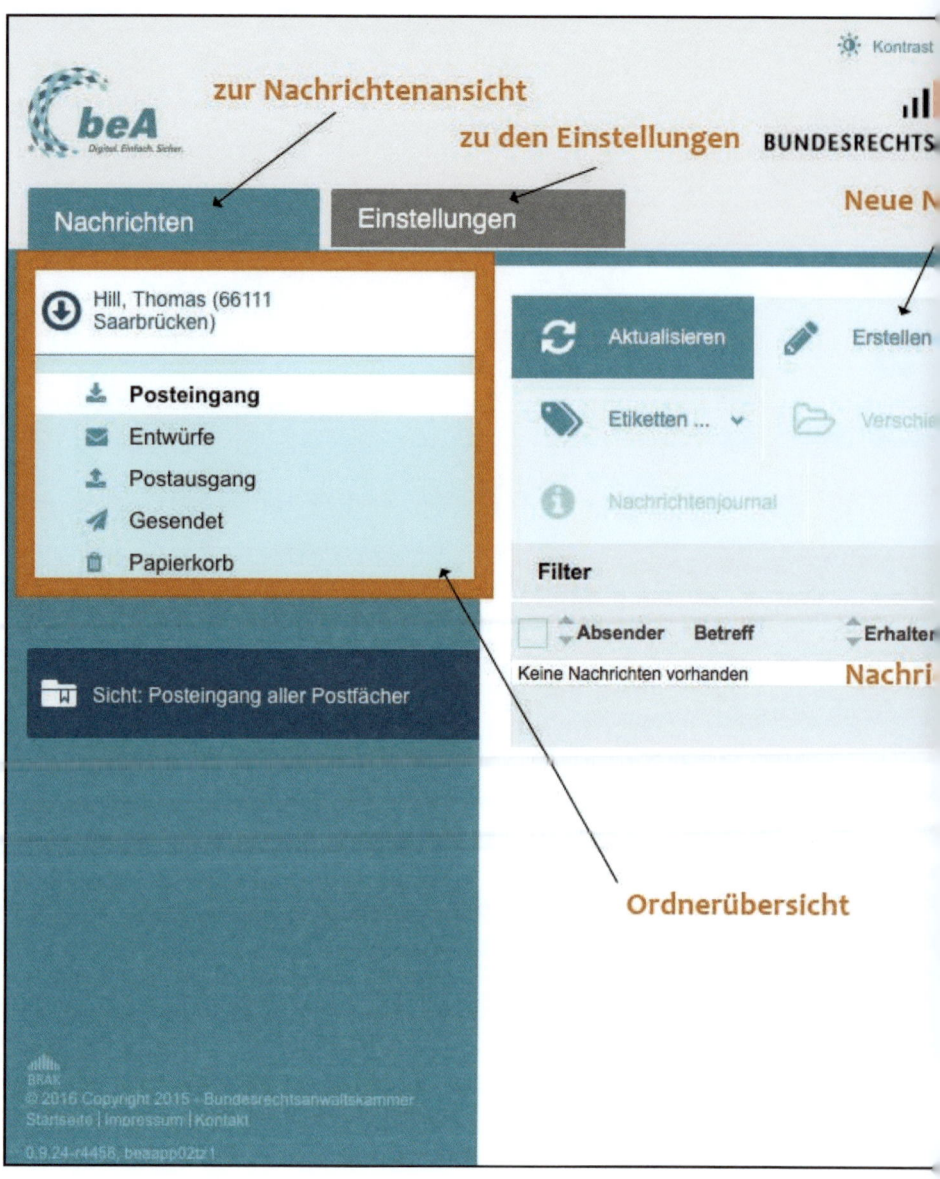

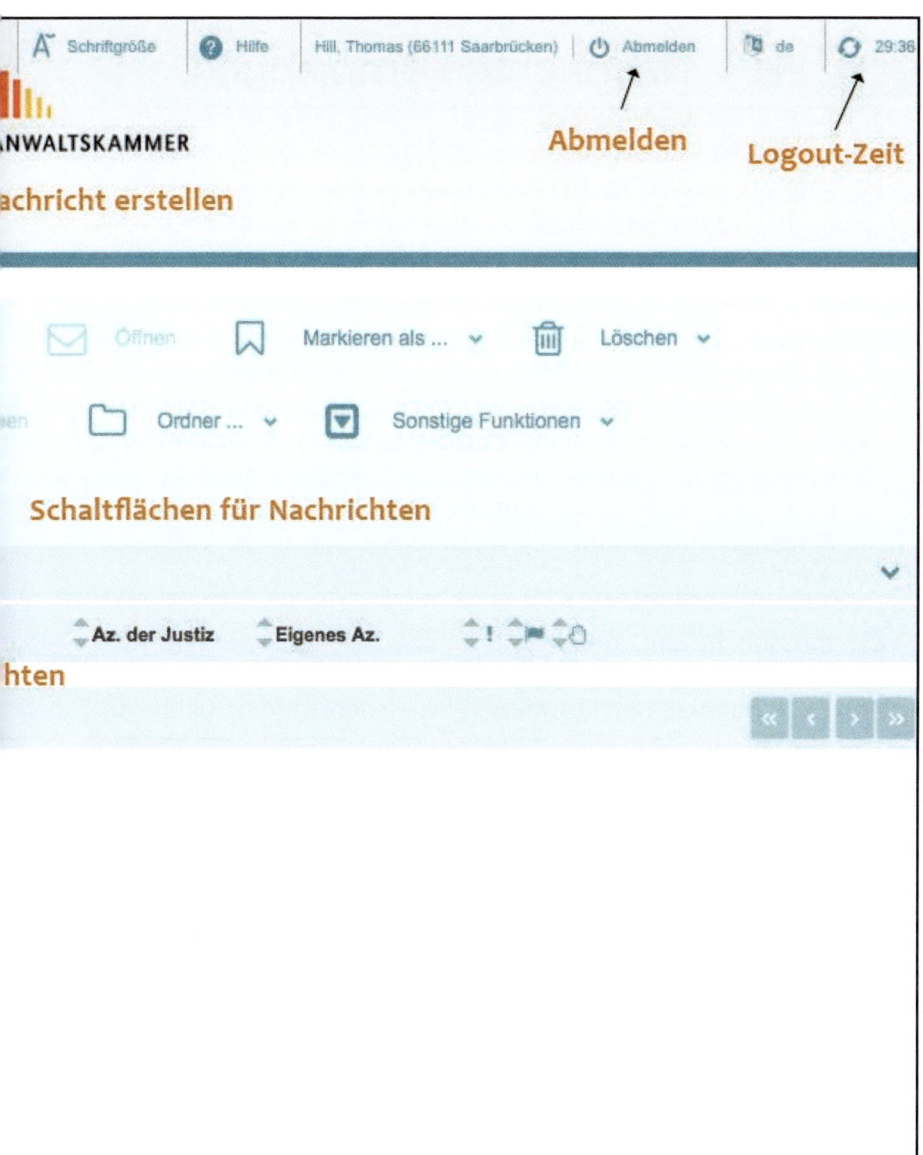

Abbildung 25 - Die Nachrichtenübersicht des beA.

H.   Nachrichten empfangen

1. Regelmäßige Kontrolle des beA

Ebenso wie bei Ihrem Gerichtspostfach, Ihrem Postfach in der Postfiliale und Ihrem Briefkasten müssen Sie Ihr beA regelmäßig überprüfen. **Kontrollieren Sie den Eingang der Nachrichten,** ihren **Export**, den **Ausdruck** und die **Zuordnung zu Akten** und Anwälten **mindestens einmal pro Arbeitstag.** Das beA ist so angelegt, dass ein Mitarbeiter Zugriff auf mehrere Postfächer haben kann und die Eingangskontrolle für alle Anwälte wie bisher delegiert werden kann.

Sie müssen in den Abläufen Ihrer Kanzlei dafür sorgen, dass Nachrichten aus dem beA „herausgespeichert", also exportiert, und auf einer externen Festplatte gespeichert werden. Dann können die Schriftstücke für eine Papierakte ausgedruckt werden, oder in einem Dateisystem und/oder der Kanzleiverwaltung gespeichert werden.

Benachrichtigung über Empfang per E-Mail

Das beA kann Sie bei eingehenden Nachrichten automatisch per E-Mail informieren.

Aber Vorsicht: Ihr Mailserver oder der Mailserver der BRAK könnte Probleme haben, die E-Mail aus einem anderen Grund nicht ankommen oder im Spam-Ordner landen. Sie dürfen sich aus Haftungsgründen nicht alleine auf die E-Mail-Benachrichtigung verlassen. Sie müssen dafür Sorge tragen, dass Sie und Ihre Mitarbeiter sich regelmäßig im beA-System anmelden und nachsehen, ob neue Nachrichten eingegangen sind.

Achtung: Es wird mit der E-Mail nur informiert, **dass** und **wann** eine Nachricht eingegangen ist und **von wem** die Nachricht stammt. Über Ihren normalen E-Mail-Eingang können Sie die Nachricht selbst nicht aufrufen! Dieser Service entbindet Sie nicht davon, das beA regelmäßig zu kontrollieren!

2. Der Posteingang

Der Posteingang ist die Hauptansicht des beA. Hier sehen Sie alle Nachrichten, die Sie erhalten haben. Der Posteingang aktualisiert sich regelmäßig, sodass Sie ihn verwenden können, wie ein E-Mail-Programm.

Die Nachrichten werden aufgelistet nach Absender, Betreff, Empfangsdatum, eigenem Aktenzeichen oder dem der Justiz, Dringlichkeit und Markierungen.

Eine **Nachricht** mit Anhängen erkennen Sie an einer **kleinen Büroklammer**, die normalerweise in der Spalte ganz rechts steht.

Indem Sie auf den Spaltennamen klicken, können Sie die Nachrichten zum Beispiel nach Aktenzeichen oder Eingangsdatum sortieren. Wenn Sie erneut auf den Spaltennamen klicken, wird die Richtung der Sortierung (aufsteigend<->absteigend) geändert.

2.1 Ungelesene / Gelesene Nachrichten

Neue Nachrichten werden im beA in den Ordnern des beA mit einer Zahl angezeigt. Die Zahl gibt die Anzahl der ungelesenen Nachrichten an. (In untenstehender Abbildung ist eine Nachricht ungelesen)

Abbildung 26 - Postfachübersicht — eine ungelesene Nachricht.

In der Nachrichtenübersicht werden **ungelesene Nachrichten fett** dargestellt. Auch in anderen Postfächern können ungelesene Nachrichten gespeichert sein, dann wird auch dort die Anzahl der ungelesenen Nachrichten angezeigt.

2.2 Nachrichten markieren

Sie können Nachrichten mit Markierungen[108] versehen, indem Sie die Nachricht anklicken, (das Kästchen vor der Nachricht enthält jetzt ein Häkchen) und dann oben im Menü auf die Schaltfläche „Markieren als ..." klicken.

Sie haben die Möglichkeit die Nachricht mit den folgenden Markierungen zu versehen:
- gelesen / ungelesen
- dringend
- zu prüfen

Die Befehle „dringend aufheben" und „zu prüfen aufheben" entfernen die **Markierungen** „dringend" bzw. „zu prüfen".

---

[108] Zum Beispiel gelesen / ungelesen und dringend / zu prüfen.

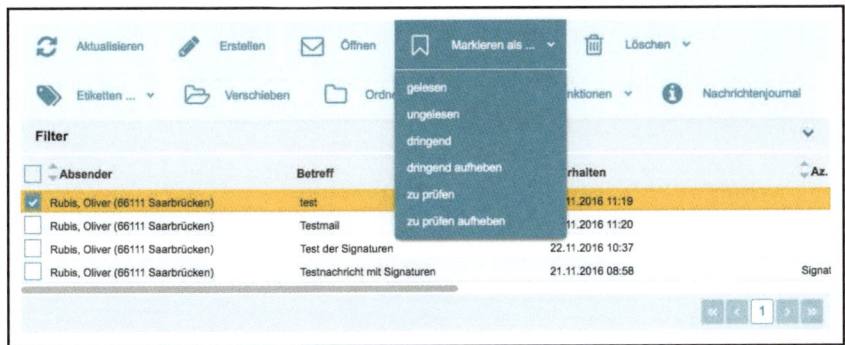

Abbildung 27 - Nachrichten „Markieren als ..."

Die **Markierung „dringend" erkennen Sie an einem kleinen Aus-rufezeichen**. Die Markierung **„zu prüfen"** erkennen Sie an einem kleinen Fähnchen. In der Standardeinstellung des beA erscheinen die Spalten, in denen das Ausrufezeichen bzw. das Fähnchen angezeigt werden ganz rechts neben der Nachricht.

2.3 Sortieren nach dringenden / zu prüfenden Nachrichten

Wenn Sie in der Spalte über der ersten Nachricht auf das kleine Ausrufezeichen bzw. die kleine Flagge klicken, sortiert das beA die Nachrichten danach, ob sie als dringend bzw. zu prüfen markiert sind.

2.4 Spaltenbreite im Posteingang und in anderen Ordnern

Wenn Sie sich anmelden oder den Ordner wechseln und sofern im aktuellen Verzeichnis keine Nachricht vorhanden ist, setzt das beA die Spaltengrößen zurück. Wenn Sie den Mauszeiger über eine Spaltenbeschriftung bewegen, verwandelt sich der Zeiger in eine Hand zum Auswählen, zwischen den Spalten verändert er sich zu einem Strich mit zwei Pfeilen. Klicken Sie dann und ziehen die Maus nach rechts oder links, um die Spalten zu vergrößern oder zu verkleinern.

3. Aktualisierung der Anzeige

Das beA aktualisiert regelmäßig die neuen Einträge im Postein-gang und den anderen Ordnern. Wenn Sie selbst die neuesten

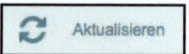

Nachrichten laden möchten, klicken Sie auf „Aktualisieren":

Das setzt auch die Abmeldezeit wieder auf 30 Minuten zurück.

Wenn Sie in einem anderen Fenster arbeiten, zum Bei-spiel in der Anzeige einer einzelnen Nachricht oder beim Verfassen einer Nachricht, läuft die Uhr derzeit unbe-merkt weiter, denn das beA erkennt nicht, dass Sie arbei-ten. Wechseln Sie regelmäßig kurz in die Postfachansicht zurück, um die Zeit wieder auf den Ursprungswert von 30 Minuten zurückzusetzen.

4. Weitere Ordner / Verzeichnisse

4.1 Bestehende Ordner im beA

4.1.1 „Entwürfe"-Ordner

Dem „Entwürfe"-Ordner kommt eine besondere Funktion zu. Hier befinden sich alle Nachrichten, die begonnen, aber noch nicht verschickt wurden. Auch diese Nachrichten werden verschlüsselt gespeichert.

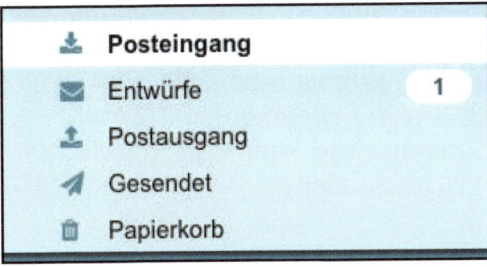

Abbildung 28 - Übersicht über die Verzeichnisse / Ordner

Mitarbeiter können dem Anwalt Nachrichten vorbereiten, also Schreiben und Schriftsätze mit allen Anhängen hochladen, den oder die Empfänger eingeben und dann die Nachricht abspeichern. Der Anwalt sieht die Entwürfe in seinem Postfach im gleichnamigen Ordner und kann anschließend der Reihe nach alle Nachrichten signieren und eventuell versenden.

Sobald der Anwalt einen Nachrichtenentwurf signiert hat, können der Inhalt und die Anhänge nicht mehr verändert werden ohne die Signatur zu zerstören. Das ist der Sinn der Signatur. Man kann es sich wie eine Unterschriftenmappe vorstellen: sobald ein Dokument unterschrieben ist, wird nichts mehr verändert. Je nach Ablauforganisation kümmert sich ein Mitarbeiter um die Versendung mit Eintrag in ein Postausgangsbuch.

4.1.2   Ordner „Postausgang"

Im Postausgang befinden sich Nachrichten so lange sie nicht vom beA-System zugestellt wurden.

Achtung: Nachrichten im Postausgang und im Ordner „Entwürfe" sind noch nicht beim Empfänger angekommen! Meistens sind Nachrichten nur ein paar Sekunden im Postausgang und werden dann zugestellt und in den „Gesendet"-Ordner verschoben. Bei großen Nachrichten oder in Spitzenzeiten kann es länger dauern, bis eine Nachricht zugestellt ist.

4.1.3 Ordner „Gesendet"

Im Ordner Gesendet finden Sie alle Nachrichten, die erfolgreich versendet wurden. Sie haben in einer Spalte einen Hinweis zum Übermittlungsstatus. So können Sie auf einen Blick direkt sehen, ob eine Übermittlung erfolgreich war oder nicht.

4.1.4 Ordner „Papierkorb"

Der Papierkorb enthält die gelöschten Nachrichten für 30 Tage. Sie können Nachrichten entweder in den Papierkorb legen oder direkt unwiderruflich löschen.

Auch wenn Sie in der Ansicht „Papierkorb" die Möglichkeit haben, Nachrichten zu erstellen, werden diese nicht im Papierkorb gespeichert, sondern in Ihrem Entwürfe-Ordner.

4.2 Neue Ordner anlegen / umbenennen / löschen

Sie können im beA neue Ordner anlegen, um das System besser an Ihre Arbeitsabläufe anzupassen. Ordner sind immer einem im beA festgelegten Ordner (Posteingang, Entwürfe, Postausgang, Gesendet, Papierkorb) zugeordnet. Sie können keine Ordner in der obersten Ebene anlegen, jedoch Unterordner zu Ihren eigenen Ordnern anlegen.

Abhängig von Ihrer Organisation können Sie Nachrichten im beA strukturieren und ordnen. Ordner für bestimmte Personen in der Kanzlei, einen „Erledigt"-Ordner, in den Nachrichten verschoben

werden, wenn Fristen notiert und die Nachricht komplett abgewickelt wurde oder Ordner für große Mandate sind denkbar und
sinnvoll.

Um einen neuen Ordner anzulegen, klicken Sie in der Postfachübersicht auf die Schaltfläche „Ordner …" . Es öffnet sich direkt
unter dem Button ein kleines Menü. Sie haben hier die Möglichkeiten „erstellen, umbenennen, löschen", wie in der nachfolgenden Abbildung 29 zu sehen.

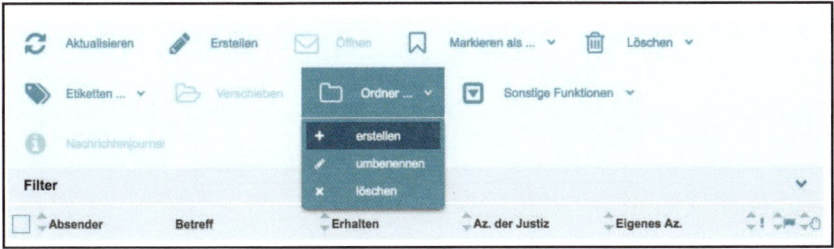

Abbildung 29 - Ordner erstellen, umbennen, löschen.

Wählen Sie die Schaltfläche „Ordner erstellen". Es öffnet sich das
Fenster „Ordner erstellen". Geben Sie einen Namen ein und legen
Sie dann fest, für welchen beA-Ordner Sie Unterordner erstellen
möchten, indem Sie den Überordner anklicken.

4.3 Nachrichten in andere Ordner verschieben

Um eine Nachricht in ein anderes Verzeichnis bzw. in einen anderen Ordner zu verschieben, markieren Sie die Nachricht in der
Postfachübersicht und klicken Sie auf die Schaltfläche „Verschieben". Sie können Nachrichten nur in eigene, selbst erstellte Verzeichnisse bzw. Ordner verschieben.

Es öffnet sich ein Fenster, wie in nachstehender Abbildung zu
sehen. Wählen Sie das Verzeichnis aus, in das Sie die Nachricht
verschieben möchten, indem Sie mit der Maus darauf klicken und
bestätigen Sie unten mit „OK".

Hinweis: Sie können keine Nachrichten manuell in die Ordner „Entwürfe", „Postausgang", „Gesendet" verschieben. Dorthin speichert das beA-Nachrichten nur automatisch.

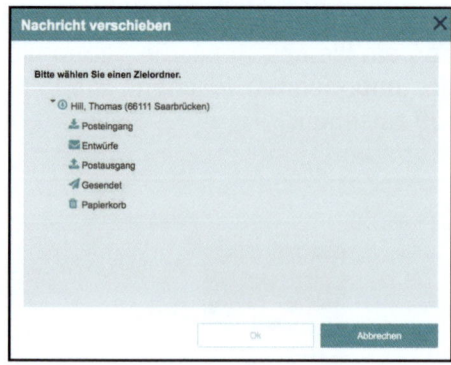

Abbildung 30 - Nachricht verschieben

5. Postfächer anderer Anwälte anzeigen

Komfortabel ist im beA die Anzeige mehrerer Postfächer für einen Benutzer. So können Mitarbeiter im Sekretariat die Berechtigung für mehrere oder alle Anwälte der Kanzlei bekommen, deren Postfach einsehen zu können. Anwälte können auch Kollegen in der Kanzlei zum Zugang zu Ihrem Anwaltspostfach berechtigen.[109]

Sobald der Nutzer für ein Postfach freigeschaltet ist, sieht er auf der linken Seite übersichtlich mehrere Postfächer angezeigt.

---

[109] Wie Sie Rechte an andere Nutzer vergeben, steht im Kapitel zu Benutzern und Token.

Klicken Sie auf der linken Seite auf die dunkel unterlegte Fläche. Es öffnet sich darunter die Ordneransicht dieses Postfachs und im Hauptfenster der Posteingang.[110]

Wenn Sie unten auf **„Sicht: Posteingang aller Postfächer"** klicken, sehen Sie die Posteingänge aller Postfächer, auf die Sie Zugriff haben. Wenn Sie in einem Postfach nur die Berechtigung zum Aufrufen des Posteingangs besitzen, nicht aber zum Beispiel die Berechtigung zum Anzeigen der Nachricht, sehen Sie unter Umständen für unterschiedliche Postfächer unterschiedliche Informationen.

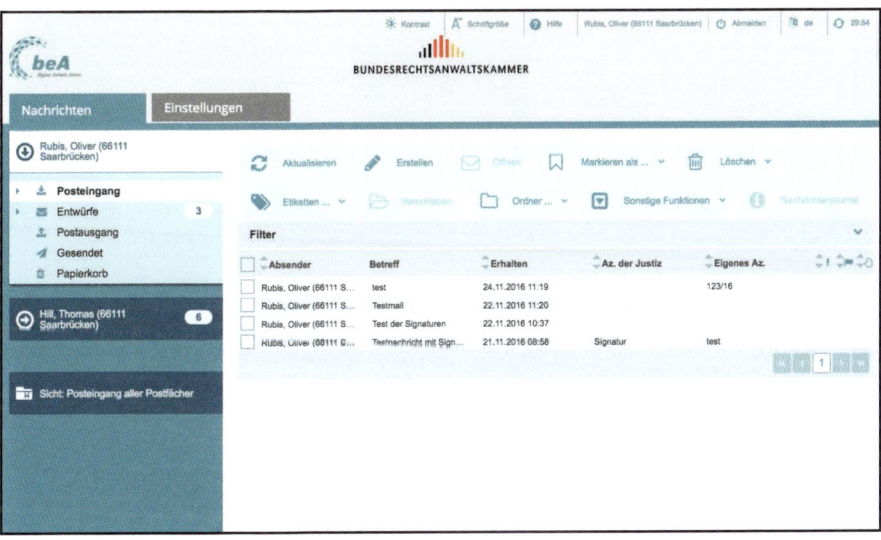

Abbildung 31 - Postfachübersicht, mit der Anzeige mehrerer Postfächer

---

[110] Vgl. Abbildung 31.

I. Nachrichten verarbeiten

1. Öffnen einer Nachricht

Sie können eine Nachricht aufrufen, indem Sie schnell doppelt darauf klicken (Doppelklick) oder einfach auf die Nachricht klicken (und sie dadurch markieren) und dann oben auf den Button „Öffnen" klicken:

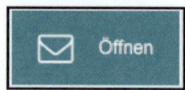

Schauen Sie in das Kapitel „Häufige Probleme", wenn sich hier kein neues Fenster öffnet.

2. Die beA-Nachricht

Eine beA-Nachricht ist aufgebaut wie eine E-Mail. Unterhalb der Schaltflächen werden der **Absender** und der oder die **Empfänger** **angezeigt**. Sie sehen hier den **Nachrichtenbetreff**, **Aktenzeichen**, sowie den **Nachrichtentyp**, der beim Versand angegeben wurde. Darunter stehen die Markierungen „Dringend" und „Zu prüfen". Zusätzlich sehen Sie hier Angaben zum Versand-, Empfangs- und Zustellzeitpunkt. Wenn Sie einer Nachricht Etiketten zugewiesen haben, sehen Sie diese Etiketten oberhalb der Absenderdaten.

Ganz unten werden die **angehängten Dokumente** oder Dateien angezeigt. Hier werden der Dateiname, die Bezeichnung, die der Versender eingeben hat, der Anhangstyp — Schriftsatz oder Anlage —, die Dateigröße, sowie vier Schaltflächen zum Verarbeiten einer Nachricht angezeigt.

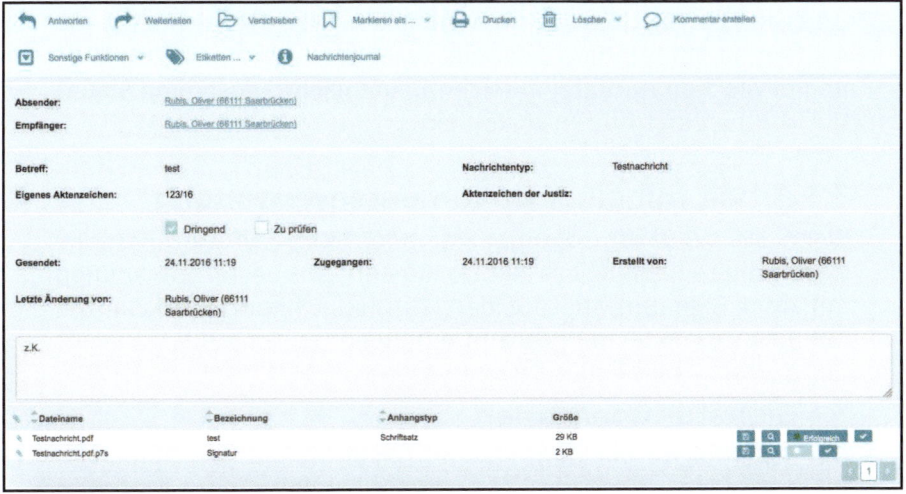

Abbildung 32 - Eine geöffnete beA-Nachricht

3. Angehängte Dateien verarbeiten

3.1 Anhang anzeigen

Wenn Sie rechts neben einem Anhang auf die Schaltfläche mit der Lupe klicken, wird Ihnen der Anhang angezeigt. Das funktioniert je nach Browser unterschiedlich. Die Datei wird in einen temporären Ordner auf Ihrer Festplatte gespeichert und anschließend angezeigt. Sie könnten die Datei nun bereits ausdrucken.

3.2 Anhang herunterladen und sichern

Sie können angehängte Dateien durch einen Klick auf die Schaltfläche mit der kleinen Diskette herunterladen. Es öffnet sich ein Fenster, in dem Sie den Speicherort auswählen und einen Dateinamen[111] vergeben können.

---

[111] Tipps für einen guten Dateinamen finden Sie weiter unten.

Sie können ihn nach dem Herunterladen für Ihre Papierakte ausdrucken. Sie sollten den Anhang jedenfalls digital speichern.
Achten Sie darauf, dass Sie beim Speichern auf einer Festplatte
immer die Signaturdatei mitsichern, um nachträglich eine Signaturprüfung durchführen zu können.

3.3 Arbeit mit einer Dokumentenverwaltung

Wenn Sie mit einer Dokumenten- oder Kanzleiverwaltungssoftware arbeiten, speichern Sie Dokumente am besten zusammen
mit ihrer Signaturdatei auf der Festplatte. Importieren Sie die
Dokumente wie bisher gescannte Dateien.

3.4 Signatur überprüfen

Die Schaltfläche mit dem kleinen Haken neben den Anhängen
dient dazu eine Signaturprüfung durchzuführen. Bitte beachten
Sie, der **Haken** zeigt **nicht** an, **ob eine Signatur angebracht** wurde,
oder ob die Signatur überprüft wurde.

Klicken Sie auf die Schaltfläche mit dem Haken neben der Signaturdatei um eine Signaturprüfung durchzuführen. Es öffnet
sich ein Fenster mit den Inhalten der Signaturprüfung. Wenn die
Signaturprüfung keine Fehler ergab, sehen Sie ganz oben in der
Prüfungsübersicht den Namen des Signierenden grün unterlegt
mit dem Hinweis „Sämtliche durchgeführten Prüfungen lieferten
ein positives Ergebnis". Das beA überprüft allerdings nur eine
mathematische Richtigkeit, nicht ob die Signatur auch von der
richtigen Person durchgeführt wurde. Wenn die Signaturprüfung
einer Datei erfolgreich war, wird Ihnen das anschließend mit einem grünen Punkt mit „Erfolgreich" neben der Datei agezeigt.
Wenn Sie hierauf klicken, zeigt das beA die Signaturprüfung zum
Zeitpunkt der letzten Prüfung an. Klicken Sie erneut auf den Haken, wird die Signaturprüfung neu durchgeführt.

Wenn keine Signatur angebracht wurde, zeigt Ihnen das beA die
Nachricht „Es ist keine Signatur vorhanden." in einem Fenster an.

Wenn die gesamte Nachricht signiert wurde, sehen Sie ganz oben unterhalb der Absender- und Empfängerdaten die Information „Signiert: ja". Sie müssen die Nachricht exportieren wie später beschrieben, um die Signatur überprüfen zu können.

4. Nachrichten weiterleiten und be- antworten

Sie können die Nachricht mit der Schaltfläche „Weiterleiten" mit allen allen Anhängen an andere Empfänger senden. Mit der Schaltfäche „Antworten" wird ein neuer Nachrichtenentwurf geöffnet. Der Empfänger, Betreff und Aktenzeichnen werden automatisch eingetragen.

5. Das Nachrichtenjournal anzeigen

Das **Nachrichtenjournal** enthält allen **Aktivitäten in Bezug auf eine Nachricht**. Wenn eine Nachricht geöffnet ist, oder Sie in der Postfachansicht eine Nachricht markieren und oben auf die Schaltfläche „Nachrichtenjournal" klicken, öffnet sich ein Fenster mit dem Nachrichtenjournal. Hier sehen Sie zum Beispiel wann welcher Nutzer eine Signaturprüfung durchgeführt oder die Nachricht geöffnet oder exportiert hat.

Wenn Ihnen hier zunächst nichts angezeigt wird, klicken Sie oben auf die Schaltfläche „Suchen" oder filtern Sie nach weiteren Angaben, wie Benutzer, Erstelldatum oder einem Ereignistyp und klicken Sie danach auf „Suchen". Sie können die angezeigten Ereignisse mit der Schaltfläche „Exportieren" zusammen mit einer Signatur auf Ihrer Festplatte speichern.

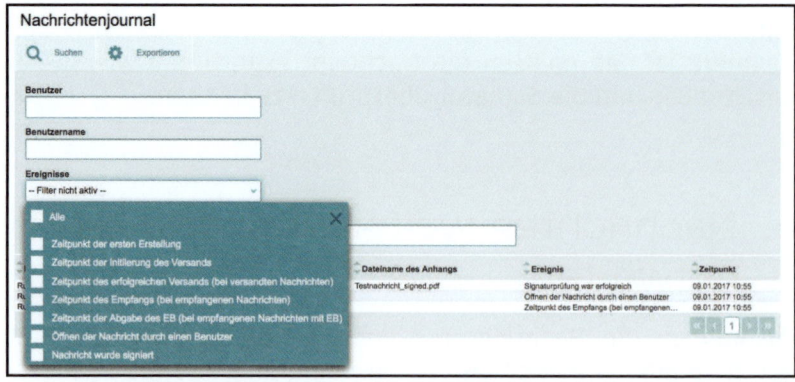

Abbildung 33 - Nachrichtenjournal

6. Nachricht ausdrucken

Wenn Sie auf die Schaltfläche „Drucken" klicken, öffnet sich ein Fenster mit der Zusammenfassung dieser Nachricht zum Ausdrucken. Sie enthält Absender- und Empfängerdaten, die Nachricht selbst, das komplette Nachrichtenjournal, eine Übersicht der Anhänge, — jedoch nicht deren Inhalt —, sowie das Prüfprotokoll der Signaturprüfung, sofern Sie diese wie oben beschrieben durchgeführt haben. Nutzen Sie die Druckfunktion Ihres Browsers, um die Zusammenfassung an Ihren Drucker zu senden.

7. Nachrichten exportieren

Anders als bei Fax-Sendeprotokollen oder einfachen E-Mails können Sie **mit exportierten beA-Nachrichten genau belegen, was Sie versendet haben**. Dies gilt allerdings **nur, wenn Sie die Nachricht exportiert haben**. Das beA verschiebt, wie oben bereits erwähnt, Nachrichten nach 90 Tagen in den Papierkorb. Sie sollten in Ihrer Kanzlei **jede Nachricht exportieren und rechtssicher**

archivieren. Das gilt **sowohl für die eingehenden, als auch für die Nachrichten, die Sie selbst versenden.** Bei einem Export aus dem beA wird eine Signatur gespeichert, mit der Nachrichten und alle angehängten Dateien und Schriftstücke später auf Authentizität überprüft werden können.

Um eine Nachricht zu exportieren, öffnen Sie die Nachricht und klicken Sie oben auf die Schaltfläche „Sonstige Funktionen". Darunter öffnet sich ein kleines Menü. Klicken Sie auf „Exportieren".

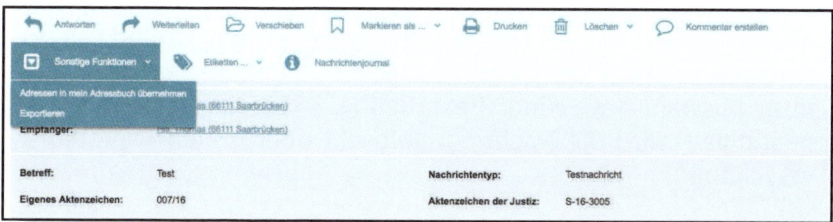

Abbildung 34 - Nachricht exportieren

In dem nun geöffneten Fenster legen Sie den Dateinamen und den Speicherort für die zu exportierende Datei fest. Klicken Sie je nach Browser auf „Sichern", „Safe" oder „Speichern". Der Export dauert einige Sekunden, kann aber bei sehr großen Nachrichten oder langsamer Internetanbindung auch einige Minuten dauern, da jede Datei heruntergeladen werden muss. Am Speicherort der Datei befinden sich die Datei und eine Signatur mit gleichem Dateinamen und der Endung .p7s. Mit Hilfe dieser Signatur können Sie nachweisen, dass die exportierte Datei nicht verändert wurde und aus dem beA stammt.[112]

Das beA erstellt bei exportierten Nachrichten, Listen oder Journalen ein ZIP-Archiv. In diesem werden mehrere Dateien verknüpft quasi „zusammen verpackt". Wenn Sie im Dateisystem Ihres Computers einen Doppelklick auf dieses ZIP-Archiv machen, öffnet sich bei Windows das Verzeichnis, in dem Sie die Inhalte direkt

---

[112] Zum Thema, wie Sie am besten den Dateinamen und Speicherort festlegen, gibt es einen Abschnitt im Anhang.

sehen und Dokumente von dort öffnen; in Mac OS wird der Inhalt des Archivs in den Speicherordner des Archivs entpackt.

8. Nachrichten löschen

Natürlich können Sie auch Nachrichten aus dem beA löschen. Markieren Sie eine Nachricht, indem Sie die Nachricht in der Postfachübersicht anklicken und klicken Sie oben auf die Schaltfläche „Löschen". Es öffnet sich darunter ein kleines Menü. Hier haben Sie die Möglichkeit die Nachricht in den Papierkorb zu verschieben oder endgültig zu löschen. Das beA fragt Sie nach Ihrer Auswahl nach einer Bestätigung. Wenn Sie diese mit „Ja" bestätigen, wird die Nachricht gelöscht oder in den Papierkorb verschoben.

Nachrichten im Papierkorb werden nach 30 Tagen endgültig gelöscht. Sie können Nachrichten, solange Sie sich noch im Papierkorb befinden, wiederherstellen. Markieren Sie die Nachricht und verschieben Sie diese, wie bereits erklärt.

Auch wenn Sie Nachrichten endgültig löschen, bleibt immer ein Eintrag im Postfachjournal, den Sie nicht löschen können.

J.   Erstellen einer neuen Nachricht

Wenn Sie im beA in der Hauptansicht auf die Schaltfläche „**Er-stellen**" klicken, öffnet sich ein neues Fenster. Sollten Sie die Schaltfläche nicht sehen, stellen Sie sicher, dass Sie im gewählten Postfach die Berechtigung zum Erstellen von Nachrichten besitzen und die Nachrichtenübersicht geöffnet ist.

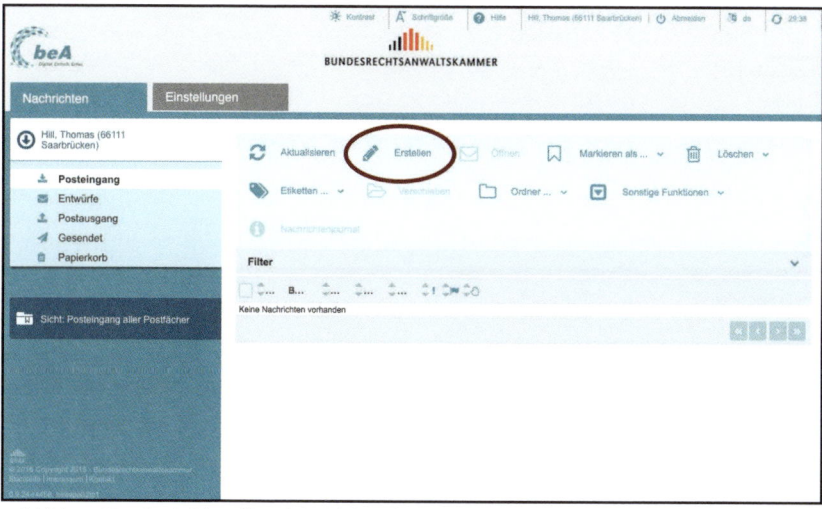

Abbildung 35 - Nachrichtenübersicht, klicken Sie oben auf Erstellen

Das beA öffnet manche Funktionen in sogenannten Pop-Ups. In manchen Browsern werden Pop-Ups blockiert, weil Sie oft Werbung enthalten. **Wenn Sie das Fenster zum Erstellen einer neuen Nachricht nicht sehen, deaktivieren Sie die Funktion zum Blockieren der Pop-Ups** im Browser, bei **Safari** in den Einstellungen bei Sicherheit. Im **Firefox** gehen Sie im Menü „Einstellung" auf „Inhalt" und wählen Sie dort bei Pop-ups den Button „Ausnahmen" aus. Fügen Sie https://*.bea-brak.de als Ausnahme hinzu.

1. Die Entwurfsansicht einer Nachricht

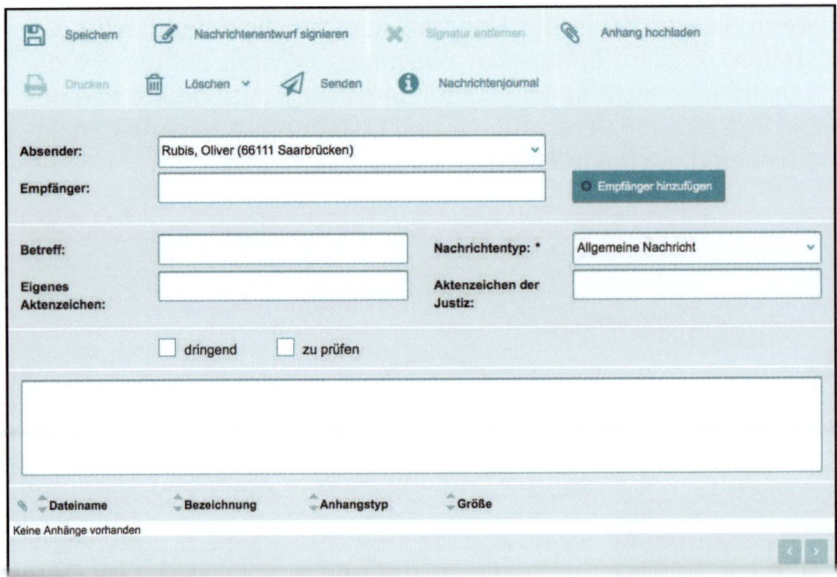

Abbildung 36 - Entwurfsansicht einer Nachricht.

Die Entwurfsansicht ist vergleichbar mit der eines E-Mail-Programms. Wenn man die Berechtigung hat, aus mehreren Postfächern Nachrichten zu versenden, wählen Sie hier oben den Absender aus. Außerdem können Sie Betreff, eigenes und fremdes Aktenzeichen angeben, einen Nachrichtentyp wählen, Anhänge hochladen und die Nachricht signieren, drucken und löschen.

Die beA-Nachricht selbst ist vergleichbar mit einem **Übermittlungszettel**. Die eigentlich wichtigen Dokumente werden als Anhang hinzugefügt.

Vermeiden Sie es, Dokumente aus mehreren Verfahren in einer Nachricht zu übermitteln, selbst wenn es den gleichen Empfänger betrifft.

2. Absender auswählen

Wenn Sie Zugriff auf mehrere Postfächer haben und die Berechtigung besitzen, von diesen Postfächern Nachrichten zu versenden, können Sie den Absender wählen. Klicken Sie auf den kleinen Pfeil rechts neben dem Namen. Es öffnet sich darunter ein Menü, aus dem Sie andere Absender auswählen können.

3. Der Nachrichtentext

Weil die **Nachricht selbst eher einen Übersendungszettel** darstellt, sollte der **Nachrichtentext nicht zur Übermittlung von wichtigen** (zum Beispiel prozessrelevanten oder fristwahrenden) **Inhalten** verwendet werden.

 Wichtige Inhalte, Anschreiben an das Gericht oder an Gegner sollten immer als qualifiziert elektronisch signiertes Dokument als Anhang hinzugefügt werden.

4. Empfänger auswählen

4.1 Favoriten

Um den Empfänger einer Nachricht auszuwählen, bietet Ihnen das beA-System die Möglichkeit, Empfänger, die Sie zuletzt angeschrieben haben oder die in Ihrem Adressbuch gespeichert sind, aus dem Feld der Hauptansicht auszuwählen. Geben Sie dazu die ersten Zeichnen des Namens in das Feld „Empfänger" ein. Das beA schlägt Ihnen dann in einem Kontextmenü darunter mögliche Adressen vor, die Sie per Klick in das Empfängerfeld übernehmen können. Diese Adressen werden Favoriten genannt. Das **beA merkt sich häufig verwendete Adressaten** und zeigt sie direkt an. Sie können diese Liste in den Einstellungen selbst erweitern und verändern.

Abbildung 37 – Absender aus Favoriten auswählen.

4.2 Empfänger hinzufügen

Wenn ein Empfänger nicht in den Favoriten gespeichert ist, müssen Sie ihn über die Schaltfläche „Empfänger hinzufügen" suchen. Bei einem Klick öffnet sich ein Fenster, in dem Sie im Adressbuch oder im gesamten beA-Verzeichnis nach Adressaten suchen können. Standardmäßig ist oben das eigene Adressbuch ausgewählt. Unten finden Sie die Adressaten aus Ihrem Adressbuch als Liste.

Um Personen oder Institutionen zu suchen, müssen Sie **mindestens zwei Felder ausfüllen**, also zum Beispiel **Name und Ort**. Klicken Sie anschließend auf „Suchen." Wenn Sie den richten Empfänger gefunden haben, **markieren Sie ihn** mit einem Klick auf das kleine Kästchen vor dem Namen. Sie müssen anschließend unten auf die Schaltfläche „Empfänger >" klicken, um den Empfänger in die Empfängerliste daneben zu übernehmen. Erst danach können Sie das Fenster ganz unten mit „Ok" schließen.

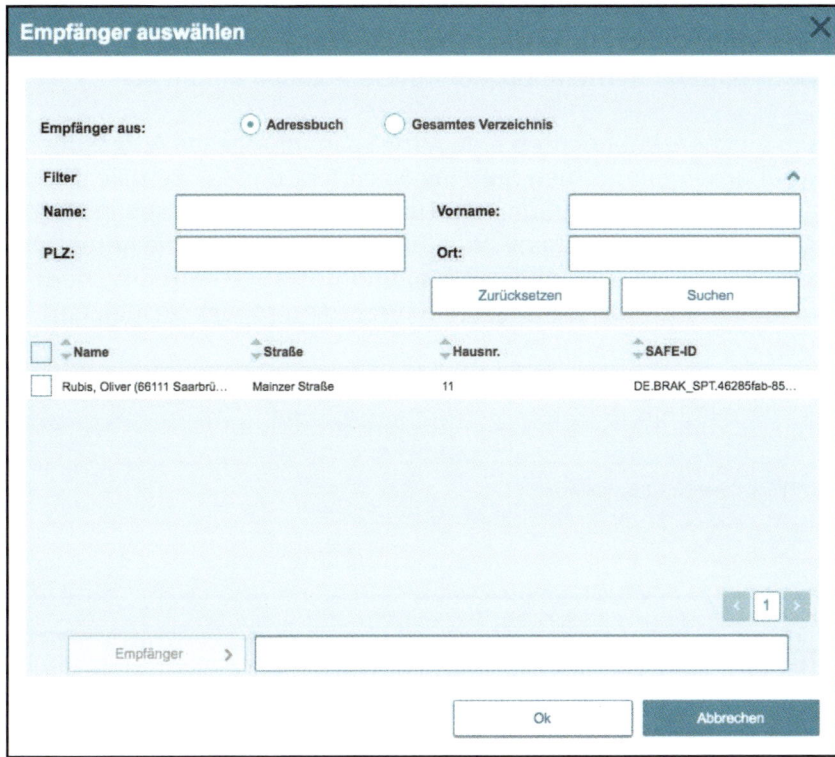

Abbildung 38 - Empfänger auswählen.

Hinweis: Auf **kleinen oder Laptop-Monitoren** sieht man **die Schaltflächen „Ok" und „Abbrechen"** manchmal **nicht**. Sie sind weit unten angebracht. Bewegen Sie Ihren Mauszeiger oben auf die blaue Leiste, der Anzeiger verändert sich zu einem kleinen Fadenkreuz. Klicken Sie mit der Maus, halten Sie die Maus gedrückt und bewegen Sie die Maus nach unten oder oben. Das Fenster schiebt sich dann soweit nach oben, dass sie die Schaltflächen unten sehen können.

4.3 Adressen in das Adressbuch übernehmen

Sie können das Adressbuch pflegen, indem Sie Adressen aus
Nachrichten übernehmen, oder diese manuell einpflegen.

Um aus beA-Nachrichten eine Adresse in Ihr eigenes Adressbuch
zu übernehmen, öffnen Sie eine Nachricht und klicken Sie oben
auf die Schaltfläche „Sonstige Funktionen" -> „Adressen in mein
Adressbuch übernehmen". Wählen Sie aus der Liste die Adressen
aus, die Sie übernehmen wollen, und bestätigen Sie mit „Übernehmen". Die Adresse ist jetzt in Ihrem Adressbuch gespeichert.

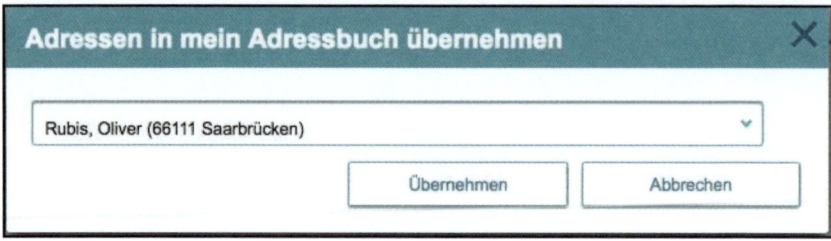

Abbildung 39 - Adresse in mein Adressbuch übernehmen.

Um eine Adresse manuell hinzuzufügen, klicken Sie in den „Einstellungen" bei „Profilverwaltung" auf „Adressbuch verwalten".
Klicken Sie jetzt oben auf die Schaltfläche „Empfänger zum Adressbuch hinzufügen". Hier können Sie im beA-Verzeichnis nach
weiteren Kontakten suchen und diese Ihrem Adressbuch hinzufügen.

4.4 Eigenes und fremdes Aktenzeichen

Achten Sie darauf, dass Sie eigene und fremde Aktenzeichen richtig angeben. Die Kanzleiverwaltungssoftware und die Software,
die auf Justizseite eingesetzt wird, können mit der Angabe in diesen Feldern leicht eine automatische Zuordnung treffen, ohne
dass Schriftsätze selbst durchsucht werden müssen.

5. Arten von beA-Nachrichten

Das beA unterscheidet verschiedene Arten von Nachrichten. Aktuell gibt es drei Nachrichtentypen: „Allgemeine Nachricht", „Mahn-Antrag" und „Testnachricht". Klicken Sie auf das kleine Menü, in dem standardmäßig „Allgemeine Nachricht" ausgewählt ist. Schriftsätze, Schreiben an Gerichte oder Anwälte, Notare und Gerichtsvollzieher sind als „Allgemeine Nachricht" vorgesehen.

Die BRAK evaluiert, ob und welche weiteren Nachrichtentypen eingeführt werden. Es wird im Laufe der Monate und Jahre sicherlich noch mehrere Nachrichtentypen geben.

Sie können im beA Testnachrichten versenden, ohne dass Sie eine Empfangsbereitschaft im beA bekunden. Mit Testnachrichten können Sie Nachrichten mit und ohne Signatur versenden und sich und Ihre Mitarbeiter für das beA fit machen, ohne Haftungsrisiken zu befürchten. Achten Sie darauf, dass Schriftsätze, die Sie wirksam einreichen wollen, nicht als Testnachricht markiert versendet werden und somit möglicherweise nicht vom Empfänger beachtet werden, nachdem Sie sich empfangsbereit erklärt haben.

5.1 Mahnanträge

Beachten Sie im rechtlichen Teil das Kapitel zu Mahnanträgen. Sie müssen über Ihre Kanzleiverwaltungssoftware oder über die Internetseite www.onlinemahnantraege.de mit den Mahndaten eine „.eda"-Datei erstellen und diese qualifiziert elektronisch signiert in die Nachricht hochladen.

5.2 Übergangszeit

Bis zum 01.01.2018 müssen Sie damit rechnen, dass viele Anwälte und bis 01.01.2022 manche Gerichte nicht am elektronischen Rechtsverkehr teilnehmen und über das beA nicht adressiert werden dürfen. Dass Anwälte und Gerichte im beA-Verzeichnis zu finden sind, bedeutet nicht, dass sie am ERV für Ihr Verfahren teilnehmen!

Prüfen Sie deshalb grundsätzlich, ob Ihr Empfänger am elektronischen Rechtsverkehr teilnimmt, insbesondere bevor Sie etwas Fristwahrendes versenden möchten. Anwälte können die Empfangsbereitschaft auf dem Briefkopf oder ihrer Homepage veröffentlichen. Wenn dort ein Hinweis zum beA ist, kann sich der Anwalt nicht auf die Übergangszeit berufen und muss über das beA empfangene Nachrichten gegen sich gelten lassen.

Ob Gerichte den ERV für Ihr Verfahren eröffnet haben, finden Sie auf den Internetseiten der Justizverwaltungen der Länder.

6. Dateien anhängen

Wie oben bereits angesprochen, dient eine beA-Nachricht selbst nur als Übermittlungszettel. Schriftsätze und andere **prozessrelevante Inhalte müssen als Anhang einer beA-Nachricht hinzugefügt werden.** Wie das geht wird ausführlich im nächsten Kapitel „Qualifiziert elektronisch signieren in der Praxis" beschrieben.

7. Welche Dateitypen können Sie versenden?

Zwar können die Gerichte mit vielen Dateiformaten umgehen, wir empfehlen Ihnen zum Versand jedoch eine PDF-Datei, da diese sich nachträglich nicht leicht (zum Beispiel aus Versehen) verändern lässt und die Datei auf jedem Computer gleich aussieht. Die meisten Gerichte akzeptieren auch Word-Dokumente ohne Makros im Format .doc oder .docx, reine Textdateien im Format .rtf oder .txt, oder XML-Dateien. Auch Bilddateien sollten kein Problem darstellen, wenn sie als .jpeg, .jpg, .png, .bmp gespeichert sind. Welches Format am besten geeignet ist, können Sie auf den Seiten der Landesjustizverwaltungen erfahren.

8. Logout während der Nachrichteneingabe

Wie bereits mehrfach erwähnt, meldet das beA Benutzer nach einer Inaktivitätszeit von 30 Minuten automatisch ab. Leider bemerkt das beA nicht richtig, wenn Sie eine Nachricht schreiben und dadurch gar nicht inaktiv sind. Sie werden, wenn das Verfassen einer Nachricht länger dauert, trotzdem abgemeldet.

Sie umgehen das automatische Abmelden, indem Sie sich von Anfang an daran gewöhnen, regelmäßig ins Hauptfenster, also die Nachrichtenübersicht des beA, zurückwechseln, indem Sie im Browserfenster darauf klicken und die Schaltfläche mit der ablaufenden Uhr ganz oben rechts betätigen. Danach können Sie wieder in die Entwurfsansicht zurückwechseln.

K.   Qualifiziert elektronisch signieren in der Praxis

Zwar haben Sie ab dem 01.01.2018 die Möglichkeit, mit dem beA Dokumente auch ohne Signatur zu versenden, im rechtlichen Teil dieses Buches empfehlen wir, auch nach 2018 jedes Dokument, Schreiben und jeden Schriftsatz oder jede Nachricht qualifiziert elektronisch zu signieren. Materiell-rechtliche Erklärungen müssen immer mit einer qualifizierten elektronischen Signatur unterzeichnet sein, wenn sie digital übermittelt werden, weil nur das die eigenhändige Unterschrift ersetzen kann.

Wenn bisher das Sekretariat die Post abgewickelt hat, bleibt es mit dem beA sinnvoll, dass der Berufsträger nur die qualifizierte elektronische Signatur selbst vornimmt. Das Sekretariat übernimmt wie bisher die nachgelagerten Tätigkeiten wie die Eintragung in ein Postausgangsbuch, Fristenerfassung, Versand, Kontrolle und Erfassung des richtigen Adressaten.

Sie haben in der Praxis drei Möglichkeiten, qualifiziert elektronisch zu signieren:

1. qualifizierte elektronische Signatur mit dem beA
2. qualifizierte elektronische Signatur mit einer Signatursoftware oder
3. Stapelsignatur mit einer Stapelsignatursoftware.

1. Qualifizierte elektronische Signatur...

1.1 ... im beA

Die einfachste Art, qualifiziert elektronisch zu signieren, ist direkt im beA. Wenn Sie eine Datei in eine neue Nachricht hochladen, fragt Sie das beA nach dem Dateityp. Sie haben die Auswahl zwischen „Dokumenten" und „Schriftsätzen".

> In der Übergangszeit lässt das beA den Versand von Schriftsätzen nur zu, wenn sie qualifiziert elektronisch signiert sind.

Wählen Sie im Fenster zum Erstellen einer neuen beA-Nachricht den Punkt „Anhang hochladen" aus und wählen Sie eine Datei von Ihrem Computer aus. Es öffnet sich ein Fenster, in dem Sie dem Anhang des zu sendenden Dokuments eine Bezeichnung geben können. Bei Signatur wählen Sie „Neue Signaturen erstellen" und klicken dann auf „OK". Es öffnet sich damit ein Fenster, in dem Sie die Signaturkarte, die für eine qualifizierte elektronische Signatur freigeschaltet ist, auswählen können. Wählen Sie die Karte aus, klicken Sie auf „OK" und geben Sie Ihre PIN ein. Das Dokument wird nun signiert und die Signaturdatei wird als zusätzlicher Anhang hinzugefügt.

1.1.1 Hochladen bereits signierter Dokumente / Anhänge

Wenn die Datei bereits signiert ist, erkennt das beA dies und überprüft die Signatur. Wenn die Signatur in Ordnung ist, sehen Sie hier einen grünen Haken im Feld „Status der Signatur". Wählen Sie „Externe Signaturen verwenden" bei „Signatur:" aus und bestätigen Sie unten mit „OK".

Wichtig: Sie müssen bei hochgeladenen signierten Dokumenten unten bei Signatur „Externe Signaturen verwenden" auswählen. Nur so übernimmt das beA die externe Signatur! Wenn Sie das nicht tun, ist die Datei unsigniert!

Wenn es ein Problem mit der Signatur gibt, sehen Sie im Feld „Status der Signatur" eine Fehlermeldung.[113] Sie können eine Datei mit defekter Signatur neu signieren, indem Sie „Neue Signatur erstellen" auswählen und damit den Fehler vor dem Versenden direkt im beA beheben.

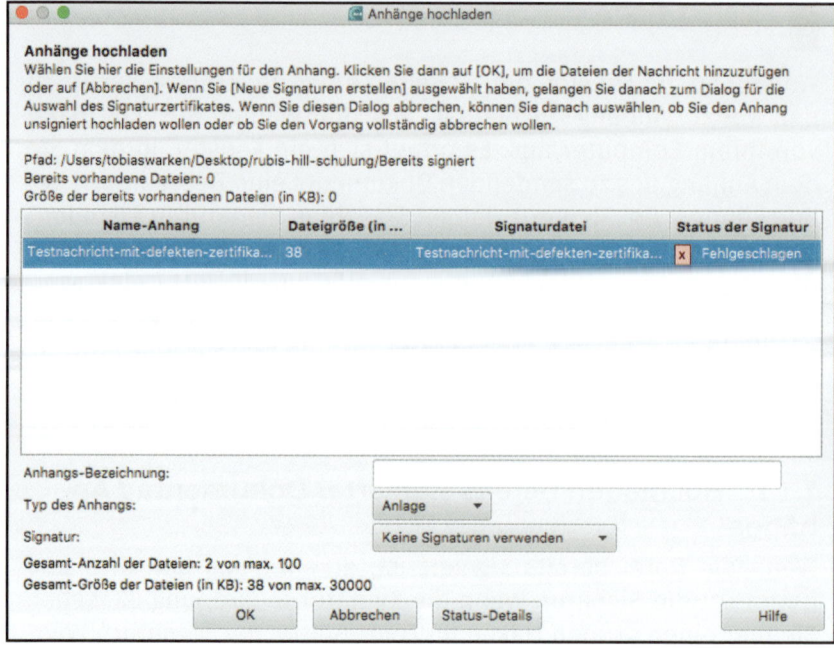

Abbildung 40 - Anhang mit fehlerhafter Signatur

---

[113] Vgl. Abbildung 38.

1.1.2 Anhang in der Entwurfsansicht signieren

Wenn Sie einen Anhang ohne Signatur hinzugefügt haben, können Sie diesen nachträglich signieren. Klicken Sie hierzu in der Nachrichtenübersicht bei der zu signierenden Datei ganz rechts auf die Schaltfläche mit dem Kreis, ▣ rechts neben der zu signierenden Datei. Wählen Sie Ihre Signaturkarte aus, bestätigen Sie und geben Sie anschließend Ihre PIN ein. Die Datei wird somit signiert, die Signaturdatei als zusätzlicher Anhang hinzugefügt.

1.1.3 Die ganze Nachricht signieren (Containersignatur)

Statt nur eine einzelne Datei, zum Beispiel den Schriftsatz, mit einer Signatur zu versehen, können Sie die ganze Nachricht vor dem Versenden qualifiziert elektronisch signieren. Klicken Sie dazu im Nachrichtenfenster des beA oben auf „Nachrichtenentwurf signieren". Sie werden aufgefordert, Ihre PIN einzugeben. Anschließend signiert das beA die gesamte Nachricht mit allen Anlagen als Container. Sie können anschließend keine Änderungen an der Nachricht mehr vornehmen, es sei denn, Sie wählen den Button „Signatur entfernen" aus. Das beA-System hindert Sie also an nachträglichen Änderungen, die die Signatur zerstören würden.

Eine Signaturprüfung einer Nachricht, die als Container signiert wurde, können Sie nur durchführen, indem Sie die ganze Nachricht exportieren und auf Ihrer Festplatte speichern. Im ZIP-Archiv, das das beA exportiert, befindet sich eine Datei „ … VerificationReport.html" mit der Signaturprüfung aller Signaturen der Nachricht und aller angehängter Dateien. In unseren Tests kam es vor, dass nicht alle Original-Signaturdateien mit gespeichert wurden, sondern eben nur die Datei mit der vom beA durchgeführten Signaturprüfung. Daneben exportiert das beA eine eigene Signatur, um den Inhalt der exportierten Datei, also auch den Inhalt der Signaturprüfung zu überprüfen. Ob die Prüfungsdatei vom beA ohne die eigentliche qualifizierte Signaturdatei als Beweis ausreicht, werden wohl die Gerichte zu entscheiden haben. Auf der sicheren Seite sind Sie, wenn Sie, statt der Containersignatur der ganzen Nachricht, einzelne Dateien qualifiziert elektronisch signiert anhängen oder die Dateien in beA einzeln signieren.

1.2 ... mit einer Signatursoftware

Die zweite Möglichkeit zu signieren ist mit Hilfe einer Signatursoftware. Zertifizierte Anbieter dafür sind zum Beispiel Seccomerce, Governikus, IntarSys, OpenLimit, Seccrypt.

Die unterschiedlichen Angebote funktionieren ähnlich: Sie ziehen die zu signierenden Dokumente auf ein Fenster, oder haben ein Menü, mit dem Sie signieren können, wenn Sie mit der rechten Maustaste auf eine Datei klicken. Die Programme zeigen eine Voransicht der zu signierenden Datei, bei der Sie eine Sichtprüfung vornehmen können. Anschließend wählen Sie das Signaturformat aus, legen Ihre qualifizierte Signaturkarte ein und klicken auf Signieren. Nachdem Sie die PIN eingegeben haben, erstellt die Signatursoftware die Signatur im gleichen Verzeichnis.

1.3 ... mit einer Stapelsignatursoftware

Die beA-Karten Signatur sind sogenannte Stapelsignaturkarten. Das bedeutet, dass Sie mit einer PIN-Eingabe mehrere Dateien zusammen signieren können. Sie benötigen dazu eine kostenpflichtige Signatursoftware, die Stapelsignaturen unterstützt. Meist funktionieren diese Programme so, dass es einen Ordner bzw. ein Verzeichnis auf dem Server gibt, in den das Sekretariat zu signierende Dateien speichert. Wenn der Anwalt signieren will, werden ihm alle diese Dateien geladen und in einer digitalen Unterschriftsmappe angezeigt, so dass er eine Sichtprüfung der einzelnen Dokumente vornehmen kann. Anschließend gibt er im Kartenleser einmal die PIN ein und das Programm signiert der

Reihe nach alle Dokumente der „Unterschriftsmappe" und speichert sie in einen Ordner, aus dem die Mitarbeiter im beA die qualifiziert elektronisch signierten Dokumente versenden können.

Die Stapelsignatur eignet (und rechnet) sich meist ab 10-15 Signaturvorgängen pro Arbeitstag. Die Stapelsignaturprogramme kosten zwischen 75 € und 600 €.

Zu den Anbietern von Stapelsignatursoftware gehören SecCommerce, Governikus, Secrypt, OpenLimit und Intarsys. Die Software unterscheidet sich vor allem im Handling, also zum Beispiel, wie Sie die Dokumente von Ihrem Sekretariat erhalten und abspeichern. Außerdem gibt es Unterschiede auf welchen Betriebssystemen die Programme lauffähig sind. Bitte besprechen Sie sich mit Ihrem IT-Experten welche Software für Sie am besten geeignet ist, wenn Sie eine Stapelsignatursoftware anschaffen möchten.

Eine Rechtsprechung zur Verwendung von Stapelsignaturen liegt uns noch nicht vor. Das Signaturgesetz und die Signaturverordnung lassen solche Massensignaturen zu, zumal sie alle Merkmale einer zurechenbaren, wirksamen, qualifizierten elektronischen Signatur erfüllen.

2. Überprüfung der Signatur

Qualifizierte elektronische Signaturen bieten große Vorteile gegenüber herkömmlichen, handschriftlichen Unterschriften: Sie können sicher überprüfen, dass ein signiertes Dokument wirklich vom vorgebenden Absender kommt und Sie können nachweisen, dass der Inhalt eines Dokumentes nicht verändert wurde. Sie können mit der qualifizierten elektronischen Signatur auch nachweisen, dass ein übermitteltes Dokument mit dem Dokument übereinstimmt, das Sie versenden wollten. Einem qualifiziert elektronisch signierten Dokument kommt daher eine sehr hohe Beweiskraft zu. Allerdings sollten Sie qualifizierte elektronische Signaturen beim Eingang überprüfen, oder zumindest für den Fall der Fälle abspeichern.

Bei einer Signaturprüfung werden Signaturen über eine Online Certifikate Status Protokoll Verzeichnisdienstauskunft (OCSP-Verzeichnisdienstauskunft) abgefragt. Hierbei wird über das Verzeichnis des Zertifizierungsdiensteanbieters überprüft, ob das Zertifikat, mit dem die qualifizierte elektronische Signatur erstellt wurde, zum Zeitpunkt der Erstellung gültig und nicht gesperrt war. Dabei ist eine Online-Verbindung notwendig. Der Zertifikatsanbieter garantiert bei der Signaturprüfung für den Aussteller der qualifizierten elektronischen Signatur. Eine Prüfung, dass das Dokument, das signiert wurde, nicht verändert wurde, ist (meist) auch offline möglich. Hierbei wird eine mathematische Prüfung des Hash-Wertes durchgeführt.

Beide Prüfungen werden von den meisten Signaturprogrammen und dem beA vorgenommen. Klicken Sie zur Signaturprüfung in einer beA-Nachricht auf den kleinen Haken ganz rechts. Wenn Sie mit der Maus langsam über das Feld streichen, erscheint ein Hinweis „Signatur prüfen".

Das beA-System überprüft jetzt die Signatur und zeigt das Ergebnis in einem Prüfprotokoll an. Relevant für die anwaltliche Praxis ist, dass das beA nicht überprüft, dass die Nachricht tatsächlich vom Postfachinhaber signiert wurde, oder ob das Zertifikatsattribut „Rechtsanwalt" im Zertifikat eingetragen ist. Ein Zertifikat kann also auch gültig sein, wenn Ihr Mitarbeiter mit seiner eigenen Signaturkarte ein Dokument signiert. Überprüfen Sie deshalb immer auch, ob das Zertifikat auf einen Berufsträger, also den Unterzeichner eines Schriftsatzes, ausgestellt ist.

Wenn alles richtig überprüft ist, steht oben der Name des Signierenden in grüner Schrift mit einem grünen Haken. Wenn Sie die Signaturprüfung im beA durchgeführt haben, ist die Datei als „erfolgreich" mit einem grünen Balken markiert.

Achten Sie darauf, dass im Feld Signaturniveau die Angabe „Qualifizierte Signatur" steht. Auch bei fortgeschrittenen Signaturen kann die Signaturprüfung positiv sein. Diese ist jedoch für den ERV nicht ausreichend.

Bitte beachten Sie, dass das beA die Signaturprüfung bei empfangenen Dokumenten nicht automatisch durchführt. Das bedeutet, dass eine Datei zwar als „signiert" markiert sein kann, die Signatur jedoch ungültig oder von einer Person angebracht ist, die nicht Berufsträger ist.

Sie können für die Signaturprüfung auch die meisten Signaturprogramme nutzen. Ziehen Sie ein signiertes Dokument oder die Signaturdatei auf die Software oder wählen Sie die Funktion „Signaturprüfung" im Signaturprogramm aus. Die Prüfung wird, wenn eine Signatur erkannt wurde, direkt durchgeführt. Sie haben dort noch die Möglichkeit, den Zertifikatsstatus beim Trustcenter abzufragen, also zum Beispiel bei den Servern der BNotK zu überprüfen, ob das Zertifikat garantiert gültig ist. Wenn die Datei nachträglich geändert wurde, oder etwas anderes mit der Signatur oder dem Zertifikat nicht stimmt, wird Ihnen das angezeigt.

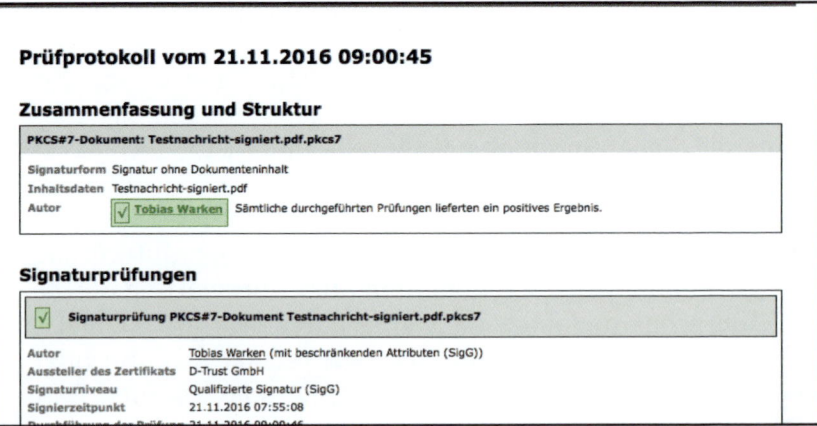

Abbildung 41 - Signaturprüfung im beA, Qualifizierte elektronische Signatur ist in Ordnung

Bei exportierten Nachrichten führt das beA eine Signaturprüfung automatisch durch und speichert eine eigene Signaturdatei zur Überprüfung des gesamten Export-Containers. Im Export-Container befindet sich die Datei „... VerificationReport.html". In dieser Datei, die Sie mit einem Webbrowser öffnen können, sind alle relevanten Signaturprüfungen aufgelistet.

L.   Benutzerverwaltung mit „Token"

1. Einführung in die Benutzerverwaltung

Anwälte besitzen im beA immer ein eigenes Postfach. Das Postfach und die Person werden über die gleiche SAFE-ID identifiziert. Wie bereits erklärt, muss der Anwalt die Erstanmeldung für sich selbst vornehmen.

Sobald Sie einen Kollegen oder Mitarbeiter, den Sie für Ihr Postfach freigeschaltet haben, mit der Berechtigung „Mitarbeiter verwalten und Berechtigungen vergeben" ausgestattet haben, können Sie an diese die Einrichtung weiterer Nutzer delegieren. Dies reicht natürlich nur soweit, wie der hierdurch Autorisierte selbst berechtigt ist. (Er kann nicht mehr Berechtigungen vergeben als er selbst besitzt.)

Jeder Benutzer benötigt zur Anmeldung im beA ein Sicherheits-Token. Das ist entweder eine Hardware-Karte, in der Regel eine beA-Karte, oder ein Softwarezertifikat. Beides muss im beA eingerichtet und freigeschaltet werden.

Wir unterscheiden zwischen der Ersteinrichtung des Anwaltspostfachs mit einer beA-Karte, der Registrierung eigener Zweit-Token für den Anwalt und dem Anlegen und Freischalten von Mitarbeitern und ihren Token.

Neuen Token anlegen / Mehrere Karten und Zertifikate pro Anwalt

Sie können sich mehrere Karten und Softwarezertifikate für Ihr Postfach freischalten, zum Beispiel weil Sie zu Hause arbeiten oder auf das Postfach zugreifen wollen oder weil Sie — wie von uns empfohlen — eine freigeschaltete Karte im Bankschließfach lagern wollen.

1. Rufen Sie oben im beA „Einstellungen" auf.
2. Klicken Sie auf die Schaltfläche „Sicherheits-Token".
3. Sie sehen hier alle Ihre Token, die für dieses Postfach freigeschaltet sind.
4. Um einen neuen Token anzulegen, klicken Sie auf „Neuen Sicherheits-Token anlegen".
5. Wählen Sie eine passende Bezeichnung, zum Beispiel: „Homeoffice" oder „Frau Schneider".
6. Es öffnet sich das Fenster der Client Security.

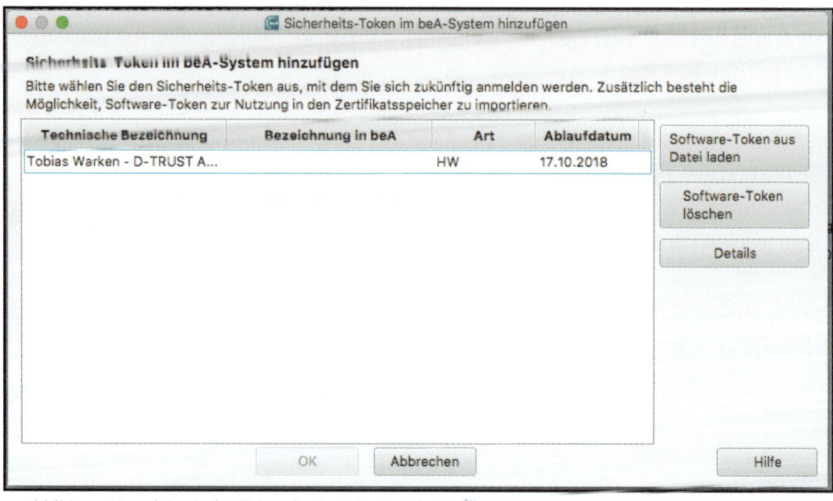

Abbildung 42 - Sicherheits-Token im beA-System hinzufügen.

7. Nehmen Sie Ihre Karte aus dem Kartenlesegerät und legen Sie die Karte ein, die Sie freischalten möchten, alternativ wählen Sie einen Software-Token aus einer Datei auf der rechten Seite.

8. Klicken Sie auf „OK".

9. Der Token ist vollständig importiert.

10. Vorsicht: Das bedeutet noch nicht, dass der Token Berechtigungen für das Postfach hat, bisher ist der Token dem Postfach nur bekannt gemacht. Der Token ist deshalb als „nicht vollständig berechtigt" gekennzeichnet.

11. Klicken Sie auf der linken Seite im Menü bei Postfachverwaltung auf „Sicherheits-Token freischalten".

12. Sie sehen jetzt alle Token, die für das Postfach identifiziert sind.

13. Wählen Sie das neue Zertifikat aus und klicken Sie oben auf „Zertifikate freischalten".

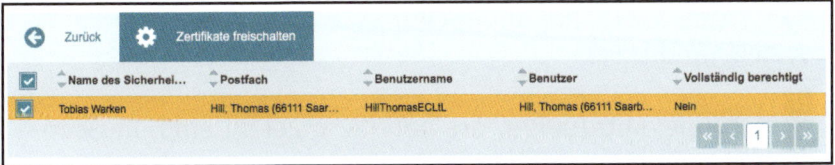

14. Das beA weist sie darauf hin, dass mehrere PIN-Eingaben notwendig sind.

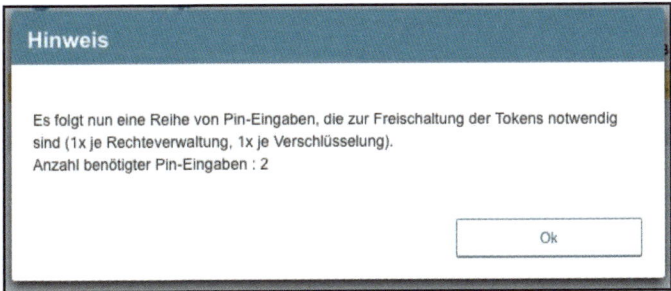

15. Legen Sie jetzt wieder <u>Ihre</u> beA-Karte ein, sonst sehen Sie eine Fehlermeldung, drücken Sie dann auf „OK".

16. Geben Sie zweimal Ihre PIN auf dem Lesegerät ein.

17. Das beA bestätigt Ihnen die Freischaltung in einem Hinweisfeld in der oberen rechten Ecke.

18. Ist auf der Liste kein Token mehr, der freigeschaltet werden muss, beenden Sie die Anwendung, ansonsten schalten Sie den nächsten Token frei.

Sie können hier den Token auch umbenennen oder löschen.

 ACHTUNG: Löschen Sie nicht Ihren eigenen Token, wenn nicht ein anderer vollständig berechtigt ist.

2. Mitarbeiter neu anlegen

Bevor Sie einem Mitarbeiter Berechtigungen an Ihrem Postfach einräumen[114], muss er im beA durch einen Anwalt „angelegt" werden. Dabei erhält der Mitarbeiter eine eigene SAFE-ID, die das System produziert.

 Achtung: Mitarbeiter, die bereits angelegt sind, müssen von weiteren Anwälten in der Kanzlei nicht nochmals angelegt werden. Ihre SAFE-ID wird von dem beA erkannt.

Ein Anwalt in Ihrer Kanzlei benötigt keine SAFE-ID auf diesem Weg, weil er eine eigene SAFE-ID für sein Postfach hat.

Wenn der Benutzer bereits eine SAFE-ID besitzt (Anwalt oder Mitarbeiter, der bereits freigeschaltet ist) fahren Sie im Kapitel 7 fort.

1. Klicken Sie im Postfach auf **„Einstellungen".**

2. Klicken Sie im linken Menü bei „Postfachverwaltung" auf „Benutzerverwaltung". Sie sehen eine Übersicht über

---

[114] Vgl. Kapitel „Vergabe von Berechtigungen"

alle Benutzer, die jetzt schon für Ihr Postfach freigeschaltet sind.

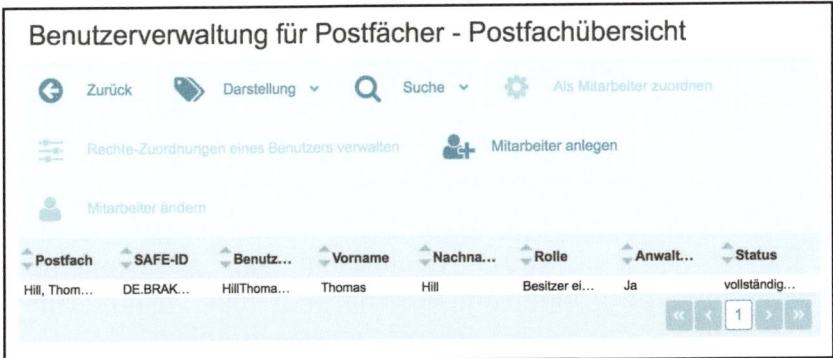

3. Klicken Sie auf die Schaltfläche „Mitarbeiter anlegen".

4. Geben Sie den Namen des Mitarbeiters ein und klicken
   Sie anschließend oben auf „Speichern".

5. Das System erzeugt selbst Benutzernamen und Kennwort für den neuen Benutzer und eine SAFE-ID. Das System zeigt Ihnen an, dass der Nutzer angelegt wurde und
   dass das Recht „Nachrichtenübersicht öffnen" zugewiesen wurde. Dazu kommen wir später noch.

6. Notieren Sie sich Benutzernamen und das Kennwort für
   die Registrierung, oder kopieren Sie die beiden Daten
   in ein Word-Dokument, damit Sie es gleich von dort zurückkopieren können.

7. Melden Sie sich ab, indem Sie ganz oben im Menü auf
   die Schaltfläche „Abmelden" klicken und rufen Sie die
   Startseite des beA (https://www.bea-brak.de) auf.

8. Klicken Sie auf den Link „Registrierung für Benutzer
   ohne eigenes Postfach".

9. Geben Sie Benutzernamen und Kennwort ein, die Sie
   eben notiert haben. Achten Sie beim Kopieren darauf,
   dass Sie das Kennwort ohne Leerzeichen übernehmen!

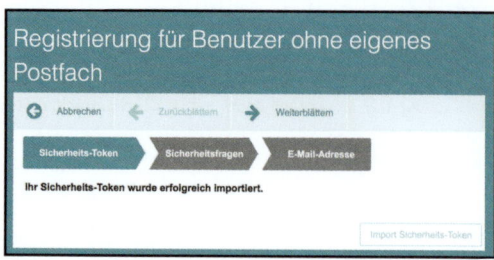

Abbildung 43 - Registrierung für Benutzer ohne eigenes Postfach

10. Die Client Security startet anschließend. Das System fordert Sie auf, einen neuen Sicherheits-Token zu importieren, klicken Sie auf „Import Sicherheits-Token".

11. Sie müssen zunächst einen Namen auswählen, zum Beispiel den Namen des Mitarbeiters.

12. Wichtig: Entfernen Sie Ihre Signaturkarte aus dem Lesegerät und legen Sie die beA-Karte des Mitarbeiters ein, oder wählen Sie ein Softwarezertifikat aus.

13. Wählen Sie den neuen Token aus dem Fenster aus oder klicken Sie auf „Software-Token aus Datei laden", um ein Softwarezertifikat auszuwählen. Bestätigen Sie mit „OK".

14. Die Client Security wird geschlossen und das System informiert Sie, dass der neue Token importiert wurde. Klicken Sie oben auf „Weiterblättern".

15. Sie müssen eine Sicherheitsfrage festlegen. Klicken Sie dazu oben auf „Neue Sicherheitsfrage anlegen" und legen Sie eine neue Sicherheitsfrage fest.

16. Klicken Sie anschließend auf „Weiterblättern".

17. Geben Sie im letzten Schritt eine E-Mail-Adresse an und klicken Sie oben auf „Speichern und Registrierung abschließen".

18. Sie können sich jetzt mit der neuen Karte bzw. dem neuen Token anmelden.

19. Machen Sie weiter mit dem Kapitel „Vergabe von Berechtigungen".

3. Bestehende Benutzer berechtigen

(Mitarbeiter oder andere Anwälte)

Auch bestehende Nutzer können Sie für ein weiteres Postfach berechtigen. Die Funktion versteckt sich in der „Benutzerverwaltung" hinter dem Punkt „Suche". Öffnen Sie in den „Einstellungen" -> „Postfachverwaltung" den Punkt „Benutzerverwaltung" und klicken Sie oben auf die Schaltfläche „Suche".

Abbildung 44 - Benutzerverwaltung, Postfachübersicht

Suchen Sie im Fenster jetzt nach Namen und Ort und fügen Sie den bestehenden Nutzer hinzu. Machen Sie jetzt weiter im Kapitel „Berechtigungen".

4. Ändern von Benutzern

Sie können in den **Einstellungen** im linken Menü „**Postfachver-waltung**" über den Punkt „**Benutzerverwaltung**" den Namen ei-nes Benutzers ändern. Wählen Sie den Mitarbeiter aus, klicken Sie oben auf „**Mitarbeiter ändern**" und nehmen Sie die Änderun-gen vor. Es ist sinnvoll, bei neuen Mitarbeitern eine neue Karte zu bestellen und einen ganz neuen Account anzulegen. Die Än-derungen hier beziehen sich also vor allem auf Namensänderun-gen, zum Beispiel bei Heirat.

5. Neuvergabe einer beA-Karte Mitar-beiter

Die beA-Karte Mitarbeiter und das Softwarezertifikat sind nicht personalisiert. Dies bedeutet, dass im Fall, dass der Mitarbeiter die Kanzlei verlässt, sein Zertifikat neu vergeben werden kann. Dies geht jedoch nur, sofern sich die bisher berechtigte Person anmeldet und selbst den Token in seiner Profilverwaltung löscht. Dann können Sie einen neuen Benutzer anlegen und mit diesem Token verknüpfen.

6. Softwarezertifikate

6.1 Softwarezertifikat als Token für den Anwalt

Um ein Softwarezertifikat als Token für den Anwalt hinzufügen, laden Sie das Zertifikat zunächst, wie im vorigen Kapitel beschrie-ben, auf Ihren Computer herunter. Öffnen Sie jetzt, genau wie bei einem Hardware-Token die Einstellungen -> Profilverwaltung -> Sicherheits-Token. Klicken Sie dann oben auf die Schaltfläche „Neuen Sicherheits-Token anlegen".

Geben Sie eine Bezeichnung an, zum Beispiel „Softwarezertifikat Oliver Rubis". Klicken Sie jetzt im Fenster rechts auf Software-Token aus Datei laden. Wählen Sie das heruntergeladene Softwarezertifikat aus (vermutlich befindet sich die Datei im Ordner Downloads. Sie hat die Dateiendung „.p12") Bestätigen Sie den Vorgang. Sie müssen den Token jetzt freischalten, wie bei Hardwaretoken beschrieben.

6.2 Softwarezertifikat als Token für Mitarbeiter

Um ein Softwarezertifikat als Token für einen Mitarbeiter hinzuzufügen, gehen Sie vor, wie mit einem Hardware-Token, wie in Schritt 1 bis Schritt 12 beschrieben. Anschließend wählen Sie das Softwarezertifikat aus, wie bei der Einrichtung für Anwälte. Schalten Sie den Token jetzt wie beschrieben frei.

7. Vergabe von Berechtigungen

Neue Benutzer, die für ein Anwaltspostfach angelegt wurden, haben normalerweise von Anfang an das Recht, die Inhalte eines Postfaches zu sehen. Jedoch sehen sie zunächst nur die sogenannten Meta-Daten der Nachrichten, das heißt den Namen des Absenders, Aktenzeichen und den Versandzeitpunkt. Sie können aber keine Nachrichten öffnen, schreiben, markieren oder sonstige Funktionen des beA ausführen.

Um Mitarbeitern (oder Kollegen) weitere Rechte für Ihr Postfach zu erteilen, melden Sie sich zunächst selbst in Ihrem Postfach an. Öffnen Sie in den **„Einstellungen"** im linken Menü **„Postfachverwaltung"** den Punkt **„Benutzerverwaltung"**. Sie sehen jetzt alle Benutzer, die eine Berechtigung für Ihr Postfach haben.

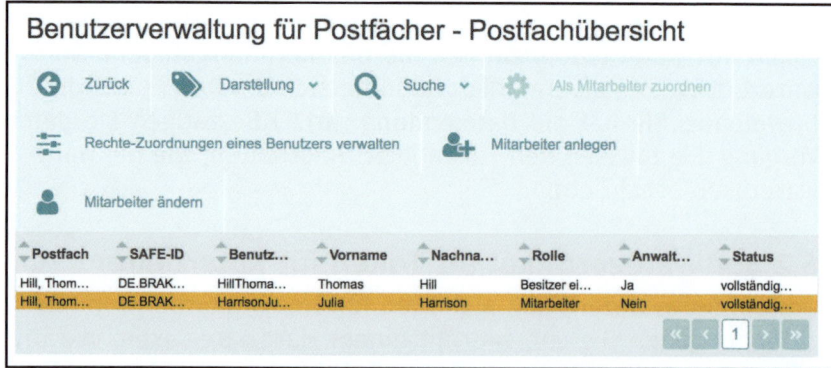

Abbildung 45 - Benutzerverwaltung für Postfächer

Wählen Sie einen Benutzer aus der Liste unten mit einem Klick aus und klicken oben auf **„Rechte-Zuordnungen eines Benutzers verwalten"**. Sie sehen in dieser Ansicht unten die Rechte, die dem Mitarbeiter eingeräumt wurden. Klicken Sie oben auf **„Neues Recht zuordnen".** Die Rechteverwaltung können Sie nur mit einem Hardware-Token, also einer beA-Karte durchführen, wenn Sie die Berechtigung zur Vergabe von Berechtigungen für das Konto besitzen. Sonst sehen Sie an dieser Stelle die Schaltfläche zur Rechteverwaltung nicht.

Wählen Sie unten das Postfach aus (zum Beispiel wenn Sie Zugriff auf mehrere Postfächer haben) und wählen Sie das Recht aus, das Sie dem Benutzer zuweisen möchten. Sie können hier mehrere Berechtigungen auswählen, indem Sie die Berechtigung in dem Kästchen markieren. Wählen Sie alle Berechtigungen aus, die Sie dem Nutzer zuweisen möchten. Klicken Sie oben auf **„Speichern und zurück".** Sie können anschießend wieder auf **„Neues Recht zuordnen" klicken**, um das nächste Recht zuzuordnen.

Abbildung 46 - Rechte eines Benutzers entfernen.

8. Mögliche Berechtigungen im beA

Nr.	Bezeichnung
01	Nachrichtenübersicht öffnen
02	Nachrichtenübersicht exportieren / drucken
03	Nachricht erstellen
04	Nachricht signieren
05	Nachricht versenden
06	Nachricht öffnen
07	Nachricht exportieren/drucken
08	Nachricht organisieren
09	Nachricht in den Papierkorb verschieben
10	Nachricht löschen
11	Nachricht (persönlich/vertraulich) öffnen
12	Nachricht (persönlich/vertraulich) exportieren/drucken

Nr.	Bezeichnung
13	EBs signieren
14	EBs versenden
15	EBs zurückweisen
16	EBs signieren (persönlich/vertrauliche Nachrichten)
17	EBs versenden (persönlich/vertrauliche Nachrichten)
18	Mitarbeiter verwalten
19	Berechtigungen verwalten
20	Postfach- und Nachrichtenjournal verwenden
21	Verzeichnisdatenpflege persönlicher Postfächer
22	Berichte erstellen und verwalten

Hinweis: In der ersten Version des beA, die veröffentlich wurde, war die Rechteverwaltung noch wesentlich komplizierter. Man musste jede Berechtigung manuell auswählen. Es soll später auch Gruppen oder Profile geben, die man Nutzern zuweisen kann, zum Beispiel für alle Rechtsanwaltsfachangestellten oder für die Anwälte in einer Kanzlei. Diese Profile weisen dann direkt den Nutzern die richtigen Rechte zu.

7. Einen Nutzer „sperren"

Sie können einem Benutzer die Berechtigung für ein Konto entziehen. Klicken Sie hierzu, wie bei der Vergabe von Berechtigungen, in den Einstellungen->Postfachverwaltung->Benutzerverwaltung. Wählen Sie den Benutzer aus und klicken Sie oben auf die Schaltfläche **„Rechte-Zuordnungen eines Benutzers verwalten"**. Sie sehen jetzt eine Übersicht über alle Berechtigungen des Nutzers für Ihr Postfach. Klicken Sie jetzt nacheinander auf die Kästchen links neben allen Berechtigungen klicken Sie anschließend oben auf die Schaltfläche „Bestehendes Recht entziehen". Wenn Sie alle Rechte entzogen haben, kann der Benutzer keine Ansicht mehr des Postfaches öffnen und wurde gesperrt.

9. Freischalten von Token

Bei manchen Berechtigungen müssen die Sicherheits-Token freigeschaltet werden. Wie bereits beschrieben, arbeitet das beA-System mit einem öffentlichen/privaten Schlüsselsystem. Die Berechtigung zum Entschlüsseln und Verschlüsseln, also zum Öffnen einer Nachricht und zum Versenden, muss man den neuen Token zuweisen. Das beA-System weist Sie von selbst darauf hin, während Sie Berechtigungen vergeben.

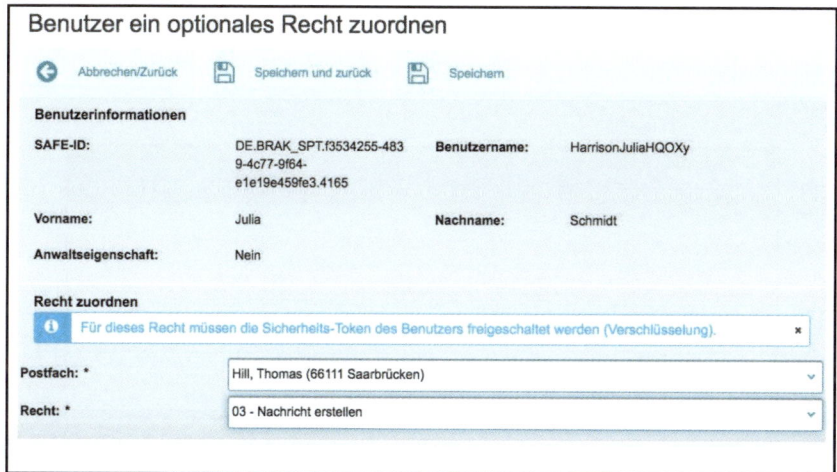

Abbildung 47 - Das beA weist Sie auf die Notwendigkeit hin, einen Sicherheits-Token freizuschalten.

Wenn Sie eine Berechtigung so vergeben haben, müssen Sie anschließend in den Einstellungen -> Postfachverwaltung den Punkt „Sicherheits-Token freischalten" aufrufen. Sie sehen dort

eine Liste der freizuschaltenden Sicherheits-Token mit dem Hinweis „Vollständig berechtigt: Nein".

Wählen Sie den Sicherheits-Token aus und klicken Sie oben auf
Zertifikate freischalten.

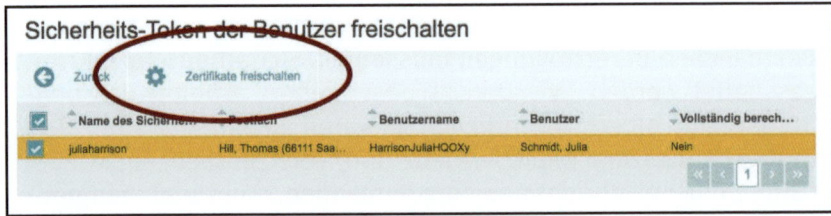

Abbildung 48 - Sicherheits-Token der Benutzer freischalten

Sie werden jetzt aufgefordert Ihre PIN zur Verschlüsselung und
Entschlüsselung (u. U. mehrfach) einzugeben. Wenn Sie mehrere
Token gleichzeitig freischalten, müssen Sie die PIN jeweils für je-
den Token ein- oder zweimal eingeben.

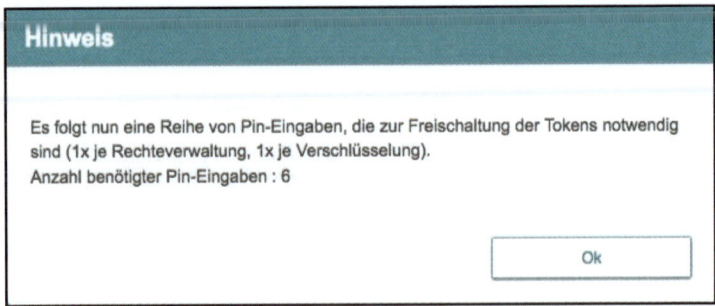

Abbildung 49 - Aufforderung der mehrfachen PIN-Eingabe

M. Weitere Funktionen des beA

1. Postfachjournal

Das Postfachjournal enthält alle relevanten Vorgänge, die in einem Postfach durchgeführt werden. Dazu gehören Vergabe und Veränderung von Berechtigungen, Versand von Nachrichten, EBs, etc.

Über Einstellungen -> Postfachverwaltung -> Postfachjournal können Sie das Journal aufrufen.

Die Einträge im Journal lassen sich nicht löschen und können mit einer Signatur versehen exportiert werden und damit auf einer Festplatte gespeichert werden. Wenn Sie das Postfachjournal regelmäßig, zum Beispiel einmal wöchentlich bei hohem (digitalen) Postaufkommen, exportieren, können Sie eine lückenlose Dokumentation vornehmen. Das Journal enthält den genauen Zeitpunkt, den Vorgang, den Benutzernamen, das damit verbundene Recht und die ID der Nachricht, wenn es eine Aktion ist, die mit einer Nachricht verknüpft ist, zum Beispiel das Versenden einer Nachricht. Im Postfachjournal können Sie filtern und suchen.

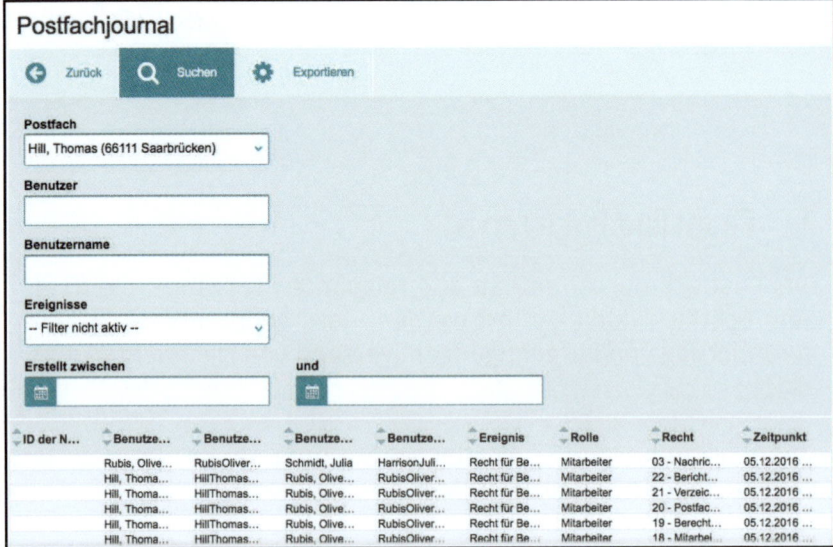

Abbildung 50 - Das Postfachjournal

Um im Postfachjournal zu suchen, klicken Sie oben auf „Suchen", wählen Sie das Postfach aus und geben Sie die gewünschten Suchparameter ein, zum Beispiel einen Benutzernamen oder das Ereignisdatum. So können Sie zum Beispiel wöchentlich alle Aktivitäten in Bezug auf den Empfang und das Versenden von Nachrichten auflisten und exportieren.

Export des Postfachjournals

Klicken Sie im Postfachjournal oben auf „Exportieren". Nun erstellt das beA wie beim Export von Nachrichten ein ZIP-Archiv. Dieses Archiv enthält die Liste mit den Inhalten des Postfachjournals mit allen Einträgen, die Sie gerade angezeigt bekommen haben, zum Beispiel also mit einem Filter für Zeit, Benutzer oder benutzte Funktionen. Diese Datei ist im .csv-Format gespeichert. Man kann sie mit einem Texteditor oder einem Tabellenkalkulationsprogramm öffnen. Daneben wird im Archiv auch die Signatur der .csv-Datei gespeichert. Mit dieser können Sie die Inhalte des exportierten Journals belegen.

> Wir empfehlen, dass Sie einmal wöchentlich einen Export des Postfachjournals der letzten Woche mit allen versendeten und empfangenen Nachrichten auf Ihrer Festplatte, am besten auf einem Server oder einer Netzwerkfestplatte, speichern. So können Sie jederzeit auch offline an diese Daten gelangen.

2. Etiketten verwalten und anbringen

Sie können in den Einstellungen unter dem Punkt „Postfachverwaltung" Etiketten verwalten. Alternativ können Sie in der Postfachübersicht auf die Schaltfläche „Etiketten" klicken und „verwalten" auswählen. Klicken Sie oben auf „Neues Etikett" und fügen Sie ein neues Etikett für ein Postfach ein, auf das Sie Zugriff haben. Das Etikett steht dann in der Nachrichtenübersicht zur Verfügung und kann dort an einzelnen Nachrichten angebracht werden.

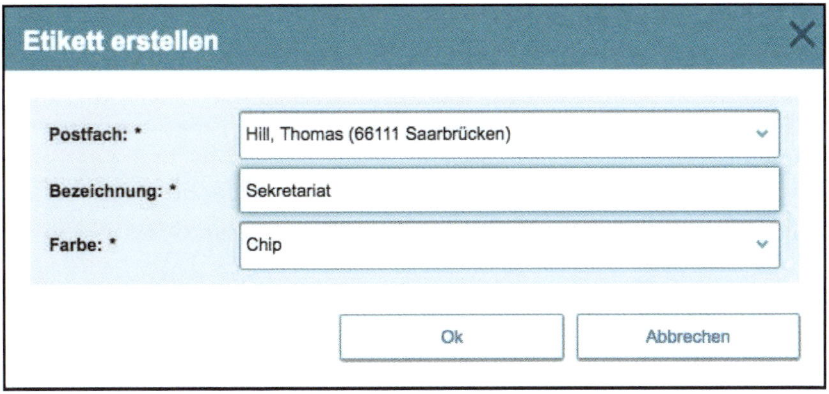

Abbildung 51 - Etikett erstellen.

Um eine Nachricht mit einem Etikett zu versehen, markieren Sie die Nachricht in der Postfachübersicht und klicken Sie oben auf die Schaltfläche „Etiketten", es öffnet sich ein Menü. Wenn für das Postfach Etiketten angelegt wurden, können Sie mit einem Klick auf „vergeben/verwalten" das Fenster öffnen und ein oder mehrere Etiketten auswählen, indem Sie diese vorne mit dem Kästchen markieren, bzw. entfernen, indem Sie die Auswahl im Kästchen entfernen. Bestätigen Sie mit „Etiketten vergeben" bzw. „entfernen" Ihre Auswahl.

Die Etiketten sieht man in der Postfachübersicht nur, wenn Sie die Spalte „Etiketten" angeschaltet haben. Sonst sieht man ein Etikett nur, wenn eine Nachricht geöffnet wurde. Das Etikett steht dann oben als farbige Fläche über Absender und Empfängerdaten.

3. „Menü / Einstellungsleiste"

Ganz oben im beA gibt es eine Menü-Leiste, in der Sie verschiedene Einstellungen vornehmen können und Informationen finden. Hier wird der Name mit Ort des angemeldeten Nutzers angezeigt.

3.1 Kontrast, Schriftgröße, Hilfe

Klicken Sie auf „Kontrast", öffnet sich ein kleines Menü. Sie können hier den Kontrast auf „Normal" oder „Hoch" stellen. Wenn der Kontrast auf hoch eingestellt wird, werden manche Hintergrundflächen anders eingefärbt. Echte Barrierefreiheit entsteht dadurch eher nicht. Beim Klick auf die Schaltfläche „Schriftgröße", können Sie die Texte im beA vergrößern oder verkleinern.

Ein Klick auf die Schaltfläche „Hilfe" öffnet die beA-Hilfe der BRAK.

3.2 Zeitablauf und Erneuerung der Abmeldezeit

Ganz rechts in der Menüleiste sehen Sie die Uhr, die herunterläuft. Diese Zeit zeigt an, nach wie vielen Minuten das beA Sie automatisch wegen Inaktivität abmeldet. Wenn Sie im beA arbeiten, erkennt es meist, dass Sie weiterarbeiten möchten und stellt die Zeit auf 30 Minuten zurück. Wenn Sie die Zeit manuell wieder auf 30 Minuten stellen möchten, klicken Sie einfach auf die Schaltfläche mit der ablaufenden Zeit.

3.3 Funktion zum Abmelden

Neben der Schaltfläche mit der ablaufenden Zeit gibt es einen Schaltknopf „Abmelden", um sich aus dem beA abzumelden. Wenn Sie darauf klicken, wird die aktuelle Ansicht geschlossen. Sie müssen sich mit der PIN erneut anmelden, um das beA weiter nutzen zu können. Nutzen Sie diese Funktion, wenn Sie den Computer unbeaufsichtigt lassen, zum Beispiel in der Kaffeepause.

4. Einstellungen

4.1 Profilverwaltung

In der „Profilverwaltung" im Bereich „Einstellungen" können Sie Ihr persönliches Profil anpassen. Das Profil bezieht sich auf die angemeldete Person, also Sie selbst, nicht auf das Postfach, auf das Sie Zugriff haben. Klicken Sie auf „Einstellungen" und öffnen Sie die „Profilverwaltung", indem Sie darauf klicken. Wenn der Pfeil neben Profilverwaltung nach rechts zeigt, ist das Menü nicht ausgeklappt, klicken Sie darauf, um das Menü nach unten auszuklappen.

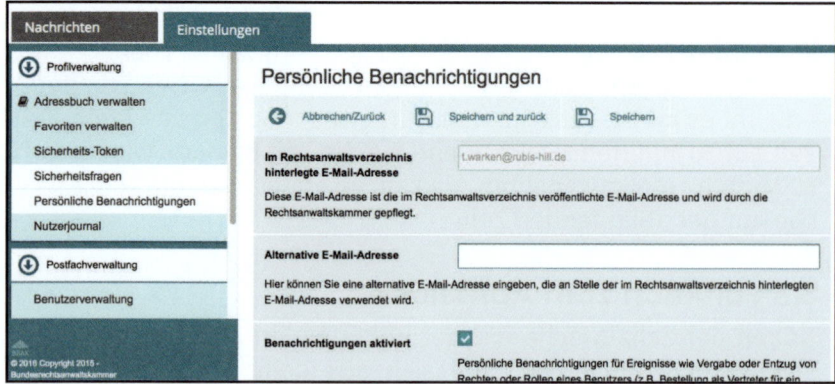

Abbildung 52 - Profilverwaltung ausgeklappt.

4.2 Adressbuch verwalten, Favoriten verwalten, Sicherheits-Token

Wie oben bereits beschrieben, können Sie hier das „Adressbuch"
und „Favoriten" verwalten und weitere Sicherheits-Token für Ihr
Postfach festlegen. Die Funktionen wurden oben bereits erklärt.

4.3 Sicherheitsfragen

Sicherheitsfragen werden in Kommunikation mit dem Support
verwendet, zum Beispiel wenn Sie eine Karte oder ein Zertifikat
sperren möchten. Klicken Sie auf „Sicherheitsfragen". Hier können Sie Fragen löschen oder neue Sicherheitsfragen anlegen.
Wenn Sie eine Frage auswählen, können Sie die Antwort auch mit
der Schaltfläche „Umbenennen" verändern.

4.4 Persönliche Benachrichtigungen

Beim Klick auf den Punkt „Persönliche Benachrichtigungen" können Sie diese anpassen. Hier können Sie auch weitere E-Mail-Ad-
ressen hinzufügen. Die Hauptadresse wird von Ihrer Anwaltskam-
mer gepflegt und lässt sich nicht manuell über das beA ändern.
Setzen Sie sich wegen der diesbezüglichen Änderung mit Ihrer

Kammer in Verbindung. Eine weitere E-Mail-Adresse geben Sie einfach in das Feld ein und klicken oben auf „Speichern".

Aktivieren Sie unten die Schaltfläche bei Benachrichtigungen, um informiert zu werden, wenn Aktionen in Ihrem Postfach durchgeführt werden. Dazu gehören Posteingänge, aber auch Änderungen bei Benutzern oder Berechtigungen.

4.5 Nutzerjournal

Das Nutzerjournal enthält alle Tätigkeiten, die in Bezug auf Ihren Nutzer durchgeführt wurden, zum Beispiel wenn neue Sicherheits-Token angelegt wurden. So können Sie zum Beispiel nachvollziehen, wenn weitere Sicherheits-Token angelegt wurden, ohne dass Sie das wollten.

N.   Häufige Probleme

1. Das beA startet nicht

Überprüfen Sie, dass Ihr Computer stabil mit dem Internet verbunden ist, indem Sie eine andere Internetseite aufrufen. Das
beA benötigt eine gewisse Grundgeschwindigkeit im Internet.

Überprüfen Sie, dass auf dem Computer die beA-Client Security Komponente installiert ist und läuft. Installieren können Sie
diese über die entsprechende Schaltfläche unten auf der beA-
Startseite. Wenn die Fehlermeldung auftaucht, Sie die Komponente jedoch bereits installiert und das beA bereits auf diesem
Computer genutzt haben, müssen Sie die Client Security manuell
starten. Wenn Sie Windows benutzen, klicken Sie dazu auf das
Startmenü und geben Sie den beA-Client ein. Klicken Sie auf das
Programm der Client Security. Sind Sie Mac-User, klicken Sie ganz
oben rechts auf die Lupe, so dass die Suche geöffnet wird. Geben
Sie dort „beA-Client Security" ein. Bereits nach einigen Buchstaben sehen Sie das Programm und können es per Klick starten.

2. Eine Nachricht öffnet nicht

☐ Überprüfen Sie zunächst, ob Sie die entsprechenden Berechtigungen haben, um die gewünschten Vorgänge auszu-
führen.

☐ Wenn Sie die Berechtigungen haben, oder Sie der Postfachinhaber sind, liegt es wahrscheinlich an Ihrem Browser, also
dem Programm, mit dem Sie das beA aufrufen.

☐ Der Browser blockiert sogenannte Pop-Ups, bei dem Seiten neue Fenster öffnen. Diese Pop-Ups sind für das beA allerdings notwendig. In den Einstellungen Ihres Betriebssystems[115] finden Sie eine Einstellung „Pop-Ups nicht unterdrücken" oder „Ausnahmen für Pop-Ups festlegen". Sie müssen die Seiten bea-brak.de und *.bea-brak.de als Ausnahmen hinzufügen, oder alle Pop-Ups erlauben.

3. Die Signaturkomponente öffnet sich nicht

Die Bundesnotarkammer stellt unter https://bea.BNotK.de/sak ein Programm bereit, um Ihre PIN zu ändern. Wenn Sie dieses Programm nicht starten können, kann das mehrere Ursachen haben:

☐ Java ist nicht aktuell. Aktualisieren (oder installieren) Sie Java von www.java.com.

☐ Auf dem Mac: Der Mac blockiert Software, die nicht von Apple signiert wurde. Dazu gehört auch das Programm der BNotK. Öffnen Sie über das Apple-Menü die Systemeinstellungen und klicken Sie auf „Sicherheit". Bei „App-Download erlauben" müssen Sie „Keine Einschränkungen" auswählen. Wenn die Auswahl grau ist, klicken Sie zunächst unten links auf das Schloss und geben Sie Ihr Passwort ein.

☐ Auf dem Mac: Die Software der BNotK benötigt eine Komponente von Java, die Sie manuell herunterladen müssen. Diese finden Sie unter http://www.oracle.com/technetwork/java/javase/downloads/jdk8-downloads-2133151.html.

---

[115] Einstellungen zu Pop-Ups finden Sie in den Sicherheitseinstellungen.

4. Probleme mit dem Kartenleser

Probleme können in der Kommunikation zwischen dem Kartenleser und dem Computer liegen. Das passiert zum Beispiel auch, wenn Sie in einer anderen Software signieren als im beA. In manchen Fällen blockiert eine Software den Kartenleser, sodass Sie dann zum Beispiel im beA „kein geeigneter Token" sehen. Ziehen Sie dann den Kartenleser vom Computer ab und stecken Sie ihn neu an. Auch ein Neustart des Computers kann bei Problemen mit den Kartenlesern helfen.

Manchmal hängt sich die Client Security Komponente auf und reagiert nicht mehr, oder findet den Kartenleser nicht mehr. Wenn das Rausziehen und Reinstecken bei Kartenlesern nicht hilft, starten Sie die beA-Client Security Komponente neu. Auf dem Mac finden Sie die Komponente oben in der Menüzeile neben der Uhr.

Hilft das nicht, starten Sie den Computer neu.

Sollten die Probleme noch immer auftreten, springen Sie ins Kapitel „Wenn alle Stricke reißen."

5. Probleme auf dem Mac

Probleme mit dem Kartentool

„cardtool.jnlp" kann nicht geöffnet werden, da es von einem nicht verifizierten Entwickler stammt.

Ihre Sicherheitseinstellungen erlauben nur die Installation von Apps aus dem Mac App Store und von verifizierten Entwicklern.

Safari hat diese Datei heute um 11:34 von bea.bnotk.de geladen.

OK

Abbildung 53 - Ausführen eines unsignierten Programmpakets auf dem Mac

Erscheint obige Fehlermeldung gibt es ein Problem mit der technischen Signatur des Hilfsprogrammes zum Starten der Signaturanwendungskomponente, so dass der Mac das Programm nicht automatisch startet. Suchen Sie das Programm auf Ihrer Festplatte und halten Sie beim Öffnen die Alt-Taste auf der Tastatur gedrückt. Bestätigen Sie den Warnhinweis mit „Öffnen".

Wenn die Java Runtime Environment richtig installiert ist, werden Sie jetzt gefragt, ob Sie das Cardtool ausführen möchten.

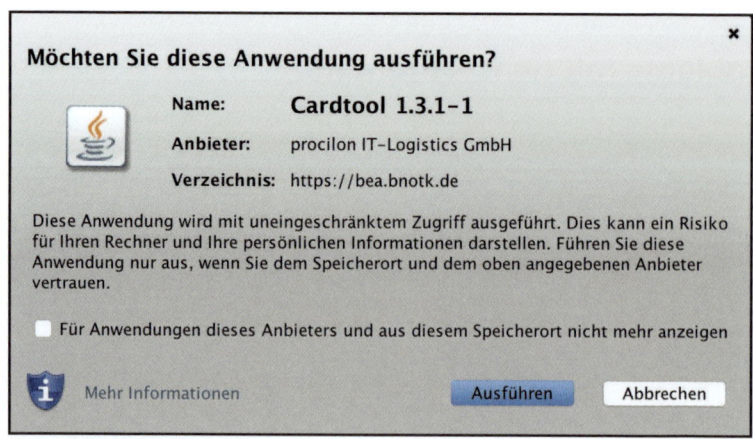

Abbildung 54 - Cardtool ausführen

Bestätigen Sie die Abfrage mit „Ausführen". Das Programm wird jetzt installiert, so dass Sie das PIN-Programm öffnen können.

6. Wenn alle Stricke reißen

Machen Sie sich keine Sorgen, wenn Sie einmal keinen Zugang zum beA haben. Überprüfen Sie der Reihe nach die folgenden Schritte und prüfen Sie nach jedem der Schritte, ob eine Anmeldung jetzt funktioniert.

1. Ist Ihr Computer mit dem Internet verbunden? Rufen Sie dazu eine andere Internetseite auf, zum Beispiel www.rubis-hill.de.
2. Ist die beA Seite als einzige Seite nicht erreichbar, liegt das Problem eher bei dem beA als bei Ihnen. Wenn Sie die blaue beA-Seite sehen, sich aber trotzdem nicht anmelden können, fahren Sie mit dem nächsten Schritt fort.
3. Starten Sie Ihren Computer neu. Hierbei werden Treiber und Verbindungen zurückgesetzt und Probleme lösen sich manchmal in Luft auf.

4. Reinigen Sie den Chip Ihrer beA-Karte vorsichtig mit einem trockenen Tuch.
5. Trennen Sie die Verbindung mit Ihrem Kartenlesegerät und stecken Sie das Kabel neu ein.
6. Installieren Sie den Treiber für Ihr Kartenlesegerät neu, wie im Kapitel „Installation des Kartenlesers" beschrieben.
7. Installieren Sie die Client Security Komponente neu, indem Sie diese neu herunterladen und die Installation neu durchführen.

Wenn all das nicht hilft, nutzen Sie die herkömmlichen Verfahren zum Übermitteln von Schriftsätzen, zum Beispiel Fax. Wenden Sie sich an Ihren Computeradministrator und die BRAK.

O.   Praktische Tipps

Arbeitsabläufe überdenken und neu strukturieren

Ohne Anspruch auf Vollständigkeit wollen wir hier einzelne Punkte, die im Buch besprochen sind, nochmals in Erinnerung rufen.

1. Schon bei der Bestellung von beA-Karten sollten Sie darauf achten, nicht nur eine beA-Karte Basis für sich zu ordern. **Wenn Sie keine Zweitkarte haben, die Sie mit der ersten Karte freigeschaltet haben, kommen Sie bei Verlust Ihrer beA-Karte Basis nicht mehr in Ihr Postfach!** Die Bundesnotarkammer kann bei Verlust einer Erstkarte zwar weitere beA-Karten für Sie produzieren. Weil die Erstkarte jedoch nicht mehr zum Freischalten der weiteren Karten vorhanden ist, können Sie Ihr Postfach nicht mehr uneingeschränkt nutzen. Sie können diese Berechtigung wegen der Sicherheitsarchitektur des beA auch nicht mehr von der Bundesnotarkammer oder Bundesrechtsanwaltskammer erhalten. Mit einem Softwarezertifikat können Sie zwar versenden, Berechtigungen können Sie aber mit einem Softwarezertifikat nicht vergeben. Schaffen Sie sich daher am besten eine zweite beA-Karte Basis an, schalten Sie diese mit Ihrer Erstkarte frei (Berechtigung als Postfachinhaber) und legen Sie die Karte an einem sicheren Ort ab. Auch wenn Sie beispielsweise einem Bürovorsteher umfassende Berechtigungen erteilt haben, die Berechtigung als Postfachinhaber zu versenden (z. B. mit einfacher Signatur gem. § 130a Abs. III ZPO n. F.), kann Ihnen nicht eingeräumt werden.

2. **Benennen Sie einen Verantwortlichen für das beA in Ihrer Kanzlei.** Diese Person Ihres Vertrauens verwaltet das beA-System, nimmt regelmäßig an Schulungen teil und ist über die wichtigsten Neuentwicklungen informiert. Auch in Ihrer Abwesenheit kann diese Person alle notwendigen Vorkehrungen treffen, ob es sich um die Verwaltung und Aufbewahrung der Karten dreht, um die Anschaffung von Kartenlesegeräten oder um Softwareprobleme. Die Freischaltung von Mitarbeitern und die manuelle Vergabe von Rechten kosten im Kanzleialltag viel Zeit. Hierum müssen Sie sich nicht selbst kümmern.

3. Notieren Sie mit Erhalt der beA-Karte das **Ablaufdatum Ihres Zertifikates,** damit **rechtzeitig vor Ablauf eine Verlängerung** durchgeführt wird. Zwar sehen Sie das Ablaufdatum bei jeder Anmeldung, durch die Tagesroutine wird dies bei Ablauf des Zertifikats gegebenenfalls übersehen.

4. Aktivieren Sie E-Mail-Benachrichtigungen bei Eingängen im Postfach. Bereits bei der Anmeldung Ihres Postfaches, aber auch im Nachhinein können Sie wählen, dass bei Eingängen in Ihrem Postfach eine Benachrichtigung erfolgt. Die Benachrichtigung zeigt lediglich auf Ihrer normalen E-Mail-Adresse an, dass eine Nachricht ins Postfach eingegangen ist. Diese Service-Funktion erleichtert Ihre Tätigkeit zumindest in der Anfangsphase ungemein und ermöglicht Ihnen auch von unterwegs entsprechend der von Ihnen in Ihrer Kanzlei erteilten Berechtigungen, die Kenntnisnahme der einzelnen Nachrichten auch dann sicherzustellen, wenn Sie nicht vor Ort sind. Aus sicherheitstechnischen Gründen schaltet sich das beA nach 30 Minuten ab. Über die Benachrichtigungsfunktion im normalen E-Mail-Programm der Kanzlei werden Ihre Mitarbeiter darauf aufmerksam gemacht, sich wieder ins beA einzuwählen, um eingegangene Nachrichten zu kontrollieren. Wählen Sie eine zentrale E-Mail-Adresse, auf die die Benachrichtigungen für die gesamte Kanzlei eingehen. Dies

hat bei mehreren Anwälten in der Kanzlei den Vorteil, dass die automatische Benachrichtigung für alle Postfächer zentral aufläuft und kontrolliert werden kann. Wenn Sie die beA-Postfächer für alle Anwälte in einer Kanzlei installiert haben, kontrollieren Sie durch die Übersendung von Nachrichten unter den Postfächern, dass die E-Mail-Funktion auch tatsächlich funktioniert.

5. Die Aktivierung der Benachrichtigungsfunktion ist nicht der „sichere Weg", der Sie von der regelmäßigen Kontrolle der Posteingänge in Ihrem beA entbindet. Verlassen Sie sich daher nicht ausschließlich auf die Benachrichtigung!

6. Da Ihre Kanzlei als solche kein Postfach erhält, sondern nur der einzelne Anwalt, müssen Sie darauf achten, dass bereits im Arbeitsvertrag mit einem Anwalt sichergestellt ist, dass Nachrichten für die bei Ihnen bearbeiteten Mandate auch dann in der Kanzlei ankommen, wenn der angestellte oder nebenberuflich tätige Anwalt nicht mehr in Ihrer Kanzlei tätig ist.

7. Gleiche Regelungen müssen natürlich auch bei Auseinandersetzungsverträgen getroffen werden, wenn ein Partner ausscheidet.

8. Scheidet ein Kollege Ihrer Kanzlei aus der Anwaltschaft etwa aus Altersgründen aus, oder wechselt er in die Justiz bzw. ruht seine Anwaltszulassung, so wird sein Zugang zum beA sofort von der BRAK gelöscht bzw. gesperrt. Das heißt, auf die Nachrichten in diesem Postfach kann nicht mehr zugegriffen werden. Auch Mitarbeiter können nicht mehr auf das gelöschte oder gesperrte Postfach zugreifen. Stellen Sie daher für diesen Fall rechtzeitig sicher, dass die Nachrichten elektronisch gesichert und ausgedruckt oder vor Sperrung des Postfaches anderweitig gesichert sind.

9. Ihr Urlaubsvertreter benötigt ebenfalls Zugang zu Ihrem Postfach, damit er seiner Aufgabe wirksam nachkommen kann. Sie müssen daher eine ausreichende Berechtigung (zumindest das lesen der Nachrichten sollte möglich sein) erteilen, damit der Zugang möglich ist. Als Ihr bestellter Vertreter kann dieser mit seiner Signaturkarte die erforderlichen qualifizierten elektronischen Signaturen leisten.

10. Ausdruck oder Dokumentation: Stellen Sie zusammen mit Ihrem IT-Fachmann sicher, dass alle erheblichen Schriftstücke, Empfangsbekenntnisse, Übertragungsprotokolle und Willenserklärungen und Signaturen langfristig, nachvollziehbar elektronisch aufgefunden werden können. Auch wenn Sie keine elektronische Akte führen, müssen diese Vorgänge außerhalb vom bea ordnungsgemäß elektronisch abgespeichert sein.

11. Eine Signatur, die Sie anbringen, kann nur elektronisch nachvollzogen werden. Mit einem Ausdruck eines signierten Dokuments können Sie keine Signaturprüfung mehr vornehmen und den Nachweis der korrekten Signatur erbringen!

12. Dokumente, die Sie über Ihr bea erhalten und einreichen, müssen Dateinamen erhalten, die es ermöglichen, das Dokument zuzuordnen. Das gilt ebenso für exportierte Dateien. Für Ihre Papierakte müssen Sie wesentliche Vorgänge ausdrucken. Der einfachste Weg ist, dass Sie über eine Netzwerkfreigabe, wie einem Server oder einer zentralen Netzwerkfestplatte alle eingehenden und ausgehenden Nachrichten exportieren. Das kostet Ihr Sekretariat zwar Zeit, jedoch gehen Sie bis zur Klärung aller juristischen Fallstricke durch Gerichte auf Nummer sicher. Legen Sie fest: Wer speichert die Dokumente? Wer hat welche Berechtigungen? Welche Vertretungsregelungen gelten im Falle des Urlaubs.

13. Legen Sie verbindlich in Ihrer Kanzlei fest, **zu welchen Zeiten** (mehrfach am Tag) **das Postfach kontrolliert wird** und wie vorhandene Nachrichten gesichtet, weitergeleitet und weiterverarbeitet werden.

14. Vermeiden Sie doppelten Arbeitsanfall dadurch, dass die **Sichtung der Nachrichten** und Übertragung in die Akte **„durch eine verantwortliche Hand"** erfolgt, damit ein Vorgang nicht mehrfach bearbeitet wird. Legen Sie dazu Ordner im beA an oder erstellen Sie Etiketten wie „erledigt", „Export erfolgt" oder „Frist erfasst".

15. Es muss **kontrolliert** werden, ob bei elektronisch übermittelten rechtserheblichen Erklärungen entsprechende **Vollmachten der Gegenseite beigefügt** sind und bei Fehlen derselben eine Zurückweisung unverzüglich erfolgen muss (§ 174 S. 1 BGB). Dies können Sie über Ihr beA nur mit einer qualifizierten elektronischen Signatur.

16. Natürlich muss **neben Ihnen einer Ihrer Mitarbeiter die Fristen eines eingehenden Dokuments prüfen** und eine entsprechende **Fristennotation** vornehmen. Denn den Anwalt trifft die Pflicht, dass die zur wirksamen Fristenkontrolle erforderlichen Handlungen zum frühestmöglichen Zeitpunkt, demnach unverzüglich nach Eingang des entsprechenden Dokuments, vorgenommen werden.[116]

17. **Posteingangskontrolle** ist nach dem BGH eine Aufgabe, die nach **„ihrer Eigenart vom Rechtsanwalt persönlich wahrgenommen** werden muss" und nicht uneingeschränkt delegiert werden darf.[117]

18. **Derzeit** (Stand Januar 2017) gibt es **noch keine Anwaltssoftware**, die Sie dabei unterstützt, Dokumente aus dem beA unmittelbar in Ihr Anwaltssystem zu übertragen. Auf

---

[116] BVerwG, 29.11.2004, 5 B 105.04; BGH VIII ZB 115/02 = NJW 2003, 1815.
[117] BGH, 21.02.1974, II ZB 13/73, Rn. 8.

dem EDV-Gerichtstag vom 21. bis 23.09.2016 in Saarbrücken wurde diskutiert, dass die BRAK noch keine Schnittstellen zur Verfügung gestellt habe. Auf kurz oder lang wird sich dieses Problem jedoch gelöst haben.

19. Gegebenenfalls werden Sie Dokumente über das beA und gleichzeitig noch in konventioneller Form erhalten. Enthalten die Dokumente Fristen oder Termine, ist selbstverständlich für den **Lauf der Frist** das zuerst eingegangene Dokument maßgeblich (dies wird **in der Regel das beA-Dokument** sein).

20. Für Ihre Tätigkeit ist es wichtig, gemeinsam mit Ihren Mitarbeitern festzulegen, wie Sie bzw. der zuständige Sachbearbeiter unverzüglich Kenntnis von dem Dokument erhalten und wie Sie kontrollieren können, ob eine Frist bzw. ein Termin notiert wurde. Auch Schriftstücke, bei denen kein Empfangsbekenntnis abgegeben werden muss, können bekanntlich Fristen und Termine beinhalten.

21. Auch beim Versenden von Nachrichten müssen die Arbeitsabläufe genau durchdacht werden: Wie oben bereits dargelegt, kann **bis zum 01.01.2018 ausschließlich ein Dokument mit qualifizierter elektronischer Signatur** an dafür zugelassene Gerichte versandt werden, um den prozessrechtlichen Voraussetzungen gerecht zu werden. Dabei sollten Sie die notwendigen Arbeitsschritte bedenken und im täglichen Arbeitsablauf der Kanzlei sicherstellen.

22. Ab dem 01.01.2018 sehen die verschiedenen Verfahrensordnungen für Sie die Möglichkeit vor, dass Sie Dokumente einfach signiert aus Ihrem Postfach übersenden können. Einfach signiert bedeutet, dass die Dokumente Ihren Namenszug, am besten Ihre Unterschrift tragen. Durch die Versendung des eingescannten Dokuments mit Ihrer Unterschrift aus Ihrem beA können Sie wirksam eine

Übermittlung des Dokuments an das zuständige Gericht vornehmen. Beachten Sie: Wenn das Dokument von einem anderen einfach signiert wurde, etwa mit seiner Namensunterschrift, führt die Übersendung mit dem Postfach eines anderen Anwaltspostfachinhabers nicht zur wirksamen Übermittlung! Es muss also immer das einfach signierte **Dokument aus dem beA des Anwalts übermittelt werden, der es unterschrieben hat!**

23. Bitte beachten Sie, dass von Bundesland zu Bundesland verschieden die Geltung der Neufassungen der Verfahrensordnungen z. B. des § 130a ZPO n. F. **auf den 01.01.2019 bzw. den 01.01.2020** verschoben werden kann. **Dann gilt: Nach wie vor** kann die **wirksame Einreichung** eines Dokuments an ein Gericht, das den elektronischen Rechtsverkehr für Ihre Verfahrensart eröffnet hat, **nur mit qualifizierter elektronischer Signatur erfolgen!**

24. Laden Sie ein Signierprogramm, das mit Ihrem System kompatibel ist, herunter, sodass Sie auf allen Computern, die Sie — auch unterwegs — nutzen, problemlos Signaturen durchführen können. Näheres hierzu in Kapitel „Signaturen". Sofern Sie Stapelsignaturen durchführen wollen, benötigen Sie ein kostenpflichtiges Programm. Um eine qualifizierte elektronische Signatur vorzunehmen, benötigen Sie eine Signaturkarte und ein Lesegerät.

25. Beachten Sie, dass die **Hinweispflicht der Gerichte** (zum Beispiel § 130a Abs. 6 ZPO n. F.) für **nicht ordnungsgemäße Dateiformate nur dann gilt, wenn eine einfache Signatur und ein sicherer Übertragungsweg gegeben sind** (ab dem 01.01.2018) bzw. eine **qualifizierte elektronische Signatur angebracht wurde.** Diese Hinweispflicht besteht nicht, wenn das Dokument nicht einfach oder qualifiziert elektronisch signiert worden ist. Das Gericht prüft nicht, ob das übermittelte Dokument ordnungsgemäß signiert wurde!

26. Jeder Mitarbeiter Ihrer Kanzlei sollte eine eigene Karte bzw. ein eigenes Softwarezertifikat haben! Anhand der jeweiligen Kennung kann dann im Fall, in dem wider Erwarten eine Wiedereinsetzung notwendig wird, zugeordnet und nachvollzogen werden, welcher Mitarbeiter mit dem Vorgang befasst war, für den Wiedereinsetzung beantragt wird.

27. Wiedereinsetzung erfolgt nur, wenn die Mitarbeiter mit dem beA „vertraut" sind. Im Wiedereinsetzungsantrag müssen Sie versichern, dass der betreffende Mitarbeiter, dem der Fehler unterlaufen ist, mit dem System beA vertraut ist. In der Anfangsphase könnten Sie dies durch den Nachweis einer entsprechenden Schulung zum beA belegen.

28. Das beA kann pro Vorgang große Datenmengen versenden. Die BRAK gibt an, dass technisch bestimmte Obergrenzen vorgesehen sind und bis zu 100 Anlagen mit einer Größe von jeweils 30 MB versendet werden können. Die Betreiber evaluieren nach dem Start des beA, ob die Dateigrenzen auf 50 oder 100 MB pro Datei angehoben werden, um beispielsweise große Pläne oder Bilddateien zu versenden.

29. Enthält Ihr Briefkopf eine große Logo-Datei, empfehlen wir, die alleine hierbei „verbrauchte" Datenmenge durch einen online-tauglichen Briefkopf zu reduzieren.

30. Das beA ist nicht als Archiv-System konzipiert. Es wird sich recht schnell zeigen, dass die beA-Server keine unbegrenzte Kapazität aufweisen. Schon eine große Logo-Datei im Briefkopf nimmt Datenmengen in Beschlag, die es nahelegen, dass das beA von jedem einzelnen Anwalt nicht als „Datenspeicher" genutzt werden kann. Sie benötigen eine Grundsatzentscheidung über das „Wie" der langfristigen elektronischen Speicherung, zum Beispiel zu Eva-

luationszwecken der Daten und ihrer Auffindung in Ihrer Kanzlei. Wir empfehlen, alle empfangenen und gesendeten Dokumente auf eine eigene Sicherungsfestplatte zeitnah (am Tag des Eingangs oder der Absendung) zu exportieren. Sichern Sie daneben Ihr Postfachjournal, das alle Vorgänge enthält, einmal wöchentlich.

31. Nachrichten im beA bleiben 90 Tage gespeichert, bevor sie zunächst automatisch in den Papierkorb verschoben werden. Im Papierkorb werden sie dann frühestens nach weiteren 30 Tagen automatisch gelöscht.

32. Alleine aus Gründen der Verschwiegenheitspflicht werdenAnwälte, die für mehrere Kanzleien tätig sind und Syndikusanwälte, die für mehrere Unternehmen tätig sind oder aber neben ihrer Zulassung als Syndikusanwalt auch eine eigene Anwaltszulassung besitzen, für jede einzelne dieser Tätigkeiten ein eigenes Anwaltspostfach mit eigener SAFE-ID benötigen. Näheres ist noch nicht geregelt.

33. Falls die Technik vorübergehend bei Gericht oder in Ihrer Kanzlei streikt, ermöglicht das Gesetz, dass Sie Ihren Schriftsatz auf einem anderen Übermittlungsweg einreichen. Sie müssen dann mit der Ersatzeinreichung oder unverzüglich die Unmöglichkeit der Übermittlung glaubhaft machen. (§ 130d S. 3 ZPO n.F.) Stellen Sie sicher, dass dies in Ihrer Kanzlei dokumentiert ist (zum Beispiel welcher Mitarbeiter mit der Übermittlung betraut war, und welches die festgestellte Unmöglichkeit war), auch wenn Sie zu Terminen unterwegs sind. Die Glaubhaftmachung der Unmöglichkeit ist erst nach verpflichtender Einführung des ERV – zum 01.01.2022 oder in einzelnen Bundesländern zum 01.01.2020 oder 01.01.2021 – notwendig. Vorher können Schriftsätze ohnehin noch auf dem üblichen Wege eingereicht werden.

34. Gerichte haben bisher die Post an eine Anwaltskanzlei adressiert. Mit Einführung des beA müssen die Gerichte die Adressen neu in ihrem elektronischen System eingeben. Gegebenenfalls ist es empfehlenswert, bei Kanzleien mit mehreren, z. B. auch angestellten Anwälten, durch einen Hinweis auf dem Briefkopf darum zu bitten, Zustellungen an das beA eines bestimmten Anwalts der Kanzlei vorzunehmen.

P.   Anhang

Auf den folgenden Seiten haben wir Ihnen einige hilfreiche Materialien zusammengestellt. Dazu gehören ein Muster für die Arbeitsanweisung zur Bearbeitung des Posteingangs, eine Mustererklärung für die E-Mailkommunikation mit Ihren Mandanten, sowie Checklisten für die Praxis. Sie dürfen diese Anlagen für Ihre Kanzlei verändern, kopieren und frei einsetzen, jedoch nicht an Dritte weitergeben.

Auch hier gilt, dass Sie den Einsatz in Ihrer Kanzlei prüfen und selbst verantwortlich über Art und Inhalt der Anwendung entscheiden.

I.   Erklärung zur Kommunikation

per E-Mail, Erklärung des Mandanten

Die Verschwiegenheitspflicht des Rechtsanwalts stellt eine der Grundvoraussetzungen für die rechtsberatende Tätigkeit dar. Sie ist nicht nur in § 43a BRAO als Berufspflicht ausdrücklich normiert, sondern nach § 203 Abs. 1 Nr. 3 StGB als Rechtsgut strafrechtlich geschützt. Im Rahmen der elektronischen Kommunikation zwischen Rechtsanwalt und Mandant bzw. Rechtsanwalt und sonstigen am Verfahren Beteiligten (zum Beispiel Gegenanwalt, Verfahrensgegner, Behörden und sonstige Stellen) per E-Mail besteht die Möglichkeit, dass übersandte Daten von Dritten abgefangen und gelesen werden können. Die Kommunikation per E-Mail wäre daher unter Umständen eine Verletzung der anwaltlichen Verschwiegenheitspflicht, wenn Sie als Mandant nicht ausdrücklich hierin einwilligen.

Hiermit erkläre ich, _____, dass ich die Übermittlung von personenbezogenen Daten und Schriftverkehr in sämtlichen Angelegenheiten, die durch die Rechtsanwälte bearbeitet werden, an folgende E-Mail Adresse wünsche:

_____

Ich erkläre ausdrücklich, dass ich den Versand von E-Mails an mich oder sonstige Beteiligte ohne weitere Sicherungsmaßnahmen ohne Verschlüsselung wünsche.

Ich bin ausdrücklich auf die Gefahren des ungeschützten E-Mailverkehrs hingewiesen worden und gebe diese Erklärung, die nur schriftlich widerrufen werden kann, in Kenntnis des Risikos ab.

_____

Ort, Datum

_____

Unterschrift

II. Arbeitsanweisung Posteingang

I. Posteingang von Gericht

Beachten Sie, dass ein eingehendes Dokument immer wieder sicher zur Akte aufgefunden werden muss.

(1) Herr/Frau .... (zuständiger Sachbearbeiter) kontrolliert das Postfach/ die Postfächer des beA aller Anwälte der Kanzlei und zwar täglich zu Dienstbeginn, sowie um 10:00 Uhr, 14:00 Uhr und 17:00 Uhr auf Posteingänge, und sobald auf der zentralen E-Mail-Adresse eine E-Mail über den Eingang einer Nachricht im beA vorliegt.

Im Verhinderungsfall (Urlaub, Krankheit, sonstige Abwesenheit) übernimmt diese Aufgabe Herr/Frau ....

Sind beide verhindert, wird Herr/Frau Rechtsanwalt/Rechtsanwältin .... unverzüglich gegebenenfalls telefonisch benachrichtigt.

(2) Der zuständige Mitarbeiter stellt fest, ob ein Dokument vom Gericht mit Zustellurkunde, die beigefügt ist, oder ein Dokument mit Fristcharakter übersandt worden ist.

Er/Sie vermerkt zunächst Fristsachen unter der Bezeichnung der Frist im Fristenkalender und notiert gesetzte Termine. Dazu kontrolliert er das Dokument, zum Beispiel ein Verhandlungsprotokoll bzw. eine gerichtliche Verfügung oder einen Auflagen- und Hinweisbeschluss usw. auf dort gesetzte Fristen bzw. gesetzte Termine bzw. Zahlungstermine im Text.

Gleichzeitig zur Frist wird eine Vorfrist von einer Woche zu den laufenden Fristen (Fristende) eingetragen.

(3) Das Dokument wird benannt (Aktenzeichen/Gericht/Aktenzeichen Kanzlei/Parteibezeichnung/Art des Schriftstückes (Urteil/Beschluss pp.)) und zur Akte gesichert, was auf der Vorlage für den Anwalt vermerkt wird (Ausdruck).

(4) Jedes Dokument erhält den Eingangsstempel der Kanzlei wie bei normaler Briefpost mit dem Vermerk „Eingang über beA".

Auf einem Ausdruck des Dokumentes wird vermerkt:

a) der Eingangstag/Eingangsstempel

b) zu den jeweiligen Fristen, die im Dokument aufgeführt sind, dass diese „not", das heißt notiert sind, unter Angabe des Datums des Fristablaufs, nachdem die Eintragung im Fristenkalender erfolgt ist.

c) Aufgeführte Termine werden nach der Notation im Terminkalender als „notiert" vermerkt.

d) Sofern ein Empfangsbekenntnis beigefügt war, wird dies beim Eingangsdatum auf dem Dokument vermerkt.

(5) Liegt ein elektronisches Formular für das Empfangsbekenntnis vor, wird dies vermerkt und der Anwalt spätestens am Folgetag nachgefragt, ob er das Empfangsbekenntnis vollzogen hat. Sofern der Vollzug nicht vorliegt (Berufspflicht), wird der Anwalt in den darauffolgenden Tagen an den Vollzug erinnert.

Auch wenn der Anwalt das Empfangsbekenntnis nicht am Tag des Eingangs vollzieht, bleibt es für die Fristnotation grundsätzlich bei der Berechnung der Frist ab Eingang im beA! Auch wenn das Dokument auf anderen Übertragungswegen in der Kanzlei eingeht (Gerichtspost, Telefax, Briefpost), gilt immer der erste Eingang als Datum zur Berechnung der entsprechenden Fristen.

(6) Das Dokument wird als solches dem zuständigen sachbearbeitenden Anwalt unverzüglich vorgelegt.

(7) Es wird, sofern Zweifel vorliegen, eine Signaturprüfung am eingegangenen Dokument vorgenommen. Liegt keine Signatur vor, wird dies vermerkt.

(8) Taggenau wird die gesamte beA-Nachricht mit den Signaturen auf die Sicherungsfestplatte der Kanzlei exportiert.

(9) Sofern der Rechtsanwalt bei der Sichtprüfung des beA verschiedene Etiketten/Prioritäten eingetragen hat, wird dies ebenfalls im Fristenkalender vermerkt.

(10) Verfügungen des Anwalts werden zeitnah ausgeführt.

II. Posteingang von Anwalt

Geht ein Dokument von einem anderen Anwalt ein, gilt die vorstehende Prozedur analog:

(1) Jedes eingehende Schriftstück erhält den Eingangsstempel der Kanzlei mit dem Hinweis „Eingang über das beA".

(2) Es wird das Eingangsdatum auf dem Dokumentenausdruck vermerkt/Eingangsstempel.

(3) Es erfolgt vorab durch den zuständigen Mitarbeiter eine Sichtprüfung, ob relevante Erklärungen oder Fristen bzw. Termine vorliegen.

(4) Die jeweiligen Fristen, die womöglich in dem Dokument beinhaltet bzw. gesetzt sind, werden als „not" festgehalten, nachdem sie im Fristenkalender ordnungsgemäß notiert wurden.

(5) Aufgeführte Termine werden nach der Notation als notiert vermerkt.

(6) Sofern ein Empfangsbekenntnis beigefügt ist, wird dies unverzüglich dem sachbearbeitenden Anwalt zum Zwecke der Ausfertigung vorgelegt.

(7) Es wird, sofern Zweifel vorliegen, eine Signaturprüfung am eingegangenen Dokument vorgenommen. Es wird festgehalten, sofern nicht das Dokument signiert ist, sondern lediglich die Übersendung.

(8) Das Dokument wird taggenau zur Akte gesichert, was auf der Vorlage für den Anwalt vermerkt wird.

(9) Gleichzeitig erfolgt eine elektronische Sicherung des benannten Dokumentes (Aktenzeichen, Parteien, internes Aktenzeichen) nebst der eventuell übermittelten Signatur.

(10) Dem sachbearbeitenden Anwalt wird der Eingang als Ausdruck unverzüglich vorgelegt, mit dem Hinweis, ob eine „einfache Signatur" oder eine qualifizierte Signatur durch den Verfasser des Dokuments vorliegt.

III. Checkliste elektronischer Versand an Gericht

(Checkliste: Übersendung durch die Kanzlei)

Nur qualifiziert elektronisch signiert! Auch nach dem 01.01.2018. Bitte als Schriftsatz im beA hochladen!

- ☐ Hat Gericht (Adressat) elektronischen Rechtsverkehr für dieses Verfahren eröffnet? (Auch nach dem 01.01.2018!)
- ☐ Im Zweifel muss der Anwalt prüfen.
- ☐ Hochladen des richtigen Dokuments (keine Verknüpfung bzw. Alias!)
- ☐ Ist das richtige Dateiformat gewählt? (Empfehlung PDF)
- ☐ Übernahme der „Externen Signatur" im beA oder Anbringung einer neuen qualifizierten elektronischen Signatur durch den Anwalt.
- ☐ Signaturprüfung: Sind alle notwendigen Dokumente qualifiziert elektronisch signiert? Sind die Signaturen alle im beA vorhanden?
- ☐ Deckt die Signatur das Dokument oder wurde das Dokument verändert? (= Erlöschen der Signatur) Dann: Keine wirksame Übersendung an Gericht.
- ☐ Sind alle Anlagen als Anhang beigefügt?
- ☐ Ist der richtige Absender ausgewählt?
- ☐ Ist der richtige Empfänger angegeben?
- ☐ Absenden der Nachricht!
- ☐ Dokumentation für die Akte (Papierakte = Ausdruck)

- Gibt es eine elektronische Zugangsbestätigung?
  -> Im Zweifel wiederholen
  -> Im Zweifel Anwalt ansprechen und über fehlgeschlagenen Sendevorgang, informieren
  -> Dokumentieren der technischen Gründe für die fehlgeschlagene Übermittlung (Glaubhaftmachung).
- Liegt Meldung vor, dass Dokument nicht zu verarbeiten ist? – Dann: Sofort mit richtigem Format wiederholen!
- Dokumentation auf Festplatte, indem die ganze beA-Nachricht exportiert wird, damit Übermittlungsstatus, Inhalt des Schriftsatzes und seine Anlagen mit allen Signaturen langfristig nachvollzogen werden können.
- Wenn Eingangsbestätigung durch Gericht oder Behörde vorliegt -> Erledigungsvermerk der Frist im Terminkalender.
- Wöchentlich: Sicherung Logfile mit allen Versendevorgängen.

RUBIS & HILL
SERVICE FOR LAWYERS

IV. Elektronischer Versand an Gericht

(Checkliste: Übersendung durch den Anwalt)

Bis 01.01.2018: Nur qualifiziert signiert! Nach dem 01.01.2018: Anwalt sendet selbst über beA (sicherer Übermittlungsweg § 130a Abs. 3, S. 2) Hilfe: Den Anhang als „Schriftsatz" markieren (dann lässt beA bis 01.01.2018 ohnehin nur Übersendung qualifiziert signiert zu!)

- ☐ Hat Gericht (Adressat) den elektronischen Rechtsverkehr für dieses Verfahren eröffnet, oder besteht ab dem 01.01.2020 bereits Pflicht zur Nutzung des ERV?
- ☐ Handelt es sich bei dem zur Verfügung gestellten Dokument um das, was übersandt werden soll? Handelt es sich um die letzte Version, die tatsächlich übersandt werden soll und sind die Anhänge (Anlagen) beigefügt?
- ☐ Ist die einfache Signatur auf dem Dokument angebracht?
- ☐ Absendevorgang des Dokuments
- ☐ Übernahme des abgesendeten Dokuments durch die Kanzlei in der Akte
- ☐ Übernahme der Empfangs-/Zugangsbestätigung in der Akte bzw. Sicherung
- ☐ Liegt eine Erklärung vor, dass das Dokument nicht zu verarbeiten ist? -> Wiederholen
- ☐ Dokumentation des Dokuments in der Akte zur Nachvollziehbarmachung, was übersandt worden ist. (durch Mitarbeiter)
- ☐ Erledigungsvermerkt der Frist im Terminkalender

Am Ende des Tages: Sicherung Postfachjournals mit den Versendeangaben (durch Mitarbeiter)

RUBIS & HILL
SERVICE FOR LAWYERS

V. Welche Karten und Technik benötigen Sie?

(1) Der Anwalt benötigt mindestens eine bea-Karte Basis. Mit der bea-Karte Basis können Dokumente nicht qualifiziert elektronisch signiert werden. Für die Anbringung einer qualifizierten Signatur benötigen Sie eine bea-Karte Signatur. Eine bea-Karte Basis kann zur bea-Karte Signatur freigeschaltet werden.

(2) Unsere Empfehlung: Kaufen Sie eine zweite bea-Karte Basis, schalten Sie die Karte frei und legen Sie diese in Ihr Schließfach.

(3) Sinnvoll ist, für jeden Arbeitsplatz mit bea-Karte ein Kartenlesegerät, zumindest der Klasse 2 (mit PIN-Eingabe), anzuschaffen.

(4) Wir empfehlen für jeden Mitarbeiter, dem Sie Zugang zu Ihrem bea erteilen, ein Softwarezertifikat, besser noch eine eigene bea-Karte Mitarbeiter, anzuschaffen. Bei größeren Kanzleien mit mehreren Mitarbeitern sollte zumindest eine bea-Karte Mitarbeiter vorhanden sein, die diesen berechtigt, selbst Berechtigungen zu vergeben (zum Beispiel Bürovorsteher).

Folgende Angebote gibt es

- Die „bea-Karte Signatur" für den Postfachinhaber, Gültigkeit zwei Jahre (49,90 € zzgl. USt.), sie ist stapelsignaturfähig.
- Die „bea-Karte Basis" ist technisch identisch zur bea-Karte Signatur, aber kein Zertifikat für Signatur (29,90 € zzgl. USt.).
- Die „bea-Karte Mitarbeiter", sie kann für ein oder mehrere Anwaltspostfächer freigeschaltet werden. Sie kostet 12,90 € (zzgl. USt.) und ist nur zwölf Monate gültig.
- Das bea-Softwarezertifikat (4,90 € zzgl. USt.) für zwölf Monate. *(Stand Januar 2017)*

VI.   beA-Installation

(1)   Aktualisieren Sie Ihren Computer, auf älteren Betriebssystemen kommt es zu Problemen mit dem Kartenleser und/oder der beA-ClientSecurity-Komponente.

(2)   Installieren Sie Ihren Kartenleser mit den Treibern von der Herstellerseite des Kartenlesers oder mit Hilfe der beigelegten CD.

(3)   Schließen Sie den Kartenleser an den Computer an.

(4)   Laden Sie die beA-ClientSecurity-Komponente von der Startseite des beA herunter (www.bea-brak.de), installieren Sie diese per Doppelklick auf die Installationsdatei. Wenn die Installation erfolgreich abgeschlossen wurde, starten Sie das Programm beA-ClientSecurity.

(5)   Installieren Sie bei Problemen Java (neu) von www.java.com.

(6)   Legen Sie die Karte in den Kartenleser ein.

(7)   Wenn Sie sich zum ersten Mal anmelden möchten: siehe Kapitel Ersteinrichtung

(8)   Rufen Sie die Seite www.bea-brak.de auf und klicken Sie auf die Schaltfläche „Anmelden".

(9)   Wählen Sie den Hardware-Token aus der Liste aus.

(10)   Geben Sie Ihre PIN (bei beA-Karten zweimal) ein, wenn Sie dazu aufgefordert werden.

RUBIS & HILL
SERVICE FOR LAWYERS

VII. Ersteinrichtung des beA

Die Karten, die Ihnen die BNotK zugeschickt hat, müssen zunächst aktiviert werden. Anschließend werden sie auf das Postfach und die Verschlüsselung importiert. Folgende Schritte sind zu durchlaufen:

(1) Schließen Sie den Kartenleser an und installieren Sie ihn. Lassen Sie diesen eingesteckt. Legen Sie die beA-Karte Basis ein.

(2) (Optional bei Problemen: Installieren Sie die Java Laufzeitumgebung und aktualisieren Sie diese. Sie finden diese unter https://java.com/de/download/.)

(3) Für Mac-Nutzer: Installieren Sie die Java Entwicklungsumgebung.

(4) Besuchen Sie die beA-Seite unter www.bea-brak.de.

(5) Stellen Sie sicher, dass das Programm Client Security installiert ist und auf dem Computer gestartet ist. Wenn Sie eine

(6) Klicken Sie auf „Registrierung für Benutzer mit eigenem Postfach".

(7) Es öffnet sich ein Fenster der Signaturkomponente, in dem Sie die Karte sehen.

(8) Wählen Sie die beA-Karte oder das Zertifikat aus, das Sie freischalten möchten und bestätigen Sie mit OK.

(9) Anschließend geben Sie auf dem Zahlenfeld des Lesegerätes Ihre PIN ein. Achtung! Diesen Vorgang müssen Sie wiederholen. (Also: Zweimalige PIN-Eingabe!)

(10) Das System sollte Sie jetzt darüber informieren, dass Ihre beA-Karte erfolgreich importiert wurde.

(11) Es folgt die Einrichtung von Sicherheitsfragen und die Abfrage Ihrer E-Mail-Adresse. Klicken Sie oben auf „Weiterblättern".

VIII. Installation einer zweiten Karte für den Anwalt

Neuen Token anlegen

Sie können für sich mehrere Karten und Zertifikate für Ihr Postfach freischalten, zum Beispiel weil Sie von unterwegs auf das beA zugreifen möchten oder weil Sie eine Karte zur Sicherheit ins Schließfach legen wollen.

(1) Rufen Sie im beA den Punkt „Einstellungen" auf.

(2) Klicken Sie auf den Punkt „Sicherheits-Token".

(3) Sie sehen hier alle Ihre Token, die für dieses Postfach freigeschaltet sind.

(4) Um einen neuen Token anzulegen, klicken Sie auf „Neuen Sicherheits-Token anlegen".

(5) Wählen Sie eine passende Bezeichnung zum Beispiel: „Homeoffice" oder „Frau Schneider".

(6) Es öffnet sich das Fenster der Client Security.

(7) Nehmen Sie Ihre Karte aus dem Kartenlesegerät und legen Sie die Karte ein, die Sie freischalten möchten, alternativ wählen Sie einen Software-Token aus einer Datei auf der rechten Seite.

(8) Klicken Sie auf „OK".

(9) Der Token ist vollständig importiert.

(10) Vorsicht: Das bedeutet noch nicht, dass der Token Berechtigungen für das Postfach hat, bisher ist der Token dem Postfach nur „bekannt gemacht". Der Token ist deshalb als „nicht vollständig berechtigt" gekennzeichnet.

(11) Klicken Sie auf der linken Seite im Menü bei Postfachverwaltung auf „Sicherheits-Token freischalten".

(12) Sie sehen jetzt alle Token, die für das Postfach identifiziert sind.

(13) Wählen Sie das neue Zertifikat aus und klicken Sie oben auf „Zertifikate freischalten".

(14) Das beA weist sie darauf hin, dass mehrere PIN-Eingaben notwendig sind.

(15) Legen Sie jetzt wieder Ihre beA-Karte ein, sonst sehen Sie eine Fehlermeldung, drücken Sie dann auf „OK".

(16) Geben Sie zweimal Ihre PIN auf dem Lesegerät ein.

(17) Das beA bestätigt Ihnen die Freischaltung in einem Hinweisfeld in der oberen rechten Ecke.

(18) Ist auf der Liste kein Token mehr, der freigeschaltet werden muss, beenden Sie die Anwendung, ansonsten schalten Sie den nächsten Token frei.

(19) Erteilen Sie den Token Berechtigungen. Machen Sie weiter bei „Berechtigungen erteilen".

IX. Mitarbeiter anlegen

Benutzer ohne eigenes Postfach anlegen

Sie können Mitarbeiter für Ihr Postfach anlegen. Mitarbeiter und Nutzer, die keine Berufsträger sind, müssen über das Postfach des Anwalts erstangelegt werden.

(1) Klicken Sie im Postfach auf „Einstellungen".

(2) Klicken Sie im linken Menü bei „Postfachverwaltung" auf „Benutzerverwaltung". Sie sehen eine Übersicht über alle Benutzer, die für Ihr Postfach freigeschaltet sind.

(3) Klicken Sie auf die Schaltfläche „Mitarbeiter anlegen".

(4) Geben Sie den Namen des Mitarbeiters ein und klicken Sie anschließend oben auf „Speichern".

(5) Das System erzeugt selbst Benutzernamen und Kennwort für den neuen Benutzer und eine SafeID. Das System zeigt Ihnen an, dass der Nutzer angelegt wurde und dass das Recht „Nachrichtenübersicht öffnen" zugewiesen wurde. Dazu kommen wir später noch.

(6) Notieren Sie sich Benutzernamen und das Kennwort für die Registrierung, oder kopieren Sie die beiden Daten in ein Word-Dokument, damit Sie es gleich von dort zurückkopieren können.

(7) Melden Sie sich ab und rufen Sie die Startseite des beA (https://www.bea-brak.de) auf.

(8) Klicken Sie auf den Link „Registrierung für Benutzer ohne eigenes Postfach".

(9) Geben Sie Benutzernamen und Kennwort ein, die Sie eben notiert haben. Achten Sie beim Kopieren darauf, dass Sie das Kennwort ohne Leerzeichen übernehmen!

(10) Die Client Security startet anschließend. Das System fordert Sie auf, einen neuen Sicherheits-Token zu importieren, klicken Sie auf „Import Sicherheits-Token".

(11) Sie müssen zunächst einen Namen auswählen, zum Beispiel den Namen der Mitarbeiterin.

(12) Wichtig: Entfernen Sie Ihre Signaturkarte aus dem Lesegerät und legen Sie die Signaturkarte der Mitarbeiterin ein, oder wählen Sie ein Softwarezertifikat aus.

(13) Wählen Sie den neuen Token aus.

(14) Die Client Security wird geschlossen und das System informiert Sie, dass der neue Token importiert wurde. Klicken Sie oben auf „Weiterblättern".

(15) Sie müssen eine Sicherheitsfrage festlegen. Klicken Sie dazu oben auf „Neue Sicherheitsfrage anlegen" und legen Sie eine neue Sicherheitsfrage fest.

(16) Klicken Sie anschließend auf „Weiterblättern".

(17) Geben Sie im letzten Schritt eine E-Mail-Adresse an und klicken Sie oben auf „Speichern und Registrierung abschließen".

(18) Sie können sich jetzt mit der neuen Karte bzw. dem neuen Token anmelden.

(19) Machen Sie weiter mit dem Kapitel „Vergabe von Berechtigungen".

X.   Vergabe von Berechtigungen

Neue Benutzer besitzen nur das Recht, die sogenannten „Meta-Daten" der im beA eingegangen Nachrichten zu sehen. Das heißt Absender und Datum. Jedoch sehen sie zunächst nur die sogenannten Meta-Daten der Nachrichten. Sie können hier keine Nachrichten öffnen, lesen, schreiben oder markieren oder sonstige Funktionen des beA ausführen. Um das zu ermöglichen, müssen Berechtigungen vergeben werden. Dies erfolgt mit folgenden Schritten:

(1)   Melden Sie sich zunächst selbst in Ihrem Postfach an.

(2)   Öffnen Sie in den Einstellungen im linken Menü „Postfachverwaltung" den Punkt „Benutzerverwaltung". Sie sehen jetzt alle Benutzer, die eine Berechtigung für Ihr Postfach haben.

(3)   Wählen Sie einen Benutzer aus und klicken oben auf „Rechte-Zuordnung eines Benutzers verwalten".

(4)   Klicken Sie auf die Schaltfläche „Neues Recht zuordnen".

(5)   Wählen Sie unten das Postfach aus (zum Beispiel wenn Sie Zugriff auf mehrere Postfächer haben).

(6)   Markieren Sie die Rechte, die Sie dem Benutzer zuweisen möchten mit einem Klick auf das Kästchen.

(7)   Klicken Sie oben auf „Speichern und zurück".

(8)   Wenn Sie ein neues Recht vergeben möchten, klicken Sie anschießend wieder auf „Neues Recht zuordnen".

(9)   Sie können Sie einer Mitarbeiterkarte die Berechtigung erteilen, Berechtigungen zu erteilen.

XI. PIN

PIN dreimal falsch eingeben, Karte entsperren

(1) Rufen Sie die Signaturanwendungskomponente von https://bea.BNotK.de/sak auf.

(2) Nehmen Sie Ihre PUK zur Hand aus dem Begrüßungsschreiben.

(3) Klicken Sie auf den Kreis „Fehlbedienungsschalter zurücksetzen".

(4) Geben Sie Ihre PUK ein und legen Sie eine neue PIN fest.

PIN-Änderung mit dem Kartentool der BNotK

Sie können die PIN der Zertifikate auf einer bea-Karte bei Bedarf ändern.

(1) Laden Sie das Kartentool-Programm von der Webseite https://bea.BNotK.de/sak herunter.

(2) Installieren Sie das Programm per Doppelklick.

(3) Wählen Sie den Punkt „PIN ändern" aus.

(4) Sie müssen jetzt zunächst Ihre alte PIN, anschließend zweimal die neue PIN am Kartenleser eingeben. Dazu haben Sie 60 Sekunden Zeit, anschließend bricht der Vorgang aus Sicherheitsgründen ab.

(5) Die PIN muss zwischen 6 und 10 Ziffern lang sein.

XII. Vergabe von Dateinamen

Zum Beispiel von exportierten Dateien

Sinnvolle Dateinamen sind für ein reibungsfreies Arbeiten sehr wichtig. Man muss sich in der Kanzlei auf eine Konvention einigen, wie Dateien konsequent, von allen gleich und für alle verständlich gespeichert werden. Das gilt für eigene Dateien genauso wie zum Beispiel für exportierte Dateien aus dem beA. Bei exportierten Dateien sollten Sie einen Namen so wählen, dass Sie allein aus dem Namen ersehen, worum es in der Exportdatei geht. Eine Datei „Postfachjournal-Export.zip", wie das beA sie benennt, ist nicht geeignet später wiedergefunden zu werden

Hier sind eine Reihe von Tipps, die beim Finden von guten Dateinamen helfen:

a) Vermeiden Sie Punkte, Kommata, Sonderzeichen, Umlaute und Schrägstriche also / und \. Diese werden von manchen Betriebssystemen nicht richtig interpretiert.

h) Wenn Sie das Datum konsequent in den Dateinamen schreiben, erleichtern Sie die Sortierung. Achten Sie darauf, zuerst das Jahr, dann den Monat, dann den Tag zu schreiben, am besten getrennt mit Bindestrichen, also: 18-01-01.

c) Fügen Sie Ihr eigenes Aktenzeichen in den Dateinamen mit ein, getrennt mit Bindestrichen oder Unterstrichen.

d) Fügen Sie einen aussagekräftigen Namen, Rubrum und eventuell Sachbearbeiter, hinzu. Zum Beispiel „17-02-24_az35-17_Lull-Lall.zip" lässt sich leicht interpretieren und sortieren.

e) Speichern Sie eingehende Nachrichten ebenfalls mit auffindbaren Bezeichnungen.

f) Mit qualifizierter elektronischer Signatur i.V.m. dem beA hat man die Möglichkeit zweifelsfrei nachzuweisen, welches Do-

kument wann an wen geschickt worden ist. Das gilt aber nur dann, wenn man die Nachrichten richtig exportiert und langfristig aufbewahrt.

g) Wichtig: Signaturen verlieren Ihren Wert und die Gültigkeit, wenn Sie ausgedruckt werden. Sie können mit ausgedruckten Nachrichten nicht zweifelsfrei nachweisen, dass der Inhalt nicht verändert wurde, mit exportierten Nachrichten hingegen schon.

XIII. Impressum

Keine Angst vor dem beA

Januar 2017

ISBN 978-3-00-054919-9

Hans-Georg Warken

Tobias Warken

Grafiken: Johanna Puhl
Umschlag + Satz: Short Hill Solutions

Rubis & Hill GmbH
Kurzenbergstr. 45, 66292 Riegelsberg
www.rubis-hill.de
www.keine-angst-vor-dem-bea.de